Georg Köberle

Die Theater-Krisis im neuen deutschen Reiche

Georg Köberle

Die Theater-Krisis im neuen deutschen Reiche

ISBN/EAN: 9783743328013

Hergestellt in Europa, USA, Kanada, Australien, Japan

Cover: Foto ©ninafisch / pixelio.de

Manufactured and distributed by brebook publishing software
(www.brebook.com)

Georg Köberle

Die Theater-Krisis im neuen deutschen Reiche

Die

Theater-Krisis

im neuen deutschen Reiche.

Von

Georg Köberle.

Motto:
Erst wägen, dann wagen.
Feldmarschall Graf v. Moltke.

———— ·•· ————

Stuttgart.

Verlag von Paul Neff.

1872.

Deutschlands

Staatsmännern und Gesetzgebern

gewidmet.

An den Kanzler des deutschen Reiches
Herrn Carl Otto Fürsten von Bismarck-Schönhausen.

Durchlauchtigster Fürst!

Es wäre ein thörichter Gedanke, wenn der Autor dieses
Buches sich einbildete, durch seine Feder den Ruhm Ew.
Durchlaucht mehren oder mindern zu können. Der Name Carl
Otto von Bismarck-Schönhausen steht neben jenen eines Solon
und Lykurg in den Annalen der Geschichte bereits mit ehernen
Buchstaben für alle Zeiten eingetragen. Ehrte bisher das
Vaterland in Ew. Durchlaucht den Wiederhersteller der deutschen

Macht und des deutschen Glanzes, so begann neuestens auch die Welt, Hochdieselbe als sieggewohnten Gesetzgeber gegen die Machinationen der geheimen Feinde der Menschheit zu bewundern. Solch seltenen Charakter, der auf der großen Schaubühne des Erdballs nur einmal in Jahrhunderten erscheint, preist man weniger durch bloße Worte, als vielmehr durch offene Hindeutung auf solche noch am germanischen Culturtempel haftenden Mängel, die geeignet scheinen, ihm Anlaß und Stoff für neue glänzende Thaten zu liefern. Der Tribut der Verehrung, welche der Autor des vorliegenden Werkes Ew. Durchlaucht zollt, gehört dieser letztern Gattung an.

Während sonst überall im endlich geeinigten Reiche gesundes, frisches Leben keimt und die Segnungen regelnder Gesetze edle Früchte zu zeitigen beginnen, liegt noch ein Culturzweig, und just derjenige, von welchem das Volk die nächst Kirche und Schule lebendigsten Eindrücke empfängt, in Anarchie darnieder und zeigt das Bild einer traurigen Verwahrlosung.

Der Verfasser des vorliegenden Buches hat versucht, diese Nationalwunde, entkleidet aller beschönigenden Lappen officieller Lobredner, offen zu legen und die Diagnose zu stellen. Er wagt, an der Spitze seines Werkes Ew. Durchlaucht öffentlich anzureden, hoffend, daß die Kühnheit seines Schrittes durch die Gemeinnützigkeit der Sache hinlänglich gerechtfertigt werde und daß er sich hiemit an den einzigen Arzt wende, welcher in der Lage ist, auch hier die Initiative ergreifen und für die klaffende Wunde das zweckdienliche Heilmittel nicht bloß verschreiben, sondern auch durchsetzen zu können.

Handelte der Verfasser auch ohne ausdrückliches Mandat, so ist er dennoch überzeugt, durch seinen Schritt nur dem stillen Wunsche Tausender, welche das deutsche Vaterland zu den Besten seiner Bürger und Söhne zählt, den entsprechenden Ausdruck verliehen zu haben. Mehr zu sagen verwehrt ihm seine eigene tief begründete Ehrfurcht vor Ew. Durchlaucht hoher Staatsweisheit; er müßte fürchten, seine Gefühle in ab= schwächender Form zu manifestiren, hielte er auch nur noch eine einzige weitere Bemerkung für nöthig, um Hochderselben reformatorischen Blick auf eine vom hohen Bundesrath und deutschen Reichstag bisher unbeachtet gebliebene Angelegenheit hinzulenken, welche sich im eminenten Sinne des Wortes als eine allgemein nationale darstellt.

In tiefster Ehrerbietung

Ew. Durchlaucht

ergebenster

Dr. Georg Köberle.

Stuttgart, den 31. März 1872.

Inhalts-Verzeichniß.

Seite

Einleitung   1

I. Ueber die moderne Bühne und die Mittel zu ihrer
Reform   11

II. Die Verschiedenheit des idealen Standpunktes der Dichter
im Momente ihres Schaffens von jenem des praktischen
Theaterleiters bei Aufstellung des Repertoirs, und
die Reformversuche der jungdeutschen Capacitäten .   100

III. Das „October-Circular" und die Schauspielreform am
Königl. Hof= und Nationaltheater zu München . .   115

IV. Die dramatische Kunst in Stuttgart und das Stadt=
theater zu Leipzig   129

V. Heinrich Laube und Richard Wagner . .   154

VI. Hinter den Coulissen   166

VII. Der General=Intendant Herr von Hülsen, die Tendenz=
Dramatiker jüngsten Datums, die Acht über die unge=
fälschte Pflege der Ethik auf den Hofbühnen, und eine
Interpellation an Deutschlands Staatsmänner und
Gesetzgeber   197

VIII. Drei Reichsgesetz=Ergänzungsvorschläge zum Zweck der
Wiederherstellung und künftigen Wahrung des ethischen
Berufes der Bühne   226

IX. Ein Antrag an die „Schillerstiftung"   243

X. „Die deutsche Genossenschaft dramatischer Autoren und
Componisten"   248

XI. Schlußwort an die Kritiker unsers Buches.   255

Einleitung.

Unter den neueren Schriften über das gegenwärtige Theater scheint die im 119ten Bande der „Deutschen Vierteljahrsschrift" (Juli—September 1867) Seite 90 bis 161 publicirte Abhandlung „Ueber die moderne Bühne und die Mittel zu ihrer Reform von Georg Jsigat" ein hervorragendes Interesse erweckt zu haben. Wir müssen aus einem Grunde, der von uns bald genannt werden soll, zunächst einige öffentliche Urtheile über jene Abhandlung hier wörtlich citiren.

In den „Münchener Propyläen" Nr. 28 vom Jahre 1869 schrieb der Kunstveteran Franz Müller, welcher die klassische Theaterperiode in Weimar unter Göthe noch aus eigener Anschauung kennt, auf Seite 660: „Das Programm zur Organisation dieser Anstalten geben Ihnen Eduard Devrient, Ludwig und Jsigat; für die Oper und musikalische Seite überhaupt Youry von Arnold in seiner Schrift „Ueber Schulen für dramatische und musikalische Kunst" (1867) und voraus Richard Wagners Bericht an König Ludwig von Bayern über eine in München zu gründende Musikschule (1865). Ich mache Sie und Alle, denen es Ernst um die Sache, besonders auf Jsigats den Nagel scharf auf den Kopf treffende Idee wegen Errichtung von „„Theater=Akademien"" aufmerksam, — Instituten überwiegend praktischen Charakters, in denen der ersten, dem rein Theoretischen gewidmeten kürzern Periode die längere für An= wendung des theoretisch Erlernten, in fest geschlossener Reihen= folge auf vollständig eingerichteter Bühne, sich anzureihen hat. Finden Sie nicht mit mir, daß in diesem Projecte ein der Pflege würdiger Keim liegt?"

In einem das Bühnenwesen betreffenden Artikel in der Augsburger „Allgemeinen Zeitung" Nr. 111 vom 20. April 1868 lesen wir über dieselbe Publication: „Noch zuletzt hat Dr. Jsigat diese Nationalangelegenheit in der Deutschen Viertel= jahrsschrift in gründlichster Weise beleuchtet und namentlich über die „„Mittel zur Reform"" die trefflichsten Ideen ent= wickelt."

Im genannten Jahre widmete auch der scharfsinnige Kunst= kritiker und gemüthvolle Dichter Gr. in der „Süddeutschen Presse" (Nr. 120 bis 126) der Reformschrift Jsigats eine eingehende Besprechung, in welcher es unter Anderm (Nr. 120) heißt: „Seine Arbeit ist noch das Bündigste und Beste, was über jenes Thema erschienen ist." Dann in Nr. 126: „Wir halten es für unsere Pflicht, die Denkschrift Jsigats und seine Reformpläne nicht nur der Beachtung der gesammten deutschen Presse, sondern auch den Höfen und Regierungen auf's nach= drücklichste zu empfehlen."

Andere Kritiker gingen noch weiter. So faßte z. B. in der „Außerordentlichen Beilage zur Allgemeinen Zeitung" Nr. 28 vom 28. Januar 1870 der Stuttgarter ψ=Correspon= dent, ein bekannter Aesthetiker, den Eindruck von Jsigats Auf= treten (bereits mit Abstreifung seiner Pseudonymität) in den Wunsch zusammen, „eine solch tüchtige Kraft als technischen Rath einer bedeutenden Bühne je eher desto besser verwendet zu sehen."

Ohne Zweifel wird hier Mancher unserer freundlichen Leser fragen: Wer ist dieser Herr Jsigat? Wie kommt's, daß

er weder vor noch nach Publication jener Reformschrift Weiteres
von sich hören ließ und gleichsam spurlos vom öffentlichen Schau=
platz wieder verschwand?

Wir antworten hierauf mit einer Notiz, die höchst indis=
creterweise schon unterm 7. Mai 1868 in einem bayerischen
Localblatte stand, jedoch zu unserer nicht geringen Freude da=
mals von den größeren Journalen übersehen wurde. Sie lautet:
„Es ist wohl nicht allzu indiskret, wenn wir mittheilen, daß
die unter dem Pseudonym Georg Isigat publicirte Bühnen=
Reformschrift aus der Feder des bekannten Dramaturgen Dr.
Georg Köberle stammt."

Vorstehende Citate allegirten wir nicht aus persönlicher
Eitelkeit. Hatten wir im ersten Jahre nach Publication jener
Schrift guten Anlaß, durch das Mittel der Pseudonymität des
Autors dem Reformplan eine objective Beurtheilung zu sichern,
so veranlassen uns heute ebenfalls gute sachliche Gründe, die
hier vorliegende neue Abhandlung unter unserm vollen und
wahren Namen erscheinen zu lassen. Die Beweggründe für
Beides offen darzulegen, halten wir um so mehr für unsere
Pflicht, als die Motive, welche unsere Taktik bestimmten, mit
der von uns vertheidigten Sache in innigstem Zusammenhange
stehen. Sprechen wir uns also zunächst über diesen Zusammen=
hang klar aus.

Von den Anlässen, welche mitten unter einer an und für
sich kerngesunden Regeneration des deutschen Volkslebens
die verwahrloste Stagnation im Bereiche der dramatischen und
theatralischen Kunst ermöglichen, ist die gänzlich demoralisirte
Theater=Journalistik nicht als die letzte und geringfügigste
zu bezeichnen. Wir meinen hiermit keineswegs bloß die Bericht=
erstattung in den sogenannten Geschäfts= und respective Schmutz=
blättern der Theater=Agenten, welche mit höchst seltenen Aus=
nahmen Lob und Tadel nicht etwa in Rücksicht auf die vor=

handene Leistung spenden, sondern für Beides einzig und allein
das Mißglücken oder Gelingen ihrer direct oder indirect versuchten
Attentate auf die Börsen der zu Besprechenden als Maßstab
wählen. Noch unheilvoller, als diese ziemlich allgemein durchschaute
und daher nicht sehr einflußreiche Gattung von Wegelagerern,
wirkt die literarische Cameraderie, welche unter den im Allgemeinen für ehrlich gehaltenen Theater-Berichterstattern für die
bessern Journale vorherrscht. Fast unsere gesammte Theater-
Kritik ist in ein heilloses Coterietreiben verrannt und agitirt
nach dem Grundsatz: „Eine Hand wäscht die andere.“ Was
zur herrschenden Coterie gehört, wird in den Himmel erhoben;
was außerhalb derselben auftaucht, schonungslos mit Füßen
getreten. Das Jurare in verba magistri ist — zum
wahren Hohn auf die vorgebliche Aufklärung des Zeitalters
— in den Bühnen-Angelegenheiten und den hiemit zusammen-
hängenden Literaturzweigen wirklich epidemisch geworden. Wir
finden in der Tagespresse nur selten das Echo der öffentlichen
Meinung, sehr oft aber ein hundertfältiges Wiederkauen der
von gewissen und leicht erkennbaren Tonangebern ausgerufenen
Tages-Parole. Auf diese Art ist es möglich geworden, daß
Dutzende gänzlich falscher Anschauungen in Umlauf gesetzt und
vom großen Troß speichelleckender Gänsekiele so lange nachge-
plaudert werden konnten, bis endlich das Publikum selbst
daran zu glauben begann. Solch eine von der Cameraderie
gleichsam zum Axiom erhobene Anschauung liegt z. B. in dem
seit Jahren landläufig gewordenen Ausspruche: „Heutzutage
geht kein wahres Talent für die Bühne verloren.“ Just der
Mann, welcher diesen Satz zuerst öffentlich auszusprechen
wagte, hat durch die franzmännische Schablone seines amtlichen
Waltens gar manches Talent im Keime erstickt und der Bühne
entfremdet. Wie wir schon 1867 nachgewiesen, wäre es von
ihm redlicher gewesen, den Ausspruch umzukehren und zu

sagen: „Noch selten gingen dem Theater so viele brauchbare Kräfte verloren, als gerade unter der heutzutage aller Orten bemerkbaren Mißverwaltung." Hat es doch die Unselbstständigkeit, welche der Mehrzahl der Tagespresse in Beurtheilung theatralischer Principienfragen anhaftet, längst möglich gemacht, daß z. B. ein vielgerühmter Director seine retrograde Methode nicht bloß als ein Musterbild aufstellen, sondern ihr auch ein Heer von Lobrednern sichern konnte, obwohl sie dem deutschen Kunst-Ideale schnurstracks zuwiderläuft und in ihren letzten Consequenzen der Lascivität der Pariser Vorstadtbühnen entgegentreibt! Geht doch die Servilität des großen Troßes von Theater-Recensenten gegen die herrschende Bühnen-Mißverwaltung im neuen deutschen Reiche so weit, daß sie die schablonenhafte sogenannte „Mache" bis zu einem alle Poesie und Ursprünglichkeit erstickenden Grade zur Hauptsache der dramatischen Kunst stempelt, ohne die geringste Ahnung mehr davon zu besitzen, wie sehr die Ausdrücke „echt dramatisch" und „bühnengerecht" identische Begriffe bezeichnen, wie einseitig die Anwendung des Wortes „bühnengerecht" auf die bloße Tadellosigkeit der „Mache" klingt und wie leicht es dem erfahrenen Dramaturgen werden muß, jedes wahrhaft dramatische Product, selbst wenn ihm Auswüchse und theatralische Längen anhaften, den Bühnenbedürfnissen und Anforderungen des heutigen Theaters entsprechend einzurichten! Wehe dem Theaterschriftsteller, welcher die Coterie dieser Phalanx nicht zu Freunden hat und dennoch sein Glück in der ränkevollen Bretterwelt versuchen will! Er wird sich zehnmal zurückgewiesen und zwanzigmal verhöhnt sehen, ehe es ihm gelingt, auch nur ein einziges Mal bis ans Lampenlicht vordringen und das Publikum zum Schiedsrichter zwischen seinen Leistungen und dem Verdict seiner Widersacher machen zu können.

Wir haben uns nie um die Gunst dieser Phalanx beworben. Wir rechnen uns dieß Versäumniß noch heute zur Ehre

an; denn jede Concession an sie bezeichnet ein Preisgeben der
Würde und des Berufes der Bühne.

Wäre vor fünf Jahren unsere Abhandlung „Ueber die
moderne Bühne und die Mittel zu ihrer Reform" unter unserm
schlichten Schriftstellernamen erschienen, so hätte man uns aus
dem Lager der herrschenden Theater = Coterie ohne Zweifel
ganze Berge von Spott an den Hals geworfen. Daß wir selbst
die Bühne aus einer nunmehr viertelhundertjährigen Selbst=
erfahrung kennen, wäre natürlich unbeachtet geblieben. Man
hätte in uns einfach den Dramatiker betrügt, der zwar schon
sieben Stücke („Die Prätendenten", „die Medicäer", „der
Held von Etampes", „Max Emanuels Brautfahrt", „Bruder=
herz", „die Verkannten" und „Heinrich IV. von Frankreich")
nicht ohne Erfolg auf einzelne Bühnen gestellt, jedoch mit
seinen Versuchen noch nicht die Runde über die Bretterwelt
gemacht habe und sich daher jetzt in der Rolle eines Cicero
pro domo gefalle. Kurz: man hätte unser Reformproject mit
der Phrase abgefertigt, daß die gezogenen Deductionen subjectiv
zwar ohne Zweifel gut gemeint, aber unbrauchbare Theorien
seien und vom Theaterpraktiker als idealistische Unklarheiten nur
belächelt werden könnten.

Gegen solche Verunglimpfung des Inhalts wurde die
Abhandlung durch die undurchsichtige Pseudonymität des Ver=
fassers geschützt. Noch eilf Monate nach deren Erscheinen
wußte außer dem Verleger Niemand, aus wessen Feder sie
stamme. Man machte aus einer Stelle der Schrift selbst, in
welcher wir von unserm „langen der dramatischen Kunst ge=
widmeten Streben" sprachen, den Schluß, daß hier vielleicht
irgend ein langjähriger Intendant sein Testament gemacht habe.
Auch konnte hinter dem Namen „Isigat" sonst eine einfluß=
reiche Persönlichkeit stecken, welcher gegenüber ein summarisches
Verfahren leicht den eigenen Vortheil beeinträchtigen oder gar

zu eigener Blame hätte umschlagen können! So begegnete denn
selbst den Federn der herrschenden Theater=Clique, was ihnen
sonst selten zu begegnen pflegt: sie verwechselten einmal aus=
nahmsweise den Namen des Autors nicht mit seiner Leistung,
sondern ließen sich, just weil sie sich vom Verfasser kein greif=
bares Bild entwerfen konnten, ernstlich auf eine objective Wür=
digung der Sache selbst ein und fanden, daß die aufgestellten
Grundprincipien als vollkommen zutreffend der höchsten Be=
achtung werth seien. Sohin hat der Pseudonym, indem er
den von tausend persönlichen Rücksichten geängstigten und ab=
gestumpften Theater=Journalfedern einen selbstständigen Zug
ermöglichte, seine Schuldigkeit gethan. Jetzt, nachdem unser
Reformsystem seit fünf Jahren als anerkannt praktische Arbeit
in der Oeffentlichkeit steht, dürfte es selbst der rabulistischen
Sophisterei und den Enthusiasten der landläufigen Theater=
leitungs=Schablone nicht ganz leicht werden, dasselbe nachträg=
lich als Hirngespinnst eines „Dilettanten" oder „Utopisten"
deßhalb zu erklären, weil sich aus dem geheimnißvollen „Jsigat"
weder ein „Intendant" noch sonst eine „einflußreiche Person",
sondern der anspruchslose Privatmann Köberle entpuppt hat.
Ja wir besitzen heute sogar einen sachlichen Grund, den Pseu=
donym mit unserm wahren Namen zu vertauschen. Wir stellen
nämlich in den nachfolgenden Erörterungen kein neues Grund=
princip auf, sondern liefern nur, nach Maßgabe der Bühnen=
vorkommnisse von 1867 bis 1872, einen charakterisirenden
Beitrag zur Würdigung der augenblicklichen Sachlage und ziehen
sodann aus unsern 1867 veröffentlichten Grundprincipien einfach
die Consequenzen, welche sich für die Theaterleitung
im neuen deutschen Reich ergeben. Konnten wir uns
früher jedes persönlichen Angriffes enthalten, so wird uns
heute, wo wir in Detailfragen einzugehen haben, eine solche
Enthaltsamkeit nicht durchgängig möglich werden. Wir müßten

den Kern der brennenden Theaterfrage in nebelhafte Unklarheit
hüllen und unsere eigene Beweisführung abschwächen, wollten
wir aus einer übel angebrachten Rücksicht die Namen derer
verschweigen, von welchen zumeist die dramatische Kunst täglich
noch tiefer in den Koth herabgedrückt wird. Wo die Sache
von Personen abhängt, da muß selbst eine streng sachliche Be=
sprechung auch die persönliche Kritik in den Bereich ihrer Zu=
ständigkeit herein ziehen.

Indem wir die heutigen Consequenzen unseres 1867
veröffentlichten Reformsystems dem Urtheil aller Sachverständigen
unterbreiten, übernehmen wir zugleich durch Abstreifung unserer
bisherigen Pseudonymität die volle Verantwortlichkeit für die
in den nachfolgenden Blättern enthaltenen Personal=Charakteristiken,
sowie die Bürgschaft für die Richtigkeit der von uns ans Tages=
licht hervorgezogenen Hoftheater=Coulissenmanipulationen.

Schon vor fünf Jahren, bei der ersten Publication unse=
res Reformsystems, gaben wir uns nicht der geringsten Täu=
schung darüber hin, daß ohne einen etwas gewaltsam erschei=
nenden Einschnitt in den autokratischen Theater=Patriarchalis=
mus eine Besserung der Bühnenzustände nicht zu hoffen sei.
Wir unterließen jedoch damals die Ziehung der letzten Conse=
quenzen unsers Systems, weil noch keine Möglichkeit zu ihrer
praktischen Verwerthung ersichtlich war. Feind alles Utopischen,
beschränkten wie uns auf solche Vorschläge, welche auch in
einem durch Dutzende von kirchthurmpolitischen Lagern zerklüfte=
ten Deutschland ausführbar gewesen wären. Erst durch die
kolossalen Umgestaltungen des Jahres 1870 eröffneten sich
auch für eine radicale Bühnenreform günstigere Aussichten.
Wir besitzen seither eine mit wahrhaft staatsmännischem Fern=
blick vorgehende Centralgewalt und einen gesetzgeben=
den Körper, der sich auf die Höhe der Zeitanforderungen
empor zu schwingen strebt. Kaum können wir voraussetzen,

daß, nach Erledigung der drängendsten Fragen über die staats=
rechtliche Organisation Neudeutschlands, der hohe Bundes=
rath und der Reichstag nicht auch die brennende Theater=
frage in den Bereich ihrer Competenz ziehen werden, sobald
ihnen die Wichtigkeit und Tragweite des Einflusses klar gewor=
den, welchen die theatralischen Leistungen je nach ihrer ethischen
Qualität oder unästhetischen Entartung im edelsten oder im
schlimmsten Sinne auf die Cultur=Entwickelung der ge=
sammten Nation unvermeidbar üben. Die Größe dieses
Einflusses darzuthun und die thatsächliche Aufmerk=
samkeit der höchsten Spitzen unserer gesetzgebenden
Gewalten auf die trostlos versumpften Bühnenzustände
sowie auf die Möglichkeit ihrer zeitgemäßen Reorga=
nisation hinzulenken, ist der Hauptzweck der vorliegen=
den Schrift, namentlich des sechsten, siebenten und
achten Abschnittes derselben.

Daß wir für den kranken Theater=Organismus in den
nachfolgenden Blättern keine Radicalcur verschreiben, wird schwer=
lich jemand behaupten wollen. Wem wir zu weit gegangen
zu sein scheinen, der möge sich mit dem gewiß unbestreitbaren
Ausspruche trösten, daß auch Deutschland nicht ohne einen
etwas gewaltsam scheinenden Act einig werden konnte
und daß wir wohl niemals in den Besitz guter Bühnen
gelangen dürften, würden nicht die gesetzgebenden
Mächte durch einen etwas gewaltsamen, wenn auch
zweifellos ihnen zustehenden, Act den gordischen Kno=
ten endlich zerhauen.

Theils um nicht unsere eigene Abhandlung vom Jahre
1867 mit andern Worten hier zu reproduciren, theils um dem
Leser den Vergleich unserer dort niedergelegten Reform=Prin=
cipien mit den jetzt daraus gezogenen Consequenzen zu er=
möglichen, lassen wir hier zunächst jene Abhandlung vollständig

folgen. Wir unterdrücken nicht einmal diejenigen Stellen, welche
durch die inzwischen errungene Einheit Deutschlands veraltet zu
sein scheinen. Gerade diese Stellen, sowie die verkehrte An=
wendung des Inhalts unserer Schrift auf die beabsichtigte
Schauspiel=Reform durch Herrn Frhrn. v. Perfall in Mün=
chen, werden uns später Anlaß zu Bemerkungen liefern, die
für die fernere Entwickelung der dramatischen Kunst wohl eini=
ger Beachtung werth sein dürften.

    Unsere Abhandlung in der „Deutschen Vierteljahrs=
schrift" bestand in vier Abschnitten und lautete wie folgt.

I.

Ueber die moderne Bühne und die Mittel zu ihrer Reform. [1]

Vorwort.

Im Jahre 1864 war der Verfasser dieser Abhandlung vom Chef eines deutschen Kabinets aufgefordert worden, über die Bühnenzustände eine Denkschrift zur Vorlage an den regieren=den Landesherrn auszuarbeiten und darin praktische Andeu=tungen zur Organisirung eines musterhaften Nationaltheaters niederzulegen. Der Aufforderung nachkommend, hatte er damals seine reformatorischen Anschauungen in einem compendiösen Memoire entwickelt, dessen Grundgedanken jetzt auch der leitende Faden für die vorliegende Abhandlung geblieben sind.

Da an die gegenwärtige Theatermisère schon so manches schöne Wort zweck= und erfolglos verschwendet worden ist, so bedarf wohl jede neue Publication über dieß Thema einer motivirten Rechtfertigung. Wir überlassen diese Rechtfertigung dem Inhalte unserer Schrift. Wie uns dünkt, lauteten fast alle bisher zur Verbesserung der dramatischen Kunst veröffent=lichten Rathschläge entweder zu theoretisch, um ausführbar zu

---

[1] Wörtlicher Abdruck. Was wir ihm beizufügen haben, geben wir unter dem Text und mit der Bezeichnung „Neue Anmerkung". Diejenigen Noten, welchen diese Bezeichnung nicht beigefügt ist, standen schon in der Ausgabe von 1867.

erscheinen, oder zu oberflächlich, um von der Ausführung das
gewünschte Resultat hoffen zu lassen. Ein praktischer und zu=
gleich die Wurzel der chronischen Bühnenkrankheit systematisch
anpackender Rath steht, trotz der vielen über diesen Gegenstand
erschienenen Schriften, immer noch aus.

Wir maßen uns nicht an, letztern hier erschöpfend ertheilt
zu haben. Was wir liefern, sind nur Grundlinien und Winke,
die aber dennoch vielleicht werth waren, nicht unter der Makulatur
eines Hofsekretariats vergraben zu bleiben. Wenn unsere An=
regungen nur bei einer einzigen der vielen deutschen Bühnen
ein thatsächliches Echo fänden, so wäre unser beabsichtigter Zweck
vollkommen erreicht, unsere kühnste Erwartung übertroffen und
unsere Arbeit überreich belohnt. Die vorliegende Abhandlung
gliche dann, so gering auch das subjective Verdienst des Autors
immerhin noch bliebe, dem während einer allgemeinen Hungers=
noth auf dankbares Erdreich gefallenen Saatkorn, aus welchem
allmählig Früchte genug hervorwüchsen, um zur Zeit der Ernte
den ästhetischen Hunger eines ganzen großen Volkes zu stillen.

I.

Wird in einer Zeit, die uns kürzlich auf dem realen Welt=
theater ein so bewegtes und noch nicht zum letzten Aktschlusse
gediehenes Schauspiel vorgeführt hat, das Publikum ein Wort
über die Bretter vernehmen wollen, welche, nach des Dichters
Ausspruche, die Welt nur bedeuten? Fast besorgen wir, daß
die Mehrzahl unserer Leser auf diese Frage mit einem kategorischen
„Nein" antworte. Dennoch stehen die Leistungen der Bühne
mit den Vorkommnissen des politischen und socialen Staats=
lebens in weit innigerem Zusammenhange, als von den ober=
flächlichen Theaterbesuchern geahnt wird und es verlohnt sich
wohl der Mühe, über den großen Fragen des ernsten Lebens
die kleinen Fragen der heitern Kunst nicht gänzlich aus dem

Auge zu verlieren. Das wußte schon Buonaparte, von dem man erzählt, daß er während seinen Feldzügen durch Europa sich über den inzwischen fortdauernden social=politischen Gährungs= proceß des französischen Volkes nicht immer aus dem Pariser „Moniteur" und aus den Berichten des Ministeriums oder der Diplomatie die untrüglichsten Kenntnisse verschafft habe, sondern manchmal aus den Theaterzetteln und aus einem genauen Ver= zeichniß derjenigen Stellen, welche vom Publikum besonders beifällig oder besonders mißliebig aufgenommen worden waren. Selbst als gleichsam die Geschicke des Erdtheils bereits zu seinen Füßen lagen, war es ihm nicht zu geringfügig, dem Standal oder dem Enthusiasmus sogar der kleinsten Winkelbühne manch= mal einen beobachtenden Blick zuzuwerfen. Freilich widmete er nicht aus Liebe zur Kunst dem Theater eine so schmeichelhafte Aufmerksamkeit, sondern aus einem Interesse, welches mit Thalia's ästhetischen Streitfragen wenig oder nichts gemein hat. Sein Scharfsinn hatte den Conner zwischen den Erzeugnissen der Bühne und dem social=politischen Volksleben richtig erkannt; er betrachtete deßhalb den Effekt der theatralischen Schaustel= lungen als einen Barometer zur Bemessung der öffentlichen Stim= mungen. Entspricht auch diese Manier, die dramatische Kunst zu beurtheilen, keineswegs dem Maßstabe, welchen der Aesthetiker an die Bühnenleistungen anzulegen hat, so kann dennoch nicht geläugnet werden, daß sich in ihr eine ganz gesunde Ahnung von dem innersten Wesen der Bühne verräth. Die Bühne ist wirklich ein Spiegel der Zeit und soll, selbst im höchsten Cul= minationspunkt ihrer Entwicklung, nicht aufhören, ein Spiegel der Zeit zu bleiben. Nur besteht im getreuen Reflex des sie umwogen= den Lebens nicht ihre einzige, ja nicht einmal ihre hervorragendste Aufgabe. Sie soll weit mehr als bloß ein Spiegel, sie soll zugleich ein Vorbild der Zeit sein. Je nachdem sie gleichzeitig entweder beides oder nur das eine von beiden ist, werden auch

ihre Kunstgebilde entweder vollendete Schöpfungen sein oder sich
über den Grad der Mittelmäßigkeit nicht erheben können.

Dieser Ausspruch dürfte auf den ersten Blick wohl manchen
Leser befremden und er wird uns vielleicht entgegnen, daß
theatralische Kunstleistungen als solche weder mit einem Spiegel,
noch mit einem Vorbilde der Zeit in nothwendigem Zusammen=
hange zu stehen brauchen, daß überhaupt ästhetisch vollendete
Schöpfungen als solche den Nexus mit den Neigungen und den
Idealen der stets wandelbaren Zeit gar leicht entbehren können,
ohne deßhalb aufzuhören, künstlerische Meisterwerke zu sein.

Der Einwand mag, wie wir vorläufig nicht bestreiten, in
der Theorie wohl richtig sein; ebenso richtig ist aber auch der
Satz, daß im Reiche der Kunst, über die wir zunächst einige
Worte im Allgemeinen voraussenden wollen, ehe wir speciell auf
das Theater eingehen, daß im Reiche der Kunst gerade die her=
vorragendsten Musterschöpfungen nicht nach der Schablone irgend
einer Theorie entstanden sind, sondern vielmehr die Theorie
erst später aus den Kunstwerken abstrahirt worden ist. Da
hat denn die Kritik, welche aus den bereits vorhandenen Leistungen
der Dichter und Künstler nachträglich das principielle System,
die ästhetische Doctrin, heraus zu deduciren strebte, manchmal
vergessen, den Beziehungen Rechnung zu tragen, die jene
Leistungen zu der Zeit hatten, während welcher und für welche
sie geschaffen worden waren. Aus diesem Grunde ist die Kunst=
kritik gar oft die Anlaßgeberin zu blinder Nachäffung der Kunst=
richtungen längst untergegangener Jahrhunderte (wir erinnern
hier nur an die sogenannte klassische Bühne der Franzosen)
geworden, — zu einer Nachäffung, an welcher wir das erste Er=
forderniß eines wahrhaften Kunstwerkes vermissen, nämlich die
natürliche Urwüchsigkeit, die nur auf einem durch seine leben=
digen Beziehungen zur Zeit befruchteten Boden hervorsprossen
kann. Namentlich war das der Fall, ehe die Kunstkritik sich

zu einer besondern Wissenschaft hindurch zu arbeiten begonnen
hatte, also vor 1750, mit welchem Jahre der Philosoph Baum=
garten durch die Herausgabe seiner „Aesthetika" wieder eine
wissenschaftliche Behandlung des Schönen anbahnte, die seither
durch Kant, Schiller, Fichte, Schelling, Ast, Thiersch,
Solger, Hegel und seine Schüler Hotho, Weiße, Ruge,
Vischer, Rosenkranz u. A. zu einer wirklichen Wissenschaft
erhoben wurde, wenn gleich nicht zu verkennen ist, daß trotz
der vortrefflichen Einzelnleistungen auch jetzt noch der künftigen
Forschung so Manches auf dem Felde der Aesthetik zu klären
übrig bleibt.

Schon unsere Berufung auf vorstehende Namen wird uns
gegen den etwaigen Vorwurf schützen, als wollten wir für eine
tendenziöse Kunstpflege in die Schranken treten, indem wir von
der Nothwendigkeit eines Nexus zwischen dem Kunstwerk und
zwischen den realen Bestrebungen und dem Ideale desjenigen
Zeitalters sprechen, in welchem das Kunstwerk entstand. Das
Tendenziöse in der Zeit und das in jedem Zeitalter sich eigen=
thümlich gestaltende allgemein Menschliche scheiden sich durch
eine wenn auch feine, dennoch scharf trennende Linie von einan=
der, welche heutzutage, wo durch die eben genannten Forscher
für die Klärung des Schönheitsbegriffes bereits so viel ge=
schehen ist, nur von einem noch rohen Jünger der Kunst über=
sehen werden kann. Wenn dennoch einzelne Kunstzweige in der
Gegenwart mehr, als dieß früher geschah, eine tendenziöse Pflege
finden, so erklärt sich das wohl hinlänglich aus dem unser Zeit=
alter beherrschenden Materialismus: die Spekulation hat sich in
unsern Tagen eben auch der Kunst in einem erschreckend hohen
Grade bemächtigt. Weniger als diese Zeiterscheinung scheint
uns deren Kehrseite, nämlich das starre Festhalten einzelner
Kunstjünger an längst abgestorbenen Formen, mit rationellen
Gründen erklärbar zu sein. Daß man noch im Jahrhundert

Ludwigs XIV. das Kunstideal für die Neuzeit in einer wahren Travestie auf die altgriechische Kunst gefunden zu haben wähnte, läßt sich bei einem Blick auf den damaligen Mangel an ästhe= tischer Klärung gar wohl begreifen. Heutzutage aber liegt das altgriechische Kunstideal unserem Verständnisse erschlossen vor. Wir wissen, daß sein Wesen und die Ursache seines Reizes nicht in einer für alle Zeit als unwandelbar zu erachtenden Form beruhte, sondern im harmonischen Einklang mit der alt= griechischen Weltauffassung und in der portraitähnlichen Ideali= sirung des altgriechischen Volks= und Menschenlebens. Dem= zufolge ist, so sollte man wenigstens meinen, durch die Resultate der neueren ästhetischen Forschungen die Aufgabe, welche den producirenden Künstlern in der Gegenwart erwuchs, ganz un= verkennbar vorgezeichnet. Künstler und Dichter finden in der altgriechischen Kunst und Poesie eine unvergleichliche Studie zu ihrer Ausbildung, aber sie würden ihren eigenen Beruf mißkennen, wenn sie diese Studie als ein zu sclavischer Nach= ahmung sich eignendes Muster für ihre eigenen Productionen erachteten. Vielmehr besteht ihre Aufgabe darin, erstens für den künstlerischen und poetischen Ausdruck der modernen Welt= auffassung eine Form zu finden, die ästhetisch tadellos und für die idealisirende Portraitirung des vollen modernen Lebens ebenso geeignet ist, wie die plastische Form der Griechen ästhe= tisch tadellos und zur Portraitirung der alten Welt geeignet war; und zweitens sodann, in diese Form als innern Gehalt den Ideenreichthum der Neuzeit und die moderne Lebens= gestaltung so treu hineinzulegen, wie die Griechen in ihre Plastik den ganzen Inhalt der hellenischen Welt treu hinein= zulegen verstanden. Das sind Sätze, die man ohne Zweifel allgemein als richtig zugibt, die aber dennoch von unsern pro= ducirenden Künstlern, insbesondere von den neueren Dramatikern, nicht immer nach ihrer vollen Tragweite gewürdigt zu werden scheinen. Denn schwebten sie diesen stets klar vor Augen, so würde wohl in der Regel bei Auswahl der zu behandelnden Stoffe mit größerer Sorgfalt verfahren und wir hätten nicht so oft zu beklagen, daß selbst entschiedene Talente ihre Zeit und Kraft an Schöpfungen vergeuden, denen schon wegen der Unzuträglichkeit der ihnen zu Grunde gelegten Fabel eine volle Lebenskraft niemals einzuhauchen ist.

Von jeher, selbst als die Wissenschaft rationelle Gründe hiefür noch nicht aufgefunden hatte, brachten geniale Künstler und Dichter in ihren Schöpfungen gleichsam instinktmäßig das= jenige Ideal zur Anschauung, in welchem die Richtung und die Geistesbestrebungen ihres Zeitalters culminirten. Wie in den Werken der Griechen die Welt des Hellenenthums sich abgespiegelt hat, so ist z. B. durch die Feder eines Dante und durch den Pinsel eines Rafael der christliche Idealismus des Mittel= alters abgespiegelt worden. Daß auch die neuere Kunst und Poesie in ihren hervorragendsten Trägern nach dem Ausdrucke für ein Ideal der Neuzeit ringe, wurde noch von Niemanden mit Erfolg bestritten. Hat man doch den Stillstand oder Rück= schritt in einzelnen Zweigen der Poesie und Kunst gerade durch die Behauptung, daß die zwischen charakterloser Unentschieden= heit und raschen Uebergängen umherschaukelnde Gegenwart ein schon zum Bewußtsein gewordenes ideales Ziel noch gar nicht besitze, zu erklären versucht und dadurch ausdrücklich die Noth= wendigkeit eines in der Zeit wurzelnden Ideals für alle und jede von der Phantasie befruchtete Geistesthätigkeit constatirt, insofern als Frucht solcher Thätigkeit eine neue Blüthenperiode für die Poesie und Kunst hervorkeimen soll.

Sonach ist, obgleich wir in Uebereinstimmung mit der wissenschaftlichen Theorie der Aesthetik den Schönheitsbegriff als einen für alle Zeit unwandelbaren und feststehenden voraus= setzen, die formelle Manifestation der Schönheit denjenigen

Modificationen unterworfen, welche ihr durch die stets weiter
voranstrebende Entwickelung der allgemeinen menschlichen Cultur
vorgezeichnet werden. Mit andern Worten: die Erzeugnisse im
Gebiet der wahren Poesie und Kunst wurzeln und wurzelten
zu jeder Zeit im Ideal derjenigen menschlichen Generation,
unter welcher sie entstehen oder entstanden sind. Dieß Ideal
vermittelt den Nexus zwischen dem Phantasiefluge des schaffen-
den Künstlers und dem prosaischen Schritte der ihn umgebenden
Mitwelt; nur dieß Ideal knüpft zwischen dem Kunstwerke und
zwischen dem es betrachtenden Publikum die geistigen Wechselbeziehungen an, durch welche uns das Verständniß des Kunstwerkes erschlossen und der ästhetische Genuß an demselben ermöglicht wird.

Kann, ohne entweder in den Bereich bloßer Curiosa aus-
zuarten oder zu einem widerlichen Handwerk herabzusinken,
schon im Allgemeinen kein Zweig der Kunst solcher reell idealer
Wechselbeziehungen entbehren, so sind und bleiben sie insbesondere für die Bühne stets eine ihrer ersten Lebensbedingungen,
falls dieselbe sich die Fähigkeit zur Erfüllung ihres eigentlichen
Berufes wahren will. Mehr als jede andere Kunstgattung
sieht sich die Bühne auf den unmittelbaren Verkehr mit dem
größeren Publikum angewiesen. Mehr als jede andere Kunstgattung empfindet sie direct die Ungunst des Publikums, sobald
sie mit ihren Leistungen aus dem Ideenkreise desselben abirrt.
Mehr als jede andere Kunstgattung wirkt sie nicht bloß mit
den geistigen, sondern auch mit den physischen Kräften des
Menschen und wird schon hiedurch in die innigste Annäherung
zur lebenden Generation gestellt. Daher ist auch für sie in
weit geringerem Grade als für alle übrigen Kunstzweige die
Gefahr vorhanden, daß sie im Streben nach der Verkörperung
des Ideals ihrer Zeit den realen Boden unter sich völlig ver-
liere und, anstatt sich dem Ideal selbst zu nähern, in ein

Utopien von Phantasterei abschweife, eine Verirrung, der in andern Branchen der Kunst namentlich die Naturalisten häufig zum Opfer fallen. Die Bühne stößt in der Regel jedes falsche Streben nach Idealisirung unnachsichtig von sich aus und duldet nur den reinen Idealismus, aus welchem dem Publikum ein veredeltes Spiegelbild der Gegenwart ganz unverkennbar und imponirend entgegen tritt. Desto näher aber liegt und lag von jeher für die Bühne eine andere Gefahr. Gerade weil sie durch ihren unmittelbaren Verkehr mit dem Publikum und durch die Vergänglichkeit ihrer Kunstgebilde mehr als jede andere Kunstgattung auf die Gunst des Augenblicks angewiesen ist, verwechselt sie auch viel öfter die leidenschaftlichen Inclinationen der Zeitkämpfe mit dem über denselben erhaben thronenden Zeitideal und wird eine um falschen Effect buhlende Verkün= derin ephemerer Tendenzen, statt die Trägerin der vom Ringen des Zeitalters erzeugten und bleibenden ästhetischen und ethischen Ideen zu sein.

Und dieß Abgleiten vom ästhetisch=ethischen Gehalte des Zeitalters zur hohlen und verflüchtigenden Zeitphrase ist's, was wir füglich als gleichbedeutend mit dem Verfall der Bühne be= zeichnen können. So lang die Bühne ihrem Berufe entspricht, gewährt sie, indem in ihrer Abspiegelung der Zeitkämpfe das Zeitideal krystallisirt, den Zeitgenossen ein leuchtendes Vorbild und gibt so dem Jahrhundert, vor welchem sie wirkt, die ästhe= tisch = ethische Richtung. Die Bühne in ihrem Verfalle dagegen hinkt zwischen den Zeitkämpfen als liebäugelnde Schleppträgerin daher und wirkt, indem sie selbst an Stelle des Zeitideals ephemere Zeitphrasen verkündet und als Partei in den Kampf eintritt, verflachend und depravirend auf das Publikum zurück.

Fassen wir nach dieser allgemeinen Betrachtung nunmehr die gegenwärtige Bühne speciell ins Auge, so müssen wir vor Allem die nur zu bekannte und in der Presse schon oft nach=

gewiesene Thatsache constatiren, daß die derzeitigen Leistungen
des Theaters im Allgemeinen weit hinter der Cultur der Gegen=
wart zurückstehen. Vereinzelte Versuche, der dramatischen Kunst
für die moderne Gesellschaft diejenige hohe Bedeutung zu er=
ringen, welche ihr als der lebendigsten Trägerin des ethischen
Zeitideals im klassischen Alterthum innewohnte, wurden in den
letzten Jahrzehnten wiederholt gemacht, erwiesen sich aber sämmt=
lich als erfolglos. Haben wir daraus den Schluß zu ziehen,
daß sich mit der modernen Cultur überhaupt eine als hervor=
ragendes Culturelement in die Zeit eingreifende Bühne nicht
verträgt? Oder sind die Mißerfolge aller bisherigen Bühnen=
reformversuche auf Ursachen zurückzuführen, die sich beseitigen
ließen? Nach unserer Ueberzeugung, die wir im weitern Ver=
laufe dieser Untersuchungen näher begründen wollen, ist letzteres
der Fall. Nicht die Höhe der in unserem Jahrhundert erklom=
menen Cultur, sondern die klaffende Lückenhaftigkeit derselben
ist schuld, daß die dramatische Kunst vom Range eines wichtigen
Culturelements mehr und mehr herabgedrückt wurde in die
niedere Sphäre einer zunächst und hauptsächlich nur noch dem
Sinnenreiz dienenden Spielerei. Wäre es möglich, über Nacht
eine Bühne hervorzuzaubern, aus welcher uns das innerste und
heiligste Wesen der modernen Weltanschauung so wunderbar
schön entgegen träte, wie einst aus der hellenischen Bühne der
Geist des klassischen Alterthums den Atheniensern entgegentrat,
so könnte man dennoch beim Blick auf die modernen Theater=
besucher nur den Satz wiederholen, den unser großer Schiller
schon im Jahre 1782 niederschrieb: „Bevor das Publikum für
die Bühne gebildet ist, dürfte wohl schwerlich die Bühne ihr
Publikum bilden."

II.

Auf so abschüssiger Bahn sich auch in der Gegenwart die Bühne bewegt, spiegelt sich dennoch in ihr wenigstens die eine Seite des modernen Lebens treu ab. Ja, die Bühne leistet in ihrem Streben, recht naturwahr zu sein, noch so viel, daß sie die Schwächen des Menschen, seine Fehler und Lächerlichkeiten nicht selten mit frappantester Naturähnlichkeit hinstellt und uns ein Lächeln des Beifalls über die Gewandtheit der theatralischen Copirkunst abzwingt. Auch erstreckt sich diese Gewandtheit nicht bloß auf die äußere Zeichnung der menschlichen Mängel und Lächerlichkeiten, sondern weiß sich den Anschein zu geben, als ob sie durch ihre Gebilde innerlich wahres, gesundes Leben veranschauliche, letzteres freilich in der Regel so verunstaltet, daß die Bühne gerade hiedurch den ihr gemachten Vorwurf der Depravation rechtfertigt. Sie gleicht dem Photographen, der die Natur mechanisch copirt, nicht dem Portraitmaler, dessen Kunst ihr zugleich den individualisirten Charakter und Geist einhaucht. Wie selbst der schlechteste und schwächste Mensch sich immer noch zu überreden sucht, daß er tugendhaft und seelenstark sei, so umhüllt auch die Bühne das Laster und die Schwachheit der von ihr repräsentirten Helden mit einem erheuchelten Glorienschein von Tugend und Charakterstärke und vindicirt diesem verführerischen Schein den Reiz des nachahmungswürdigen Seins. Sie fälscht also die Ethik, statt dieselbe aus einem Kampfe des göttlichen Kerns der Menschheit mit den der menschlichen Natur anhaftenden Schwächen und sinnlichen Gebrechen rein hervorkrystallisiren zu lassen. Sie zeichnet nicht die menschliche Natur in der verborgenen Tiefe ihres Gehaltes und innern Waltens, sondern vorwiegend nur ihre Oberfläche, vorwiegend nur die Natur des Menschen im Stadium seiner Selbst-

täuschung. [1]) Auf der Oberfläche des conventionellen Lebens und
in den Stadien der menschlichen Selbsttäuschung schwimmen
aber nur die ephemeren Blasen der Tendenzelei herum, da findet
sich nichts von jenem titanischen Ringen, von welchem auch
unser Jahrhundert nicht nur erregt, sondern bereits mit glänzen=
den Geistessiegen gekennzeichnet und geschmückt ist, — mit Siegen,
in denen für jeden, der Augen hat zu sehen und Ohren zu
hören, trotz der mannigfachen Auswüchse und trotz der bekla=
genswerthen Einseitigkeit der modernen Bildung, auch schon der
Kampfpreis der werdenden Zukunft, das Ideal der Gegenwart,
unverkennbar sich markirte. So lange die Bühne nicht in den
innern Tiefen dieses gewaltigen Ringens das ästhetische und
ethische Panier zur Verherrlichung des Zeitideals gesucht und
wieder gefunden hat, so lange wird es ihr auch nicht gelingen, den
Widerspruch mit der Cultur der Zeit auszugleichen, in den sie
durch ihr charakterloses Liebäugeln mit den ephemerischen Zeit=
blasen hineingerathen ist.

Gegenwärtig bezieht die deutsche Bühne ihren täglichen
Nahrungsstoff, nämlich den Grundstock ihres Repertoirs, aus
drei Quellen, die sämmtlich nur verkümmerte Erzeugnisse oder
höchstens photographische Streifbilder liefern und neben welchen
die von anderer Seite ihr zugetragenen Producte besserer Gat=
tung eine zu verschwindende Minorität bilden, um für die all=

---

[1]) Wie hier ausdrücklich zu bemerken kaum nöthig sein dürfte, ist obige
Schilderung hauptsächlich auf das Repertoir neueren und neuesten Datums
zu beziehen. Wir verwahren uns gegen die Unterstellung, als wollten wir
diese allgemeine Charakteristik der modernen Richtung ausnahmslos auf
jede Novität und auf alle hie und da noch vor dem Lampenlichte auftauchen=
den bessern Stücke aus einer früheren Periode, oder gar auf die immer
seltener werdenden Festabende ausdehnen, die an einzelnen Bühnen noch
der Vorführung klassischer Werke eingeräumt werden.

gemeine Charakteristik des modernen Theaters in Betracht gezogen werden zu können. Diese drei Quellen sind: die Repertoire der Pariser Bühnen und die Volksstücke und Possen der Vor= stadtbühnen in Wien und in Berlin. Für einen Culturhistoriker oder für einen social=politischen Publicisten wäre es in hohem Grade interessant, die Erzeugnisse dieser drei Quellen nach dem Maßstabe zu tariren, welchen Buonaparte an die theatralischen Productionen anlegte. Was hätte sich schon seit Jahren da nicht Alles herauslesen lassen! Ohne Prophetengabe zu besitzen, hätte ein aufmerksamer Beobachter des Sprudelns dieser drei Quellen uns die politische Gegenwart voraussagen können und könnte auch jetzt noch in unser Ohr klare Andeutungen flüstern über so manche in nächster Zukunft am social=politischen Horizont imponirend auftauchende und dann geräuschvoll zerplatzende Seifenblase. Dieß Pariser Theater, in welchem der „Esprit" sich an Stelle einer männlichen Ehrenhaftigkeit aufbläht und die ethischen Eigenschaften des menschlichen Charakters nur noch als geduldete Lappen zum Aufputz dummer Jungen figuriren, — es ist in Wahrheit ein photographisches Atelier des modernen Franzosenthums und macht uns begreiflich, daß Frankreich der Despotie eines Napoleon bedurfte und daß auch das Napoleo= nische Czarenthum nur als Durchgangsstadium eines lamentabeln Zersetzungsprocesses obenanschwebt! Diese Wiener Volksstücke und Possen voll von zuckersüßer Sentimentalität und von un= aussprechlich wollüstigen Giftstoffen, diese Berliner Localstücke mit ihrem trockenen Sarkasmus ohne Gehalt, mit ihrer coquetten Witzelei ohne Gemüth, mit ihren burschikosen Sophismen ohne Tiefe und ohne Moral, — deuten sie nicht unverkennbar an, daß — doch nein! um nicht der Sucht nach Pikanterien be= schuldigt zu werden, überlassen wir die Ausführung der Parallele zwischen den Irrgängen des Theaters und den realen Zeitereig=

nissen einer social=politischen Feder [1]) und kehren zu unserem Thema zurück.

Je höher eine Bühne steht, desto naturwahrer idealisirt sie den ethischen Gehalt des Zeitalters; je depravirter sie ist, desto krasser copirt sie die Unarten des Zeitalters. In beiden Fällen also spiegelt sich in ihr etwas der lebenden Generation Entnommenes ab, nur der Standpunkt, von dem aus sie das Bild portraitirt, der Rahmen, in den sie dasselbe hinein= stellt, und das Licht, von dem sie das Ganze überstrah= len läßt, sind verschieden. Diese Verschiedenheit freilich alterirt radical nicht bloß die äußerliche Repräsentation des künstlich er= zeugten Bildes, sondern auch dessen innern Charakter. Eine ästhetische Bühne bringt beim Zuschauer das Göttliche in der Menschenbrust zum klaren Bewußtsein und wirkt geistig erhebend, indem sie selbst auf den Grundpfeilern der Ethik ruht. Eine depravirte Bühne, die stets in dem mit duftendem Gewürzstoff übertünchten Sumpfe der Immoralität fußt, fröhnt dem sinn= lichen Naturell des Menschen und hinterläßt im Zuschauer geistig destruirende Eindrücke.

Das jetzige Theaterpublikum, welches im Allgemeinen ebenso materiell denkt als prosaisch fühlt, gibt sich zwar den Anschein,

---

[1]) Obige Andeutungen haben sich durch die seither eingetretenen poli= tischen Katastrophen bewahrheitet. In Frankreich hat der „lamentable Zer= setzungsproceß" bereits gründlich begonnen; Oesterreichs Verfassung und socialen Zustände kränkeln an täglich sichtbarer werdenden Geschwüren, für die sich kein Arzt mehr zu finden scheint; und was Berlin anbelangt, so ist — wie wir weiter rückwärts in dem Abschnitt „der General= Intendant Herr von Hülsen" u. s. w. nachweisen werden — von dorther das mit dem ultramontanen Jesuitismus verschwägerte Mucker= und Kreuzritterthum, welches glücklicherweise im deutschen Reichskanzleramte und im preußischen Ministerium stündlich mehr an Boden verliert, wenig= stens in den Theaterleitungs=Angelegenheiten zu einem traurigen und gegen= wärtig fast sämmtliche tonangebende Bühnen Deutschlands beherrschenden Einflusse gelangt. Neue Anmerkung.

eine ethische Bühne zu wollen, stellt aber an die Theaterleistungen Anforderungen, die, wie wir bald nachweisen werden, in der That nur noch eine depravirte Bühne ermöglichen. Die Mehr= zahl des Publikums verlangt nämlich von der Bühne Schau= stellungen, durch welche die Sinnlichkeit angenehm angeregt, dem Geist aber nicht die geringste Anstrengung zugemuthet wird. Diesem Verlangen entsprechen, nächst den Ausstattungsopern, am meisten gerade diejenigen tendenziösen Repertoirstücke, welche wir bereits als die photographischen Spiegelbilder der auf der Oberfläche der Zeit herumschwimmenden Blasen kennzeichneten und in welchen von dem titanischen Ringen und vom ange= strebten Kampfpreise unsers Jahrhunderts kaum eine schwache Spur sich auffinden läßt. Vorstellungen im Bereiche des reci= tirenden Schauspiels, die ein wahrer Hohn auf die Würde der dramatischen Kunst sind, werden vom großen Haufen bejubelt und machen volle Häuser; [1]) Leistungen, in denen die Aesthetik ihre Rechte geltend macht, ziehen in der Regel nur einen kleinen Kreis von Kunstkennern an, welcher dem solchen Leistungen scheu ausweichenden Publikum füglich zurufen kann: „Euer Fernbleiben zeigt, daß der Ausdruck des Drangs nach einer ästhetischen Bühne in eurem Munde nur ein Schlagwort ist, welches ihr gedankenlos nachsprecht, ohne einen Begriff davon zu haben. Warum strömt ihr den gehaltlosen Machwerken zu, und laßt an Abenden, an denen man euch Besseres zu bieten versucht, die Zuschauerräume leer? Verwirkt nicht ihr selbst gerade dadurch die Berechtigung, über die Depravation der

---

[1]) Man kann zwar heutzutage diese traurige Beobachtung mehr oder weniger fast überall machen, in besonders auffallend hohem Grade aber an den Vorstadtbühnen zu Paris, Wien und Berlin. (In letzterer Stadt ist seit dem hohen Ernst von 1866 und 70 ein erfreulicher Umschwung bemerklich und beginnt auf einigen Vorstadtbühnen bereits auch ein gewähl= teres Repertoir wieder Glück zu machen. Neue Anmerkung.

modernen Bühne zu klagen? Könnt ihr erwarten, daß euch das Theater etwas Anderes vorstelle als das, wozu ihr selbst es gezwungen? Bieten euch etwa die Bühnenschriftsteller und dramatischen Künstler in den Stücken, denen ihr allein noch zujubelt und in Masse beiwohnt, nicht gerade das, was ihr selbst von ihnen begehrt? Photographiren sie nicht eure Visage, wie sie räuspert und wie sie spuckt? Uebertünchen sie nicht eure Hohlheit mit all' den schönen Phrasen, mit denen ihr selbst im Leben euch so gern täuscht und täuschen laßt? Wenn euch das Bild dennoch nicht gefällt, so zeigt zuerst ihr selbst den Dramatikern und Mimen ein anderes Gesicht und muthet ihnen künftig nicht mehr zu, die Prosa des Lebens mechanisch nachzuäffen! Muthet ihnen nicht zu, eine Kloake für den Abortus der Zeitblasen zu bauen, sondern gestattet, daß sie zurückkehren zu ihrem wahren Berufe und aus den innern Tiefen der Zeitgestaltungen heraus wieder lauteres Gold zu Tage fördern! So wenig der Juwelier aus Sandsteinen einen Brillantschmuck anfertigen kann, so wenig kann die dramatische Kunst aus unästhetischen Materialien eine Bühne formen, die geistig zu befriedigen vermag."

Ehe wir dieß näher begründen, müssen wir ein paar Worte über die eigentliche Natur der Bühne voransenden, die heutzutage sogar für Manchen, der als Theaterkritiker in öffent= lichen Blättern figurirt, ein vollständig unklarer Begriff geworden zu sein scheint.

Es ist Aufgabe der dramatischen Kunst, die menschlichen Charaktere, das Wirken und Walten des menschlichen Geistes und das Schicksal des Menschen sowohl in seinen ernsten und in seinen heitern Kämpfen, als auch in seiner Stellung zur wandelbaren Außenwelt und zu den ewigen Weltgesetzen uns vorzuführen. Als Mittel zur Lösung dieser Aufgabe besitzt die Bühne einestheils: das Wort des Dichters, die Note des Ton=

jetzers, die Fertigkeit des Darstellers und Sängers; anderntheils:
den Mechanismus der scenischen Maschinerie, nämlich die durch
Coulissen, Garderobe, Schminke, Perrücken, Beleuchtung u. s. w.
erzeugten physischen Verwandlungen, und die Gewandtheit der
Tänzer. Die Bühne hat also, ganz wie das Object des von
ihr zu lösenden Problems, ganz wie der Mensch selbst, eine aus
Geist und Körper zusammengesetzte Doppelnatur. Daraus
folgt, daß die gleichmäßige Pflege des psychischen und des phy=
sischen Elements für die Bühne unerläßlich ist, falls ihre Leistun=
gen auf der Höhe ihrer Leistungsmöglichkeit stehen sollen. Denn
in einer Doppelnatur läßt sich nicht beliebig das eine Element
zu Gunsten des andern über Gebühr einschränken oder gar
unterdrücken, ohne daß dadurch das Ganze in seinen Lebens=
adern unterbunden und eine zur Erfüllung seiner Aufgabe un=
fähige Erscheinung werden müßte.

Daß die moderne Bühne ihrer Doppelnatur nicht mehr
gerecht werde, haben wir schon früher angedeutet. Das psychische
Element ist vom physischen entschieden überwuchert worden.
Jenes erhält von diesem nicht blos, wie das sein sollte, die
Ergänzung, sondern muß sich ihm in der Mehrzahl der neuern
Stücke gleichsam als Staffage unterordnen. Der Decorations=
maler, der Maschinist, der Theaterschneider und der Beleuchtungs=
Inspector oder Feuerwerker sind nicht selten die Hauptacteure.
Theaterschriftsteller, Compositeure und Darsteller dienen nur noch
dazu, dem zunächst bloß auf sinnliche Unterhaltung berechneten
Reichthum des physischen Apparates Gelegenheit zur Schau=
stellung zu verschaffen. Aber gerade dadurch, daß die moderne
Bühne die Unterhaltung zu ihrer ersten und höchsten Auf=
gabe gemacht hat, versetzte sie sich in die ziemlich allgemein
gefühlte Unmöglichkeit, ihr Publikum für die Dauer befriedigend
unterhalten zu können. Und hierin rächt sich ihre Selbst=
degradation, durch die sie von der Bannerträgerin des Zeitideals

zur Sclavin der Zeitphrasen herabsank, wieder an ihr selbst.
Die Aufgabe, bloß zu unterhalten, ist solchen untergeordneten
Kunstzweigen eigen, die sich nur an einzelne Empfänglichkeiten
des Menschen richten, wie z. B. der Stärke des Athleten, der
Fertigkeit des Seiltänzers oder Reiters in der Arena, der Ge=
wandtheit des Taschenspielers und Aehnlichem. Die Bühne
steht ihrem eigentlichsten Wesen nach höher: sie appellirt mit
ihren Leistungen an alle Empfänglichkeiten des Theaterbesuchers,
sie nimmt den ganzen Menschen in Anspruch und kann selbst
in ihrer verfehltesten Mißgestaltung ihre schöne Doppelnatur
nie so ganz verläugnen, daß sie dazu fähig würde, bloß mit der
einen Hälfte einen wohlthuend fesselnden Totaleindruck zu erzielen.

Als Consequenzen des hiemit gezeichneten Grundübels
der modernen Bühne haben wir bei der Mehrzahl unserer Theater
zunächst den Mangel eines ins Detail eindringenden Ensemble's
und eines der fortschreitenden Cultur conformen Repertoirs
zu bezeichnen. Weiter rückwärts wird sich uns Gelegenheit
bieten, auf diese zwei Consequenzen tiefer einzugehen. Vorläufig
nur dieß: die Bühne, wie sie jetzt ist, kann in der überwiegenden
Mehrzahl ihres Personals keine Künstler haben, sie bedarf zu
ihrer Existenz einen Troß von Handwerkern der Kunst, unter
dem nur noch vereinzelte Berufene ernstlich gegen die allgemeine
Abspannung ankämpfen. Sie kann ferner keine dramatischen
Dichter haben, sie braucht schriftstellernde Fabrikarbeiter,
die nach Maßgabe des Theaterkleides auch die Rollen auf den
Leib schneidern und den Bühneneffect nicht in Beachtung der
unverletzlichen Gesetze der Dramatik, sondern in der Anklamme=
rung an die oberflächlichen Schaumblasen des Alltagslebens, an
die Täuschungen der Convention suchen. Dieser Verflachung
entsprechend, sind auch in der That die stets schlagfertigen
Repertoirfabrikarbeiter an den Vorstadtbühnen in Berlin und
Wien durch feste Gehalte und durch Tantièmenantheile glänzend

gestellt, während wir in ganz Deutschland keinen einzigen nam=
haften Dichter finden, dessen poetische Feder vom Theater mehr
errungen hätte, als nur ein höchst mageres Brod.

Bekanntlich wiederhallt die Klage, daß die Poesie auf den
modernen Brettern keine Heimath mehr habe und nur noch zeit=
weilig als exotische Pflanze auftauche, schon seit Jahrzehnten in
der deutschen Literatur und machte sich bereits so vernehmbar,
daß sogar ein großer Theil der Hoftheater=Intendanten und
Directoren, denen man bisher im Allgemeinen wenig Aufmerk=
samkeit für die Interessen der Kunst zugestehen wollte, sich da=
durch veranlaßt sahen, zur Besserung der Theatermißstände einen
deutschen Bühnenverein zu gründen. Leider aber umgingen die
bisherigen Beschlüsse dieses Vereins den Kern der Frage und
bewiesen nur, daß unsere Intendanten und Directoren die Er=
lösung vom Uebel in einer bureaukratischen Centralisation sämmt=
licher Theater, in einer schablonenartig geregelten Gegenseitigkeit
der bürgerlichen Verpflichtungen des Schauspielerstandes erkennen.
Derlei Erkenntniß und die aus ihr hervorgegangene Thätigkeit
des deutschen Bühnenvereins mögen zwar, wie wir gern zugeben,
für die gesellschaftliche Stellung der Mimen großes Verdienst
haben, — für die Bühne selbst aber kann von Einrichtungen,
durch welche soldateske Mandate und bureaucratische Aktenstücke
zur Hauptsache der Reform gemacht sind, unmöglich ein durch=
greifender Gewinn erwartet werden. Das Reich der Kunst —
und die Bühne gehört doch wohl unbestritten diesem Reiche
an [1]) — das Reich der Kunst ist ein freies und bedarf zu

---

[1]) Laut des neuen deutschen Gewerbegesetzes verhält sich das frei=
lich anders. Hiernach figurirt die dramatische Kunst fortan unter den
Gewerbe= und Handelsartikeln, und wir sollen uns dem Glauben anbe=
quemen, daß in dieser Beziehung alle Aesthetiker, von Aristoteles angefangen
bis herauf zu Friedrich v. Vischer, sich in kolossalem Irrthum befanden.
Wahrlich, wenn die Franzosen je ein Recht besäßen uns Deutsche „Barbaren"

seinem Blühen eines uneingeschnürten Odems: der echte Künstler
hat, wie der echte Dichter, sein Wappen in dem Genius, der
ihm schon bei der Geburt beigesellt wurde, vom Herrn der
Welten selbst empfangen. Suche man also die Lebenskraft für
beide nicht in dem, was nur beider Tod wäre! An polizeilichen
Ueberwachungen und höfischen Obervormundschaften hat es der
dramatischen Kunst schon vor Gründung des bureaukratischen
Bühnenvereins so wenig gefehlt, daß von verschiedenen Kritikern
gerade hierin ein Hauptgrund für die Kluft gesucht worden ist,
welche zwischen dem allgemeinen Fortschritt und zwischen den
theatralischen Leistungen der Gegenwart besteht. Die Kritiker,
welche solches behaupten, haben nicht unrecht. Neben diesem
Hauptgrunde jedoch wirkt auf alle Bühnenleistungen mindestens
ebenso verhängnißvoll die Thatsache, daß nur allzu viele Theater=
besucher nicht wissen, was sie mit Recht von der Bühne zu
fordern haben und was sie, um dieß Recht geltend machen zu
dürfen, auch ihrerseits der Bühne entgegentragen sollten. Der
Ausspruch Schillers, mit dem wir unsere erste Abtheilung
schlossen: „bevor das Publikum für die Bühne gebildet ist,
dürfte wohl schwerlich die Bühne ihr Publikum bilden," —
dieser Ausspruch trifft heute noch zu.

zu nennen, so könnten sie in dieser Rubricirung ein schwer zu ent=
kräftendes Motiv finden, träfe es nicht thatsächlich auch sie selbst. Wo
man die dramatische Kunst von Oben herab zum Gewerbe stempelt, da
wird sie — wie unlängst auch Frhr. Alfred v. Wolzogen in der „Neuen
Zeit", dem officiellen Organ der deutschen Genossenschaft dramatischer
Autoren und Componisten, sehr richtig hervorhob, — „in eine ihr ganz fremd=
artige und sehr gefahrvolle Sphäre herabgezogen." Mit Recht klagen alle
Männer vom Fach, daß bei Emanation dieser folgenschweren Bestimmung
leider kein einziger Fachmann beigezogen ward. Wir kommen auf den
Gegenstand, von dessen zeit= und fachgemäßer Paralysirung gegen=
wärtig das Alpha und Omega der Bühnenreform abhängt, später noch aus=
führlich zurück.					Neue Anmerkung.

Oder begegnen wir etwa im Jahre 1867 in unsern moder=
nen Kunsttempeln einem einsichtsvollern Zuschauerkreise als der=
jenige war, welcher unsern Schiller vor fünfundachtzig Jahren
zu solch hartem Urtheile über die Bildung seiner Zeitgenossen
zwang? Wie uns scheint, kann man diese Frage kaum mit einem
entschiedenen Ja beantworten. Zwar bemerkt man an unserm
modernen Theaterpublikum nicht mehr die fast kindliche Hin=
gebung und Genügsamkeit der Kunstfreunde des vorigen Jahr=
hunderts; das Publikum ist seither weit kritischer geworden und
belächelt jetzt mitleidig so manche Erscheinung, die früher noch
zu Thränen rühren konnte. Dagegen aber hat das Publikum
auch die naturwüchsige und zündende Empfänglichkeit für das
wahrhaft Schöne und Erhabene verloren, ohne diesen Verlust
durch ein ästhetisch geläutertes Bewußtsein wieder ersetzt zu
haben. Namentlich in unsern größern Hauptstädten leidet es
an einer blasirten Uebersättigung und klagt über Mangel an
befriedigenden Pikanterien, gleich jenen verzogenen Kindern, die
mit nichts zufrieden zu stellen sind und die selbst nicht wissen,
worin eigentlich eine volle Befriedigung für sie gefunden werden
könnte. Diese Erscheinung wurde seit Jahren schon oft als
eine Consequenz der politischen und socialen Gestaltungen der
Neuzeit erklärt. Geistreiche Kritiker haben mit vielem Scharfsinn
wiederholt nachzuweisen versucht, daß im Allgemeinen die materielle
und prosaische Entwickelung des Jahrhunderts verderblich auf
die dramatische Aesthetik zurückwirke und daß insbesondere unsere
politische Zerrissenheit eine wahrhaft nationale Bühne für Deutsch=
land unmöglich mache. Bei aller Würdigung der hiefür geltend
gemachten Gründe, deren wuchtige Tragweite wir keineswegs
verkennen oder unterschätzen, will es uns dennoch bedünken, daß
bisher ein Hauptmoment zu wenig in Betracht gezogen, wenn
nicht gar vollständig übersehen worden sei. Dieser besteht, wie
wir bereits sagten, in der Begriffslosigkeit, mit der sich der

größere Theil der Theaterbesucher den Bühnenleistungen gegen=
über stellt.

Der Vorwurf mag auf den ersten Blick hart erscheinen,
vielleicht aber gelingt es uns, durch Hindeutung auf einen
andern Zweig der menschlichen Erkenntnisse klar darzuthun,
daß wir hiezu berechtigt waren. Gewiß ist Niemand unter unsern
Lesern, dem die Lectüre eines anziehend und geistreich geschrie=
benen Buches oder Aufsatzes keine Freude bereitet. Müßte aber
ein solches Buch oder ein solcher Aufsatz Jemanden, dem die
Lettern Hieroglyphen wären, nicht sogar zum Durchblättern
höchst langweilig vorkommen? Ohne Zweifel, denn er sähe
nur die monotonen Schriftzeichen, und könnte ihnen keinen
einzigen der erhabenen Gedanken entlocken, die nur uns ver=
ständlich sind, weil die Kenntniß der Buchstaben unserm Verstande
die Bedeutung ihrer Zusammensetzungen vermittelt. Das ABC
liefert den Schlüssel, der das Thor zu den Propyläen des
Wissens erschließt! Und so hat auch jeder Zweig der mensch=
lichen Künste seinen besondern Schlüssel. Nur die ganz thieri=
schen Genüsse sind dem Menschen ohne vorhergegangene Aneig=
nung gewisser Vorkenntnisse erreichbar, aber alle jene Vergnü=
gungen, deren Besitz ihn eben von der rohen Thierwelt auszeichnet,
muß er sich durch eine Vorschule verdienen oder er entbehrt sie
wegen seines eigenen Unverstandes. Sollte die Bühne allein
eine Ausnahme hievon machen, — sie, die gleichsam den Cul=
minationspunkt aller Künste bildet? — Und mit welchen drama=
turgischen Vorkenntnissen — wir sprechen nicht von den Gebildeten,
sondern vom großen Troß: die Gebildeten stehen bekanntlich
überall in der Minderzahl und man findet nach unsern eigenen
Beobachtungen unter hundert Theaterbesuchern in der Regel
kaum Einen dramaturgisch Gebildeten — mit welchen Vorkennt=
nissen kommt heutzutage der große Troß zu den Theatervor=
stellungen?

Wohl manchem von unsern Lesern schwebt auf diese Frage schon die Antwort auf der Zunge, daß Leistungen, wie sie die moderne Bühne und die modernen Dichter in der Regel liefern, von Seiten des Zuschauers keine besondern Vorkenntnisse er= heischen und zuverlässig für jeden, der seine gesunden fünf Sinne mit sich ins Theater bringe, gar leicht verständlich seien. Diese Antwort mag halb richtig sein, gleichwohl liegt sie ab= seits vom Ziele, auf das wir mit unserer Frage hinsteuern wollen.

Das Publikum kann ohne die Bühne existiren. In weit ungünstigerer Situation steht die Bühne gegenüber dem Publikum. Dieser ist eine durch zahlreiche Frequenz bethätigte Gunst des Publikums unentbehrlich; die Pflicht ihrer eigenen Erhaltung legt ihr die traurige Nothwendigkeit auf, sich dem Geschmacke und der Auffassungsfähigkeit der Theaterbesucher zu accommo= diren, selbst wenn ein verderbter Geschmack sie herabdrückt. Wiche sie dem Drucke nicht mittelst Verschlechterung ihrer eigenen Leistungen, so müßte sie vor leeren Bänken spielen und dann wäre bald ihre Subsistenzquelle versiegt, ihre Existenz würde aufhören. Selbst unsere Hoftheater sind nicht reich genug dotirt, um in einer vom Tagesgeschmack unabhängigen Stellung die Kunst frei pflegen und ergiebiger Tageseinnahmen auf die Dauer entbehren zu können. Unsere Stadt= und Privattheater vollends sehen sich auf die Tageskasse, als ihre fast einzige Subsistenz= quelle, angewiesen. Folglich ist nicht das Publikum von den Leistungen der Bühne, sondern die Bühne ist von den Anfor= derungen des Publikums abhängig. Wenn aber ein solches Abhängigkeitsverhältniß zugegeben werden muß, so ist damit schon klar angedeutet, was einer durchgreifenden Bühnenreform nothwendig voranzugehen hätte.

Halten wir dieß vorläufig fest und fragen wir nochmal: mit welchen Begriffen von Dramatik und Mimik strömt der große Troß der Zuschauer in unsere modernen Theater? In

der Regel mit gar keinen oder, was fast noch schlimmer ist,
mit solchen, die sich weit abseits von allem ästhetisch Zulässigen
befinden. Es liegt aber in der Natur der Sache, daß dem
Begriffsarmen oder dem sinnlich Verwirrten nicht etwa das
Kunstwerk, sondern dessen Carricatur am besten gefällt. Der
Ignorant in Beurtheilung der Malerei z. B. entscheidet sich nie
für die Madonna eines Rafael, sondern stets für die Pinselei
eines Stubenanstreichers, weil dieser mit grelleren Farben auf=
trägt. Wer nicht zu lesen versteht, der findet, falls er dennoch
in ein Buch hineinschaut, an einer mit plumpen Holzschnitten
ausstaffirten Fibel mehr gefallen, als z. B. an Humboldts Kos=
mos, weil jene seiner Erkenntnißsphäre immerhin noch näher
liegt, als die Enthüllungen unsers größten Naturforschers. Und
wie in der Malerei und in der Wissenschaft, so in der Bühnen=
literatur und in deren scenischer Darstellung. Warum haben
wir heutzutage, wo es uns zwar an bahnbrechenden Genies,
aber wahrlich nicht an reichbegabten dramatischen Federn fehlt,
dennoch auf fast keiner Bühne Deutschlands ein erquickliches
Repertoir? Weil unsere Bühnendichter sich in der Regel erst
dann auf den modernen Brettern einbürgern können, wenn
sie die Poesie bereits über Bord geworfen haben, wenn sie die
Charakteristik und die Motivirung wie etwas Ueberflüssiges ver=
nachlässigen, wenn sie mit einem Wort Spektakelstücke mit hohlen
Knalleffecten und mit magerem oder gar keinem Gedankeninhalte
liefern. Nomina sunt odiosa! sonst könnten wir aus dem
Arsenal unserer vieljährigen Beobachtungen eine Reihe von Namen
aufzählen, deren zum Theil gar nicht in die Oeffentlichkeit vor=
gedrungenen Erstlingsproducte eine schöne Bereicherung des
Repertoirs hoffen ließen und die dennoch nach einigen vergeblichen
Versuchen entweder der Schriftstellerei für immer entsagten oder
mindestens den Kampf um die Siegespalme an Thaliens Altare
einstellten und später auf einem andern Gebiete der schönen

Literatur Ehre und Geld suchten und fanden. Wer dem Ent=
wickelungsgange der einzelnen zur Zeit lebenden Schriftsteller
mit einiger Aufmerksamkeit folgte, dem kann nicht entgangen
sein, daß die Mehrzahl unserer gegenwärtig beliebten Lyriker,
Novellisten, Erzähler und Romandichter sich anfänglich mit Be=
geisterung der dramatischen Poesie zugewendet hatte und dennoch
jetzt der Bühne entweder apathisch den Rücken auf immer zukehrt
oder nur noch höchst selten, gleichsam für ihr eigenes Privatamüse=
ment und mehr zur Lectüre als zum Bühnengebrauche, einzelnen
Abfällen von ihrer poetischen Erfindungsgabe dramatische Formen
anzupassen versucht. In dieser Wahrnehmung liegt ein vernich=
tendes Urtheil sowohl über die Taktlosigkeit der Bühnenverwal=
tungen, als über die verschrobenen Anforderungen des Theater=
publikums. – Warum treffen wir ferner heutzutage, wo es
uns zwar an den klassischen Erscheinungen einer Sophie
Schröder, eines Ludwig Devrient und Eßlair, aber keines=
wegs an einer großen Anzahl reich talentirter Mimen fehlt,
dennoch fast auf keiner Bühne Deutschlands ein genügendes
Ensemble? Weil die von Natur begabten Darsteller in der
Regel erst dann Glück zu machen beginnen, wenn sie die reine
Pflege der Kunst bereits gründlich verlernt und sich nach Ab=
tödtung ästhetischer Bestrebungen dem handwerksmäßigen Zunft=
ziele zugewendet haben, wenn ihnen mit Einem Wort jene durch
bloße Routine gar leicht zu erwerbende Manier handläufig ge=
worden ist, mit der man sich herausfordernd aus dem Rahmen
des Ganzen vordrängt und gleich einer koketten Buhlerin die
allgemeine Aufmerksamkeit von der Kunst weg auf das liebe
Ich concentrirt. Männern von Fach kann es nicht entgangen
sein, daß diejenigen von unsern Schauspielern, welche gegen=
wärtig am Theaterhorizont als Sterne erster Größe gelten, zur
Zeit ihrer frühern Obscurität mitunter Gediegeneres leisteten,
als sie jetzt in der Periode ihres Glanzes zu bieten vermögen.

Nicht ihre Vorzüge, sondern die Unarten, die sie später ihren Vorzügen beizumischen gelernt hatten, waren für sie die Stufen geworden, auf denen sie sich zu Geld und Ehren emporschwangen und zur Zeit obenauf erhalten.[1] Die Mehrzahl des modernen

[1] Das ist z. B. sogar bei der so viel belobten Clara Ziegler der Fall. Frl. Ziegler machte, als sie noch wenig berühmtes Mitglied des Leipziger Stadttheaters war, auf den kunstverständigen Zuschauer einen viel ange= nehmeren Eindruck, als gegenwärtig mit ihren sogenannten „Paradepferden", auf denen sie alljährlich sieben Monate lang in Deutschland herumgaloppirt. Damals konnte man sich über die strebsame Kunst=Novizin noch herzlich freuen und von ihrer Zukunft um so mehr wahrhaft Großes erwarten, als die reich talentirte Dame zugleich mit äußern Mitteln außerordentlich unterstützt wird. Jetzt ist diese Erwartung längst in Schaum zerflossen. Das Fräulein ist zwar gewandte Virtuosin geworden, die mit ihren außer= ordentlichen Naturvorzügen alle Coulissen=Kunststückchen aufs effectvollste auszunützen, hiedurch den großen Haufen zu blenden und sich zu einem Magnet für die Theaterkassen heranzubilden gelernt, daneben aber die An= eignung der Haupttugend einer klassischen Mimin, nämlich eines correcten Kunst=Styls, verabsäumt hat. Die Leistungen des berühmten Fräuleins schillern, von den Gebilden einer Rachel bis zu jenen einer Ristori, je nach ihrer Wirkungsfähigkeit in allen Farben herum, — da schlägt bald das französische, bald das italienische, bald das deutsche Colorit u. s. w. durch, sowie eben jedes geeignet scheint, für die betreffende Stelle am meisten zu verblüffen und zu effectuiren. So ist denn die Ziegler nur eine große Naturalistin, deren Triumphzüge lebhaft an die ehemaligen Kreuz= und Querfahrten eines Wilhelm Kunst gemahnen. Das Leipziger Publikum zeigte sich sehr taktvoll, als es vor ein paar Jahren die Rückkehr seines ehemaligen Lieblings etwas kühl aufnahm und in die sonst ziemlich all= gemeine tutende Lärm= und Lobposaune nur höchst bedingungsweise mit= einstimmte. Gerade die Ueberschwänglichkeit des Lobes, mit welchem dieß Meteor an unserm Theaterhorizont von der Journalistik überschüttet wird, muß uns als einer der mannigfachen Belege dafür gelten, wie wenig unsere Tagespresse im Allgemeinen den wahren Kunst=Interessen zu dienen ver= steht. Frl. Ziegler besaß in ihrer frühesten Jugend von Natur alles Zeug zu einer wirklichen Kunstgröße und wäre vielleicht Epoche machend ge= worden, hätte nicht eine befangene Journalistik verfrüht durch allzu verzucker=

Theaterpublikums (namentlich in den tonangebenden Städten
Paris, Berlin und Wien) verzeiht, ja bejubelt jede Unwahr=
scheinlichkeit und sogar jeden Unsinn, wenn nur ein Effect, sei
er auch noch so roh, darin liegt. Nur Eines gilt vor seinen
Augen und Ohren als ganz unverzeihliche Todsünde. Dieß
Eine besteht in der Ruhe, deren jedes wirkliche Bühnenkunst=
werk und jede gediegene Bühnenleistung in ihren einzelnen
Gliederungen hie und da bedürfen, sollen sie anders als wohl=
motivirt auch dem Kunstkenner genügen. Das Publikum, nament=
lich in den genannten drei Hauptstädten, zieht ein wirres Durch=
einander von Ueberraschungen jedem wahrhaft ästhetischen Kunst=
genusse vor. Da muß sich Alles lärmend überstürzen wie eine
überheizt dahin brausende Locomotive; und wenn der Führer
schon auf halbem Weg vom Tender herabfliegt, wenn zuletzt
das ganze Fahrzeug an einem Deus ex machina zerplatzt und
selbst die Coulissen unter dem Lärme der Theatermaschinen zu=
sammenstürzen, dann ist auch das Interessanteste geboten, dann
steigt der Jubel auf's Höchste.

Gegenüber einer solchen Volksästhetik bleibt freilich dem
Dichter und dem Schauspieler nur noch die Perspective eines
geängstigten Rehs, das der schonungslose Jäger Publikum zu
Tode hetzt. Der beklagenswerthe Dichter mit an die Räder
gebundenen Flügeln seines Pegasus vermag vor solchem Har=
lekinsfuhrwerk unmöglich noch mehr als nur die Frohndienste

---

ten Weihrauch dieß ungewöhnliche Talent schon in der ersten Blüthe seiner
Entwickelung verunstaltet und in seinen Unarten bestärkt. Wir stimmen
vollkommen dem Urtheile bei, welches der verstorbene Heinrich Marr
in mündlichem Gespräch fällte: „Da haben wieder einmal ein Comödiant
von Lehrer und die Tagespresse einen schweren Verlust für die Kunst auf
ihrem Gewissen; Frl. Ziegler ist in die Manier bereits allzu fest verrannt,
als daß man jetzt noch hoffen dürfte, sie würde Deutschlands unbedingt
hervorragendste Künstlerin, die geniale Sophie Schröder, je auch nur
annähernd erreichen können."   Neue Anmerkung.

eines erlahmenden Droschkenpferdes zu leisten. Der arme
Schauspieler vollends hat Mühe, seinem Schädel zum Radebrechen
vor dem Soufleurkasten Rolle auf Rolle einzupauken und, damit
er den unersättlichen Ueberraschungsdurst der Zuschauer wenigstens
theilweise lösche, zu Gunsten einer neuen Farce von seiner Ge-
dächtnißtafel schon morgen das wieder zu streichen, was er erst
gestern erlernt hatte. Soll er dann ausnahmsweise auch einmal
für die gebildete Minderzahl des Publikums ästhetischer Künstler
sein, so mangelt ihm hiezu natürlich die Vorbildung, — die
Uebung. Seine Mimik, sein Vortrag, seine Charakteristik,
sein Savoir-faire paßt in ein wirkliches Kunstmaterial nicht
mehr hinein, — er weiß sich dieß Material nicht mehr zurecht zu legen, langweilt durch seine Auffassung und macht
dadurch auch das, was er vorzustellen hat, selbst für den
gebildeten Zuschauer langweilig. So kann es denn nicht fehlen,
daß die Bühne, anstatt vorwärts zu schreiten, immer noch tiefer
unter ihre Bestimmung herabsinken muß. Schon früher haben
wir die Ueberwucherung des physischen über das psychische Element als ihr Grundübel charakterisirt. Hier dürfte kaum mehr
etwas beizufügen sein, um den Mangel einer wahren Volksästhetik
als eine der Hauptgrundursachen jenes Grundübels erscheinen
zu lassen. So lange aber die schlimmen Ursachen nicht gehoben
sind, muß jeder Kampf gegen die schlimmen Wirkungen nothwendig ein erfolgloser bleiben. Die bisherigen Theaterreform-
versuche sind nicht bloß über ihre eigene Mangelhaftigkeit, sondern
hauptsächlich darüber gescheitert, daß sich ihnen kein dem Bessern
zugeneigtes Publikum unterstützend zur Seite gestellt hatte. Ohne
vorangängige Reform der irrigen Begriffe, die sich der große
Troß von der dramatischen und mimischen Kunst angeeignet
hat, müssen die Anläufe zum Bessern im Innern der Bühne,
selbst wo sie noch hie und da ernstlich und redlich versucht
werden, nothwendig mißglücken. Mit andern Worten: jede in

ästhetischem Sinne angeregte Theaterreform, die nicht als Con=
sequenz eines aus innerer Ueberzeugung der Theaterbesucher
hervorgegangenen Dranges erscheint und demzufolge nicht im
Publikum selbst ihre Triebfeder und ihren Stützpunkt findet,
gleicht einem schon bei der Geburt verröchelnden Kinde, — die
Reform der modernen Bühne setzt als unerläßliche Bedingung
eine Reform des modernen Theaterpublikums voraus. Wäre
diese erst vollzogen, dann würde jene sich ebenso unabweislich
aufdrängen und ebenso leicht vollziehen, als sie jetzt fern liegend
und kaum durchführbar scheint.

Das sind Sätze, die sich dem Verfasser vorliegender Ab=
handlung in einem langen, der dramatischen Kunst gewidmeten
und von ebenso wenig Freuden als vielen Drangsalen gekenn=
zeichneten Streben als unumstößliche Wahrheiten aufgedrängt
haben. Es ist ein trauriges Bild, das er entrollt. Dennoch
möchte er selbst es als kein trostloses bezeichnen. Denn wo
das Mittel zur Besserung im Volke selbst gesucht werden darf,
da könnte an der Möglichkeit der Abhilfe nur derjenige ver=
zweifeln wollen, der überhaupt das Gebahren der Gegenwart
durch die Brille eines misanthropischen Schwarzsehers betrachtet.
Der Verfasser vorliegender Abhandlung blickt im Allgemeinen
mit zuversichtlichem Vertrauen auf die Gestaltungen der werden=
den Zukunft und erkennt in den Wirren der Gegenwart nur
die Vorboten von Umwandlungen, die bestimmt sein dürften,
der europäischen Völkerfamilie ein wohnlicheres Dasein zu be=
reiten. Wenn in die allgemeine Krisis auch die Bühne hin=
eingerissen ward und jetzt unter allen der Kunst geweihten
Instituten als das seinem Berufe am meisten entfremdete da=
steht, so dürfen darüber am wenigsten gerade diejenigen klagen,
welche am empfindlichsten davon betroffen und dennoch bisher
entweder kurzsichtig oder thatenscheu genug waren, hartnäckig
den einzigen Weg nicht zu betreten, auf welchem sie aus ihrem

sich selbst vernichtenden Zirkelkreise heraus gelangen könnten. Näheres hierüber in der folgenden Abtheilung.

III.

Der Wiederherstellung eines naturgemäßen Verhältnisses zwischen Psyche und Materie stehen die Anforderungen, welche das heutige Publikum an die Theatervorstellungen erhebt, als ein von der eigenen Lebenskraft der Bühnenleistungen nicht zu bewältigendes Hinderniß entgegen. Daher erscheint die Möglich= keit des Glückens einer gesunden Bühnenreform vollkommen abhängig von dem Gelingen einer ihr vorangehenden Reform des Theaterpublikums.

Das war das Resultat, zu welchem wir in der vorigen Abtheilung gelangten. Wohl mag dabei Mancher von unsern Lesern im Stillen gedacht haben: das heißt fast ebensoviel als die Reformversuche überhaupt nach Utopien verweisen. Denn läßt sich schon mit dem Einzelnen in Geschmackssachen nicht rechten, um wie viel weniger wird man einem ganzen Publikum die Richtung für das geben können, woran es künftig im Theater Vergnügen und woran es Langweile finden soll!

Wir antworten darauf, daß unser Ausdruck „Reform des Theaterpublikums" nichts weniger bezeichnen soll als ein Oktrovi= ren irgend welcher Kunstrichtung oder eine directe Bekriegung des jetzigen Geschmackes der Theaterbesucher. Zur Anbahnung der Reform dürfte weder das eine noch das andere zweckent= sprechend oder gar nöthig sein. Denn das Gefallen, welches die größere Masse der Theaterbesucher gegenwärtig an unästhe= tischen Vorstellungen findet, ist keineswegs auf einen allgemein charakteristischen Grundzug der Zeit zurückzuführen, sondern bildet zu der allgemeinen Culturentwicklung des jetzigen Zeit= alters eine grell contrastirende Anomalie, die, wie wir schon in der vorigen Abtheilung bemerkten, ihren Entstehungsgrund wohl hauptsächlich in der schon von Schiller unübertrefflich gezeichneten [1] Lückenhaftigkeit der modernen Erziehung hat, — einer Lückenhaftigkeit, nach deren Beseitigung sich der richtige Geschmack ganz von selbst ergäbe. In Kreisen, denen jene Lückenhaftigkeit weniger auffällig anhaftet, begegnen wir gerade in unserer Zeit einem nicht selten musterhaft geläuterten Kunst= sinn. Sind auch derlei Kreise nirgends sehr zahlreich, so fin= den sich doch in fast jeder deutschen Stadt einige Dutzend, ja wohl einige Hunderte von Männern und Frauen, welche mit uns die Zerfahrenheit der modernen Bühne tief beklagen und eine veredelnde Kräftigung der theatralischen Leistungsfähigkeit sehnlichst herbeiwünschen. Je mehr sich solche Kreise durch eine wachsende Verbreitung allgemein ästhetischer und speciell dramaturgischer Vorkenntnisse numerisch erweitern würden, desto größer müßte allmählich die Zahl der mit geläutertem Kunst= sinn begabten Theaterbesucher werden, bis diese Zahl endlich bei den Vorstellungen sich in der Majorität befände und den vorwärts treibenden Impuls zu einer innern Theaterreform ge= ben könnte.

Dieß günstige Zahlenverhältniß ließe sich wohl leicht er= zielen, ständen nicht gerade der Anwendung des wirksamsten Mittels zur Verbreitung der ästhetischen Vorkenntnisse eine Reihe theologischer und bureaukratischer Vorurtheile entgegen.[2] Ohne Zweifel wären die Volksschulen der geeignetste Ort zur Pflege eines geläuterten Kunstsinns; die Aesthetik, insbesondere

---

[1] In seinen Briefen „Ueber die ästhetische Erziehung des Menschen.“

[2] Diese Vorurtheile werden im neuen Reiche allmählich von selbst schwinden und wird das Nöthige von den Cultus=Ministerien veranlaßt werden; wir haben sie daher rückwärts bei unsern heutigen Schlußfolge= rungen nicht weiter mehr in Betracht gezogen. Neue Anmerkung.

die zur Beurtheilung theatralischer Leistungen ganz unerläßliche
Propädeutik der Dramaturgie, sollte schon unter die Lehrgegen=
stände des deutschen Schulunterrichts aufgenommen sein. Allein
gegen die Aufnahme dieses Unterrichtszweiges unter die Volks=
schulthemata würde der Fanatismus der Geistlichkeit, welche
von jeher das Theater gleichsam als eine Ausgeburt der Hölle
perhorrescirte, sich aufs äußerste stemmen. Ferner steht der
Aufnahme der dramaturgischen Propädeutik unter die Volks=
schullehrgegenstände der Indifferentismus unserer Staatenlenker
und Gesetzgeber entgegen, welche die Bühne nur als eine be=
deutungslose Unterhaltungsanstalt betrachten und deren gewal=
tige Rückwirkung auf das Volksleben hartnäckig verkennen.
Endlich würde, selbst nach Ueberwindung theologischer Skrupel
und bureaukratischer Kurzsichtigkeit, die von einem ästhetischen
Volksunterrichte zu hoffende Frucht schon wegen Mangel an
passenden Docenten für die nächste Zukunft nicht reifen können,
da unsern jetzigen Volksschullehrern in der Regel die Aesthetik
kaum weniger unbekannt sein dürfte, als sie den zu unterrich=
tenden Schülern unbekannt ist. Also setzt die Erreichbarkeit der
wirksamsten Vorbedingung zur Bühnenreform nicht bloß eine
Ueberwindung der theologischen Vorurtheile und des bureau=
kratischen Indifferentismus, sondern auch eine radikale Umge=
staltung des gesammten Volksschulwesens voraus. Wer dächte
optimistisch genug, um anzunehmen, daß eine solche Voraus=
setzung sich in der Gegenwart verwirklichen könnte!

Dennoch ließe sich auf anderem Wege, wenn auch lang=
samer und nicht in so ausgedehntem Umfange, dasselbe Resultat
wenigstens theilweise erzielen. Und hier wenden wir uns an
alle diejenigen, welche aus irgend einem persönlichen Motiv sich
für einen neuen Aufschwung des Theaters interessiren. Rührige
Männer in den Branchen des praktischen Lebens haben längst
ein der Nachahmung werthes Vorbild gegeben, wie man für eine

anerkannt gute Sache mit Erfolg Propaganda machen kann.
So besitzt z. B. manche deutsche Stadt ihren Arbeiterverein, in
welchem jeder Handwerksmann ohne Entrée über all das Aufschluß finden kann, was ihm zu einer bessern Verwerthung
seiner Thätigkeit frommt. Sollte die Aufklärung, welche bezüglich der praktischen und zum materiellen Wohlstand beitragenden
Tagesangelegenheiten so riesig voranschreitet, nicht auch auf die
idealen und zur Verschönerung des menschlichen Daseins auf-
tauchenden Zeitfragen auszudehnen sein? Es wäre eine schöne
Aufgabe zunächst für die in mehreren Städten bereits bestehenden literarischen und Schriftstellervereine, in populären, jedem
Wißbegierigen ohne Erlegung eines Eintrittsgeldes zugänglichen
Vorträgen Aufschluß zu geben über das tiefere Wesen und die
Bedeutung der dramatischen Kunst und über die lange Reihe
von solchen Unterscheidungen, welche zur richtigen Beurtheilung
verwerflicher Schaustellungen und zum Vollgenuß löblicher Bühnen-
vorstellungen überhaupt ganz unerläßlich sind. Auch empfehlen
wir dringend einen literarischen Feldzug gegen den grassirenden
Theaterrecensentenunfug. Unter den schlimmen Einflüssen
auf den Geschmack des größern Publikums stehen die Verkehrtheiten der täglichen Journalberichterstattung obenan. Es ist
wirklich empörend, was für Caviar man in öffentlichen Blättern
über die Bühnenleistungen mitunter zu Gesicht bekommt! Der
überwiegend größere Theil unserer Theaterreferenten besteht aus
Individuen ohne alle wissenschaftliche Bildung, denen der liebe
Herrgott in seinem Zorn Sympathien für die Buchdruckerschwärze
eingepflanzt zu haben scheint. Wenn man die gedruckten Urtheile
solcher Kritikaster liest, so möchte man fast wähnen, das Vaterland sei zur Zeit an producirenden Genies und an Muster-
bühnen so reich wie das Meeresufer an Sand. Noch ekel-
hafter aber, als die lobhudelnden Ueberschwänglichkeiten der
meisten Theaterreferenten von Profession, klingt deren Tadel.

Es wäre interessant, von einem Künstler, wie z. B. Emil
Devrient, zu hören, was ihn — wir wollen nicht sagen sein
Ruhm, denn diese Frage klänge indiscret — was ihn die Los=
kaufung von Anbelferungen während seiner langen Laufbahn
gekostet habe! Das specifische Theaterrecensententhum pflanzt
sich überall vor den Thüren der Künstler, Dichter und Directo=
ren wegelagernd auf, und formulirt seine Urtheile nicht nach
dem Werthe der Kunstleistungen, sondern nach dem Gewichte
der klingenden Münzen, mit welchen seine aufdringlichen Visiten
honorirt werden.[1]) Es ist nicht zu viel gesagt, wenn wir be=
haupten, daß in Städten wie z. B. Wien, Berlin, Ham=
burg und Frankfurt u. s. w. neun Zehntheile von den journa=
listischen Bühnenberichterstattern aus käuflichem Gesindel bestehe,
auf welches wörtlich Altmeister Goethe's Kraftausspruch paßt:
„Schlagt ihn todt, den Hund, es ist ein Recensent!" Würden
diese Pestbeulen im modernen Bühnenleben gründlich ausgerottet
und an deren Stelle ehrliche und sachkundige Berichterstattungen
eingeführt, so wäre damit eine der trübsten Nahrungsquellen
für das öffentliche Geschmacksverderbniß glücklich versiegt. Wir
können hier den Ausdruck unserer Verwunderung darüber nicht
unterdrücken, daß namentlich in den eben genannten vier
Städten der bessere Theil der dortigen Schriftsteller nicht längst
in corpore dieß literarische Banditenthum eindringlicher gebrand=
markt hat, als es von einer vereinzelten Feder geschehen kann
und schon wiederholt ohne nachhaltige Wirkung von einzelnen
Aesthetikern geschehen ist.

---

[1]) Seit 1867 gesellte sich hiezu noch das weitere Uebel, daß, wie wir
schon in der Einleitung hervorhoben, auch unter dem gerade nicht mit Geld
käuflichen Theile der Theater=Journalisten zum Zweck der Vertretung ge=
wisser Kunst=Specialitäten eng geschlossene Coterien organisirt worden sind,
die blind nach dem mot d'Ordre ihres Meisters vorgehen. Zwar be=
standen schon von jeher Cameraderien, doch nicht in solch militärischer Ab=
hängigkeit vom Chef, wie gegenwärtig.   Neue Anmerkung.

Die oben erwähnten unentgeldlich zu veranstaltenden Vor=
träge über die dramatische Kunst dürften ihre Anziehungskraft
im größern Publikum kaum verfehlen, wenn sie, wie solch ein
pikantes Thema wohl ermöglicht, mit der gehörigen Würze aus=
gestattet und nicht doctrinär, sondern in unterhaltlich belehrendem
Tone gehalten würden. Könnten sie gar an die Leistungen einer
in der gleichen Stadt wirkenden und der Reform zuneigenden
Bühne sich anlehnen, so müßte auch ihre Wirkung bald eine
überraschend erfreuliche sein. Freilich hätte eine solche Bühne,
um nicht in unlösbare Conflicte mit der Theorie der Vorträge
zu gerathen, gleich von Anfang an der traditionellen Schablone
gründlich zu entsagen und ihre innere Verwaltung nach einem
von der bisherigen Routine wesentlich abweichenden System zu
reorganisiren, — nach einem der innersten Natur des Thea=
ters entsprechenden System, für dessen Grundzüge wir nach=
stehend das Material zu liefern versuchen wollen.

Schon in der zweiten Abtheilung haben wir den Mangel
eines der fortschreitenden Cultur conformen Repertoirs und
den Mangel eines ins Detail eindringenden Ensemble's als die
consequenten Folgen des Grundübels der modernen Bühne her=
vorgehoben. Der Nachhall dieser Folgen würde selbst dann,
wenn man ernstlich auf Beseitigung des Grundübels hinarbeitete,
noch geraume Zeit drückend auf die Leistungsfähigkeit der Bühne
zurückwirken und wäre überhaupt, nach unserer festen Ueber=
zeugung, nie zu beseitigen, so lange die Theater nach der bisher
fast allenthalben üblichen Schablone geleitet würden. Hier hilft nur
eine radikale Ausrottung der krebsartig in den Bühnenkörper einge=
fleischten Directionsmethode, an deren Stelle ein frischer Appell
an alle lebenden Dichter und an den gesammten noch von keiner
komödiantischen Routine verderbten Nachwuchs des Künstlerstandes
treten muß, — ein Doppelappell sammt allen sich hieraus
für die innere Bühnenleitung ergebenden Consequenzen.

Um den eben ausgesprochenen Satz auch den Kunstlaien verständlich zu machen, müssen wir auf die zwei wundesten Flecke der modernen Bühne, auf das Repertoir und auf das Ensemble, noch etwas tiefer eingehen.

Bekanntlich ist die deutsche Literatur an Theaterstücken, welche den strengen Anforderungen der Aesthetik genügen, nicht sehr reich, wenn auch immerhin nicht gar so arm, als dieß nach dem jetzigen Repertoirgange der Fall zu sein scheint. Selbst bei dem redlichsten Willen, den Wünschen der gebildeten Kunst= freunde zu entsprechen, könnte eine Direction durch einfachen Regreß an die bestehenden Theaterbibliotheken keine ausreichende Anzahl von Bühnenwerten auftreiben, um damit auf Decennien jährlich 350 Spielabende entsprechend auszufüllen. Daher drängt sich die Frage nach ergiebigen Quellen zur Beschaffung guter dramatischer Novitäten zunächst auf. Anstatt daß man bisher derlei Quellen zu erschließen, oder die bereits erschlossenen red= lich zu benützen versucht hätte, fertigten bekanntlich unsere her= kömmlichen Bühnenverwaltungen die Klage über das schlechte oder veraltete Repertoir mit der landläufigen Entschuldigung ab: „Geben wir nicht das Pikanteste und Berühmteste von Allem, was irgendwo auswärts an neuen Erscheinungen auf= taucht? Können wir eine volksthümliche Literatur aus der Erde stampfen? Haben wir nicht vollauf unsere Schuldigkeit gethan, wenn wir diejenigen Stücke zur Darstellung befördern, welche uns zur Disposition gestellt werden?" — Diese Ent= schuldigung, so plausibel sie auch auf den ersten Blick ausschaut und so laut sie im laufenden Jahrhundert wiederholt schon ausgesprochen wurde, ist dennoch eine leere Phrase. Schon früher haben wir auf die unserer Zeit eigene Erscheinung hin= gewiesen, daß fast sämmtliche belletristische Schriftsteller der Gegenwart ihre erste Muße dem Theater zugewendet hatten, dann aber nach wenigen Versuchen der Bühne entweder für immer den Rücken kehrten oder nur noch hie und da sich bestrebten, einem Stoffe die dramatische Form abzugewinnen. Fragt man nach dem Grunde ihres Abfalls von der Bühnenliteratur, so wird man allgemein zur Antwort erhalten: „Wir mußten uns überzeugen, daß die besten und zeitgemäßesten Ideen eines Dich= ters für das Theater nicht verwendet werden dürfen, und daß auf die Bühnendichtung ein Lebensberuf schon deßhalb nicht gegründet werden kann, weil sie eines gesetzlichen Schutzes so= wohl gegen Censur als gegen allerlei andere Willkür entbehrt und keinerlei Chancen für die Erkämpfung einer gesicherten Existenz zuläßt, außer wenn man sich, mit Verzicht auf den inneren Dichterdrang, entweder den Hofrücksichten accommodirt oder zum handwerksmäßigen Fabrikarbeiter für eine Vorstadt= bühne sich dingen läßt." — Diese Antwort auf jene landläufige Entschuldigung trifft in der That den Nagel auf den Kopf. Man rühmt, daß in Deutschland eine freie Presse bestehe. Das Bühnenrepertoir aber genießt den Segen dieser Freiheit bis zur Stunde nicht, sondern schmachtet nach wie vor unter den will= kürlichen Maßregelungen einer geheimen Censur. Gar Manches, was man selbst in der vormärzlichen Zeit unter den damals noch offen bestandenen Präventivmaßregeln ohne Anstand drucken und verbreiten konnte, darf noch heute auf der Mehrzahl unserer Hofbühnen nicht einmal leise angedeutet werden. Ja die Pfeile der geheimen Hoftheatercensur von Heute verwunden in einer Hinsicht noch weit empfindlicher, als die vor dem Jahre 1848 offen gehandhabte Censur verwundet hatte. Damals nämlich wurde jedes mißliebige Stück geradehin verboten und dadurch dem Verfasser wenigstens eine indirecte Empfehlung ausgestellt, mit der er mittelst der Buchdruckerkunst an das größere Publi= kum appelliren und so wenigstens noch zu einigem Honorar für seine Arbeit gelangen konnte. Jetzt ist das ganz anders, jetzt ist an die Stelle der frühern directen Verbote eine mehr

diplomatische Umschreibung getreten, durch welche nicht selten
das Ehrgefühl des betroffenen Autors tödtlich verletzt wird.
Unsere Hofbühnenvorstände lehnen nämlich die ihrem antiquirten
Standpunkte weniger convenirenden Novitäten mit der höflichen
Phrase ab, daß das betreffende Stück „trotz all seiner unver=
kennbaren Vorzüge und großen Schönheiten sich zur Darstellung
am Hoftheater nicht eigne." Ist der Autor nach Empfang
einer derartigen Ablehnung noch so dreist, um nähern Auf=
schluß über die obwaltende Beanstandung zu bitten, so erhält
er mitunter anstatt der erbetenen Wahrheit eine scheinbar ästhetisch
gehaltene Kritik, die an seinem Opus kein gutes Haar läßt
und eher der Feder irgend eines maliziösen Winkelrecensenten,
als dem Bureau einer fürstlichen Kunstanstalt entflossen zu
sein scheint. [1]) Müßte ein Dichter, dessen redlichem Streben

---

[1]) Das persönliche Ehrgefühl vielleicht nicht so tief kränkend, aber sachlich
fast noch schlimmer ists, wenn, wie dieß nicht selten geschieht, die Bühnen sich
erlauben, im Texte der von ihnen zur Darstellung gebrachten Novitäten
willkürliche Aenderungen vorzunehmen, durch welche manchmal der baarste
Unsinn oder mindestens ein ganz anderer Sinn, als der vom Dichter
niedergeschriebene, entsteht. Schon mancher Dramatiker hat aus diesem
Grunde an Theatern, an denen er die Vorstellungen seiner Geistesproducte
nicht persönlich überwachen konnte, Schlappen erlitten, die nicht auf seine
Rechnung gehörten, obgleich sie ihm zugeschoben wurden. Wenn nicht ein
Freund oder irgend ein Zufall ihn nachträglich von der stattgefundenen
Verunstaltung in Kenntniß setzt, so erfährt er in der Regel gar nichts
davon und wird gerade dadurch über den Character der an den verschiedenen
Orten von einander abweichenden Geschmacksrichtungen vollends irre geführt.
Wir wollen von den vielen von uns hierüber gemachten Beobachtungen
nur ein einziges Beispiel mittheilen: Als „Moritz von Sachsen" von
Robert Prutz Novität war, sagte der Regisseur eines berühmten Hof=
theaters zu uns: „Das Stück ist censurwidrig, dennoch mache ich es mit
Aenderung eines einzigen Wortes aufführbar." Gesagt, gethan! der Re=
gisseur strich in dem ganzen Trauerspiel das Wort „Glauben" und setzte
dafür das Wort „Freiheit". Daß durch diese Aenderung viele Stellen des

ein solcher Hohn zugeschleudert wurde, nicht erst alles Selbst=
gefühl in sich ertödten können, ehe er noch ferner seine Ideale
in lebendige Beziehungen zum Theater setzen möchte?

Gedichtes blühender Unsinn geworden waren, kümmerte ihn nicht. „Moritz
von Sachsen" wurde gegeben und die derart mißbrauchte „Freiheit" machte
in manchen ernsten Scenen einen so unwiderstehlich komischen Eindruck, daß
sie dem Dichter, welcher diese originelle Travestie seines Werkes vielleicht
erst aus unserer vorliegenden Notiz erfährt, an der betreffenden Hofbühne
damals ein gänzlich unverschuldetes Fiasko bereitete. Solchen Sonderbar=
keiten zu steuern, möchten wir den Dichtern anrathen, künftig, wenn es ihnen
irgend möglich ist, ihre Dramen schon vor der Aufführung drucken und
unter das Publikum verbreiten zu lassen. Die vielfach gehegte Ansicht, daß,
wenn, der Zuschauer den Text der Dichtung bereits kenne, die Bühnen=
wirkung einer Novität abgeschwächt sei, theilen wir nur bezüglich solcher
Theaterstücke, welche ohne Gedankeninhalt und auf bloße Unterhaltung
berechnet sind. Dagegen kann jedes ernste und ethische Drama dadurch,
daß das Publikum mit seinem Inhalte bereits bekannt ist, für die Dar=
stellung nur gewinnen, vorausgesetzt, daß letztere dem Werke auch wirklich ge=
recht werde. Wäre es anders, so würde die klassische Literatur für das
Repertoir längst unmöglich geworden sein. Wer kennt z. B. unsern Schiller
nicht fast auswendig! Dennoch sind seine Trauerspiele noch bis zur Stunde
überall, wo sie durchgängig gut dargestellt werden, Cassastücke und
machen vollere Häuser, als irgend eine noch unbekannte Novität zu erzielen
vermag. Wir selbst haben schon vor Jahren einmal versucht, rücksicht=
lich unserer eigenen Arbeiten einige Erfahrungen zu sammeln. Wir ließen
nämlich einige Tage vor der Leipziger Darstellung unseres „Heinrich IV.
von Frankreich" (im Jahre 1850) etwa hundert Exemplare des gedruckten
Manuscriptes im dortigen Publikum circuliren. Die Wirkung dieses Ex=
perimentes war, daß sich schon bei der ersten Darstellung das Haus bis
auf den letzten Platz füllte und daß Tags darauf an der Casse eine erst
durch fünf weitere Aufführungen zu befriedigende Menge von Vormerkungen
auf die gesperrten Sitzplätze und Logen einlief, während dasselbe Stück
(freilich auch, wie wir später zeigen wollen, censurmäßig castrirt) von einem
Dutzend anderer Bühnen nach zwei oder drei Vorstellungen wieder zurück=
gelegt wurde, noch ehe es vom Publikum verstanden war und in Zug
kommen konnte. Neue Anmerkung.

Wir überlassen die Antwort unsern Lesern und bemerken nur, daß derlei bittere Erfahrungen in der Leidensgeschichte strebender Dramatiker keine vereinzelten Erscheinungen und daß sie auch nicht die einzigen von unserer heillosen Bühnenpraxis der Dramaturgie bereiteten Klippen sind, obwohl sie, selbst ohne ihr Zusammentreffen mit noch erschwerenderen Hemmnissen, vollständig ausreichen, dem Dramatiker die Erfüllung seines höheren Berufes unmöglich zu machen und ihm nur die Wahl offen zu lassen zwischen gänzlichem Schweigen oder Veräucherung einer den gesunden Pulsschlägen der Gegenwart krankhaft nachtrippelnden Convention. In wie hohem Grade der Dramatiker, gerade wenn er es mit der Kunst ernstlich nehmen und nicht bloß Farcen für ein Vorstadttheaterpublikum fabriciren will, auch in jeder andern Hinsicht der modernen Bühne gegenüber rechtlos dasteht, darüber ist schon zu oft und zu laut geklagt worden, als daß wir Allbekanntes hier zu wiederholen für nöthig hielten. — Von Theoretikern, welchen die traurige Stellung der dramatischen Schriftsteller nur vom Hörensagen bekannt ist, wurde zwar auf jene Klagen erwiedert, daß die an den Hofbühnen nicht zugelassenen Novitäten gar leicht auf den weniger ängstlichen Stadttheatern ein Asyl fänden und daß daher die fast radikale Unfruchtbarkeit des höhern dramatischen Feldes mit Unrecht der heimlichen Hoftheatercensur in die Schuhe geschoben werde. Diese Erwiderung klingt recht schön, aber sie klingt eben nur. Ganz abgesehen davon, daß unsere Stadttheater mit sehr wenigen Ausnahmen sich den für die Hofbühnen maßgebenden Rücksichten unterordnen, können sie auch aus einem andern Grunde den Dichtern kein genügendes Aequivalent für den Wegfall der Hofbühnen bieten. Das von sämmtlichen Stadttheatern für eine Novität dem Verfasser zufließende Honorar erreicht nicht einmal die Höhe der Summe, die z. B. das einzige Berliner Hofschauspielhaus oder das Wiener Hofburgtheater nach dem

Procentverhältniß der daselbst eingeführten Tantième für ein durchschlagendes Drama an den Autor auszahlt. Wir haben in der That während des letzten Vierteljahrhunderts wiederholt wahrnehmen können, daß an Stadttheatern einzelne Erstlings= werke, die von der Zukunft der betreffenden Autoren eine schöne Bereicherung des Repertoirs hoffen ließen, mit großem Erfolge inscenirt worden sind und daß sich dessen ungeachtet jene Hoff= nungen später nicht erfüllt haben. Forscht man der Ursache dieser Enttäuschungen nach, so findet man, daß nicht immer eine Unzulänglichkeit des Talents, sondern in mehreren Fällen der Einfluß bitterer Nahrungssorgen die aufstrebenden Dichter zum Falle gebracht hat. Da sie von den kärglichen Einnahmen der Stadttheater nicht existiren konnten, so bemühten sie sich, bei spätern Arbeiten ihrer eigenen Phantasie einen Zaum an= zulegen und durch Beachtung einengender Schranken sich hof= fähig zu machen. Letzteres gelang ihnen theilweise, allein die hiedurch ihren Schöpfungen eingeimpfte Abschwächung mußte sie natürlich um die Erfolge vor dem größeren Publikum brin= gen. Ein Dichter, dem im Momente des Schaffens die Scheere der Censur wie ein drohendes Gespenst vor Augen schwebt, reitet einen an die niederdrückende Materie gefesselten Pegasus und ist unfähig, ferner noch großartige Gebilde hervorzubringen. Zwar wird ziemlich allgemein dafür gehalten, daß die Bevor= mundung der Hofbühnen wohl nicht mehr allzu drückend sein könne, indem man neuestens fast überall die uncastrirte Dar= stellung der Dramen unserer längst anerkannten Klassiker zu= gelassen und an einzelnen Bühnen sogar von oben herab be= fohlen! Allein dabei wird die gänzliche Verschiedenheit des Maßstabes, nach welchem die Hofbühnenpraxis die Werke der anerkannt klassischen Literatur und die Schöpfungen lebender Autoren censirt, fast durchgängig übersehen. Daß man sich mit dem Verbote oder der Castration von Dichtungen, die sich

heutzutage in Jedermanns Händen befinden, nur lächerlich
machen würde, darüber freilich ist sich endlich auch unsere Hof=
bühnenbureaukratie klar geworden. Gegenüber neuen Schöpfun=
gen, welche sich erst durch den Erfolg einer Darstellung An=
sehen und Popularität erringen könnten, hat jene Bureaukratie
die Gefahr des Lächerlichwerdens weniger zu fürchten und hält
daher nach wie vor an der herkömmlichen Engherzigkeit fest.
Mehr oder weniger gilt noch überall der Ausspruch, den der
Verfasser, dieser Abhandlung in der Saison 1843—44 aus
dem Munde eines damaligen Hoftheater=Intendanten zu hören
bekam: „So viel erkläre ich Ihnen ein= für allemal: Neuig=
keiten, in denen sich so gefährliche Gedanken regen, wie bei den
Herren S ch i l l e r, G o e t h e und S h a k e s p e a r e, lasse ich
nicht aufs Theater kommen; und wären besagte Herren nicht
schon vor mir durchgeschlüpft, so kämen sie unter mir gewiß
nicht zum Vorschein. Da sie aber einmal auf dem Repertoir
stehen und ich dieß Unglück nicht zu verantworten habe, so
mögen sie in des Teufels Namen stehen bleiben." — Heutzu=
tage drücken sich unsere Hoftheater = Intendanten etwas diplo=
matischer aus, aber die Mehrzahl derselben handelt noch ebenso
polizeimäßig.

Wir fürchten nicht, von competenter Seite dementirt zu
werden, wenn wir im Hinblick auf sämmtliche vorstehend be=
rührte Thatsachen und auf die neben dem fast verdorrten Zweige
der dramatischen Dichtkunst an allen andern Zweigen der Volks=
poesie üppig hervorsprossenden Knospen und Blüthen die Be=
hauptung aussprechen, die echte Poesie sei im modernen Bühnen=
repertoir weniger wegen eines Mangels an Produktionskräften
erstorben, als vielmehr durch eine heillose Praxis aus Thaliens
Tempel verscheucht worden. Unsere bessern Volksdichter mußten
und müssen ihre Kunstgebilde einer andern Form anpassen, als
der dramatischen; sie sahen und sehen sich gezwungen, zum Ver=

mittler zwischen sich und dem Publikum den Buchhandel zu wählen statt des Theaters. Durch diesen Zwang wurde ihnen dann freilich nicht bloß die Lust geraubt, für die Bühne zu schreiben, sondern sie haben darüber auch die Aneignung der Fertigkeit verabsäumt, bühnenpraktisch schreiben zu können. Zwar heißt es mit Recht: Poeta nascitur; allein in seiner Anwendung auf den Dramatiker trifft dieß bewährte Sprich= wort doch nicht ganz zu. Der Dichter als solcher wird ge= boren, um aber sein angeborenes Dichtertalent vor dem Publikum zur vollen Geltung bringen zu können, bedarf er einer praktischen Schule, die ihm nur durch Aufführung seiner eigenen Werke zu Theil werden kann. Unsern Dichtern fehlte bis heute, eben weil ihnen die Bühne verschlossen blieb, diese Schule, in der sie all das erlernen könnten, was man in der Bühnensprache die „Mache" nennt. Ist auch die ihnen hiedurch zugefügte Beeinträchtigung schon an und für sich in hohem Grade be= dauerlich, so erscheint doch die Rückwirkung dieses Mangels auf das Theater selbst noch weit bedauerlicher.

Eine ununterbrochene Einfügung zündender Novitäten ins Repertoir gehört zu den Lebensbedingungen der Bühne. Die Versündigung gegen diesen Satz rächt sich längst am Theater selbst in beschämender Weise, indem es sich in Folge seiner hermetischen Absperrung gegen die gesunden Keime des poetischen Nachwuchses nun gezwungen sieht, die ihm dennoch unentbehr= lich gebliebene Repertoirergänzung zum größern Theile in drei Sümpfen aufzusuchen, deren verpesteten Gifthauch wir bereits in der vorigen Abtheilung gekennzeichnet haben. Diesem Uebel zu steuern und allmälig eine für das Bedürfniß der täglich spielenden Theater ausreichende Anzahl edlerer Novitäten zu gewinnen, gibt es nur ein einziges Mittel: man befreie endlich den Dichterstand von der brutalen, das Schicksal seiner drama= tischen Leistungen blindlings bestimmenden Willkür und lasse

an deren Stelle fortan ein gesetzlich geregeltes Rechtsverhält=
niß treten!

Eine Bühnenverwaltung, die nicht bloß — wie wir das
in den letzten Decennien wiederholt erlebten — durch Charlatanerie
sich selbst in einen reformatorischen Nimbus hüllen und mit dem
Publikum ein trügendes Spiel treiben, sondern redlich den
Boden für eine durchgreifende Reform ebnen will, muß, neben
sorgfältiger Pflege der anerkannt klassischen Bühnenliteratur, für
das tägliche Repertoir die Productionskraft derjenigen von unsern
dramatisch begabten Belletristen zu gewinnen wissen, deren Ideen=
kreis sich auf den Höhen der ringenden und werden=
den Neuzeit bewegt. Sie muß die Charakterfestigkeit und
den Muth besitzen, mit der Erbärmlichkeit des bisherigen Theater=
regiments ganz entschieden zu brechen und sich offen zu folgen=
dem Programm [1]) zu bekennen:

„Wir verbannen von unserer Bühne jene gehaltlose Kunst=
gattung, die, ohne ethischen Kern, nur den Zweck hat, eine im
Zeitenstrom mitlaufende Tendenz oder deren Kehrseite, nicht
aber den vollen übersprudelnden Strom des Menschen= und
des Volkslebens in seinen tiefsten Manifestationen veranschau=
lichen zu wollen. Wir streben mit dem Aufwande unserer
ganzen Kraft eine Bühne an, welche nach der ernsten und nach
der heitern Seite ihrer Thätigkeit hin, in dem idealen Auf=

---

[1]) Wir müssen gleich hier bemerken, daß dieses Programm dem Münchener
Hoftheater=Intendanten Herrn Carl Frhr. v. Perfall ein Jahr nach dem
Erscheinen der obigen Abhandlung die Anregung zum Erlaß des bekannten
„October=Circulars“ (1868) gab. Wie wenig durch jenes Circular und
durch die in München an dasselbe geknüpften weiteren Schritte dem Sinn
unserer Vorschläge entsprochen wurde, wollen wir in dem rückwärts fol=
genden Abschnitte „das October=Circular und die Schauspiel=
reform am K. Hof= und Nationaltheater in München“ einer
sachlichen Erörterung unterziehen.   Neue Anmerkung.

schwung der Tragödie wie im schonungslosen Witz der Comödie,
das getroffene Abbild der jetzigen menschlichen Generation werden
soll, gleichwie die hellenische Bühne im Zeitalter eines So=
phokles und Aristophanes das getroffene Abbild der altgriechi=
schen Generation gewesen ist. Aus ästhetischem Rahmen heraus
und durch den läuternden Reflex der Kunst veredelt, spiegle
sich von unsern modernen Brettern herab das Portrait der
heutigen Menschheit in ihrem innersten und heiligsten Sein und
Fühlen, in ihrem socialen, politischen und religiösen Ringen!
Aus unsern Kunstgebilden strahle der leuchtende Widerschein
der vollen, hier von hohem Geistesadel getragenen und dort
von tollen Lächerlichkeiten übersprudelnden Charaktere, welche
bei einem Blick auf das Wogen und Drängen der Gegenwart
vom einfachen Arbeiter auf der Straße angefangen bis hinauf
in die Paläste der modernen Potentaten dem aufmerksamen
Beobachter überall in der Wirklichkeit vor Augen treten. Wir
verwerfen jene hinkende Deutung des Wortes „Classicität",
welche das Ideal der modernen Bühne in Wiederkauung oder
sclavischer Nachbildung der Meisterwerke Altgriechenlands zu
erkennen wähnt. Wir verwerfen ferner jene aus einer an und
für sich richtigen Erkenntniß der Unfruchtbarkeit solcher Gal=
vanisirungsversuche herausgewachsene Verirrung, welche, auf
das entgegengesetzte Extrem überspringend, gar die Aesthetik
selbst als einen für das Bühnenwesen überwundenen Stand=
punkt bei Seite setzte und dem Wahn huldigte, dafür in der
Aufstellung von Harlekinspuppen ohne Kopf und Piedestal
den zeitgemäßen Ersatz gefunden zu haben. Was wir wollen,
das ist ein Aequivalent für die Meisterschöpfungen Altgriechen=
lands, die, als Portraits einer längst entschwundenen Welt,
der modernen Bühnenkunst nur untrügliche Winke liefern können,
— ein Aequivalent, welches für die Gegenwart erst neu zu
schaffen ist. Wir laden alle zur Mitschöpfung dieses Aequi=

dalents sich berufen fühlenden Dichter Deutschlands (die Tra=
gödien=, Schauspiel=, Lustspiel= und Possendichter, die Com=
positeure und Vaudevillisten) ein, der Verwirklichung unseres
Zieles ihr Talent zu widmen. Wir sichern jeder eingereichten
Novität, deren Stoff in den Rahmen unseres Programms hin=
einpaßt und deren Ausarbeitung ein entschiedenes Talent be=
kundet, sowohl vom bühnenpraktischen als vom rein ästhetischen
Standpunkte aus eine parteilose, der Willkür und der Ober=
flächlichkeit gleich fern liegende Beurtheilung zu. Novitäten,
deren sofortiger Inscenirung noch ein Mangel an bühnenkundiger
„Mache" hindernd in dem Wege steht, werden mit Beifügung
praktischer Winke und Rathschläge zur Abänderung an den
Verfasser zurückgehen. Novitäten, die als bühnengerecht befunden
wurden und auch sonst den von uns aufgestellten Kunstprincipien
entsprechen, gelangen laut eines von uns zur unverbrüchlichen
Maxime erhobenen und die Rechte der Autoren sichernden Gesetzes
an unserem Theater zur Aufführung und erhalten, außer einer
Tantième von 10 Procent für jede Darstellung, stets nach je
drei von entschiedenem Kassenerfolge gekrönten Wiederholungen
noch ein nachträgliches Ehrenhonorar, dessen Höhe sich nach der
Gediegenheit der Dichtung richtet und in jedem einzelnen Falle
von einem aus drei Autoritäten zusammengesetzten Schiedsgerichte
bestimmt werden soll. Dadurch sichern wir den deutschen
Bühnendichtern, wenn wir ihnen auch weder Gehalte noch Pen=
sionen aussetzen können, eine erste Grundlage zu festen Ein=
nahmen, die von keinerlei Privatlaune mehr abhängig sind und
in so ferne, als die poetische Kraft der uns eingereichten Pro=
ducte die Kassenprobe zu bestehen vermag, einer gesicherten
Existenz gleicherachtet werden können. Kein Dichter, der sich
uns naht, soll, wie das bisher leider an den meisten Bühnen
geschah, sich die Aufführung seiner Producte gleichsam als
Gnadensache erbetteln müssen. Vielmehr anerkennen wir im

Princip das Recht der Dramatiker auf die Darstellung ihrer Werke und werden einem Jeden dieß Recht je nach Maßgabe der Verdienstlichkeit seiner Leistungen angedeihen lassen. Die Frage über Zuläſſigkeit oder Unzuläſſigkeit eines neuen Productes wird bei uns nicht ferner von einer geheimen Censur oder nach Privatanſichten entſchieden, ſondern nach Inhalt der öffentlichen Geſetze, wobei der Grundsatz gilt: was durch kein Geſetz verboten iſt, das iſt erlaubt. Nach unſerer Ueberzeugung kann ein äſthe=tiſches Produkt nie mit vernünftigen Landesgeſetzen in Conflict gerathen, indem das wahrhaft Aeſthetiſche ſtets auch ethiſch iſt; und in dieſem Sinne dürfen wir wohl allen Dramatikern, welche ſich durch die bisherige Erbärmlichkeit des Theaterregi=ments von der Pflege der Bühnenliteratur abſchrecken ließen, die Verſicherung ertheilen: an unſerer Bühne gibt es in Zukunft keine Verbote, weder offene noch diplomatiſch verſchleierte; viel=mehr wird das urwüchſige Aufgreifen der Stoffe und Charaktere mitten aus der wunderbar metamorphoſirenden Gegenwart, welches den Dichtern bis heute die Pforten der meiſten Bühnen verſchloß, — dieß urwüchſige Aufgreifen wird bei uns ſtets ein Grund zu vorzüglicher Berückſichtigung bleiben." [1]

<hr>

[1] Wir verwahren uns feierlich gegen die etwaige Unterſtellung, als wollten wir durch obiges Programm für irgend welche Art von Zügel=loſigkeit in die Schranken treten und für den Mißbrauch der Bühne zu ſocialen oder politiſchen Parteizwecken plaidiren. Nichts liegt uns ferner als dieß. Die Aeſthetik, unter deren wandelloſe Geſetze wir das Theater zurückzuleiten ſtreben, beſitzt zur Abwehr unziemlicher Ausſchreitungen haar=ſcharfe Geſetze und bedarf durchaus nicht des Stockes der Polizeimänner, um in echt menſchlichem Sinne für die ſtaatsrechtliche und bürgerliche Ord=nung kräftig einzuſtehen. Nicht das, was vor den Schranken der Aeſthetik für zuläſſig erklärt wird, wirkt deſtructiv, ſondern gerade das, was trotz der Dutzende von Polizeiaugen in dem vom äſthetiſchen Tribunal verur=theilten modernen Repertoir durchſchlüpft. Man hat z. B. in Oeſterreich

Ein solches Programm, von irgend einer unserer bedeutenden
Bühnen aufgestellt und consequent festgehalten, müßte bald in der
deutschen Theaterwelt eine höchst wohlthätige Aufregung erzeugen.
Es wäre ein Donnerschlag auf die morschen Stützen der bis=
herigen Theatermisère, die ohnehin in der Gegenwart jede
thatsächliche Berechtigung verloren hat und nur theils durch
die Unfähigkeit und theils durch die Unselbstständigkeit der Mehr=
zahl unserer Theaterleiter noch aufrecht erhalten wird.[1]) Es

eine doppelte und äußerst kritliche polizeiliche Ueberwachung der Theater.
Nicht nur daß dort, ehe der Bühnenvorstand die Rollen unter die Dar=
steller austheilen darf, jedes neue Stück auf der Polizeidirection von einem
eigens dazu angestellten Censor je nach Gutdünken castrirt wird, sitzt obendrein
noch während aller Proben neben dem Souffleurkasten ein Polizeimann, der
alles ihm anstößig Scheinende sofort zu unterdrücken hat. Dennoch wird
man schwerlich irgendwo ein zweites Theater auffinden können, in welchem
die Achtung vor der Autorität und der Sinn für Gesetzlichkeit und für
bürgerliche Tugenden systematischer und gründlicher untergraben wird, als
dieß gerade von ein paar Wiener Vorstadtbühnen geschieht. Die Ueber=
griffe der Polizei in den Bereich der Aesthetik vermögen nur die Wirk=
samkeit dieser letztern zu sistiren und die Bühne in eine noch heillosere Ver=
flachung hineinzujagen; sie sind aber unfähig, die schlimmen Rückschläge
zu paralysiren, welche aus solcher Verflachung unvermeidbar auftauchen.
Und darum empfehlen wir die vollständige Emancipation des Theaters
aus den Banden einer oft ebenso roh als vernunftwidrig eingreifenden
Polizeiwirthschaft und die Substituirung dieses unpassenden Wächters durch
ein den Anforderungen der Schönheitslehre besser angepaßtes Staatsgesetz.
Es würde hiedurch, wie selbst ein nur einigermaßen einsichtsvoller Polizei=
mann kaum verkennen dürfte, das in der Gegenwart wohl einzig wirksame
Mittel gegen den Mißbrauch der dramatischen Kunst zu tendenziösen Zwecken
gewonnen und zugleich eines der vielen Hindernisse, welche dem Aufschwunge
des Theaters zu seinem wahren Berufe entgegenstehen, glücklich hinweggeräumt.

[1]) Schon Immermann (Theaterbriefe von Carl Immermann, Berlin
1852, bei Alex. Duncker) schrieb an Eduard Devrient: Die respecti=
ven Directionen und Intendanzen sind nirgends einen Schuß Pulver
werth." — Selbst der Hoftheater=Intendant Hr. v. Gall macht in seiner
am 23. Februar 1844 zu Oldenburg gehaltenen und daselbst gedruckten

wärfe in die literarischen Kreise einen electrischen Funken, der plötzlich unter den strebenden Geistern die Lust nach einem edeln Wettkampf für das ihnen zur Zeit noch so gleichgültige Bühnenrepertoir entzünden müßte. Ginge auch als Sieger weder sofort ein moderner Aristophanes noch ein zweiter Shakespeare daraus hervor, so erschienen doch ohne Zweifel Dutzende von bisher der Theaterarena grundsätzlich fern gebliebenen Dichtern, denen genug dramatischer Nerv innewohnte, um in Bälde einen recht anständigen Repertoirstamm anzupflanzen. Von der Zeit und der ausdauernden Uebung könnte man sodann das Weitere getrost erwarten, besonders wenn die ihrem Berufe endlich rück= haltslos zurückgegebenen Dramatiker ihrerseits die Winke beachten würden, welche Deutschlands größter und edelster Volksdichter Friedrich v. Schiller, in seinem 1784 geschriebenen und noch viel zu wenig gewürdigten Aufsatze: „Die Schaubühne als eine moralische Anstalt betrachtet," ihnen als ein kost= bares Vermächtniß hinterließ.[1])

„Vorlesung" zum größern Theil die Bühnenvorstände „für den Verfall der Kunst verantwortlich" und gesteht mit anerkennenswerther Wahrheits= liebe, daß „in Deutschland vielleicht kein einziger auf der Stufe der be= nöthigten geistigen Bildung stehe." Beide Aussprüche treffen noch heute zu wie damals. Obgleich seither an einigen Bühnen befähigtere Persönlich= keiten zu Direktoren oder Intendanten befördert worden sind, so besitzt doch auch von diesen kein einziger denjenigen Grad von Charakterfestigkeit, durch welchen die großen Schwierigkeiten einer durchgreifenden Bühnenreform über= wunden werden könnten. Sie alle lassen sich von den Banden blasser Rück= sichten schaukeln, statt daß sie genug Muth entwickelten, furchtlos die der dramatischen Kunst schmählich verkümmerten Rechte zu reclamiren.

[1]) Bekanntlich charakterisirt Schiller in diesem Aufsatz das Theater als eine Schule der praktischen Weisheit, als einen Wegweiser durch das bür= gerliche Leben, als einen unsichtbaren Schlüssel zu den geheimsten Zugängen der menschlichen Seele, als eine Anstalt, die den Menschen mit dem Menschen bekannt mache, die das geheime Räderwerk aufdecke, nach welchem er handle. — Die Stelle, auf welche wir oben anspielen, lautet wörtlich: „National=

Die Aufstellung obigen Programms wäre freilich zur
Bühnenreform nur ein einleitender Vorbereitungsschritt, dem sich
sofort eine zweite noch tiefer gegen den Organismus der her=
kömmlichen Directionsmanier gekehrte Neuerung anschließen
müßte. Selbst das beste Repertoir würde sich vor dem Publi=
kum keine volle Geltung erringen können, wenn nicht auch
die Qualität der Darstellung dem Werthe des Darzustellenden
entspräche. Ohne ein abgerundetes Ensemble in der Aufführung
erzeugt selbst die poetische Leistung eines Shakespeare von der
Bühne herab keinen wohlthuenden Totaleindruck, und ohne
Totaleindruck bleibt die Erzielung wirklich durchschlagender Büh=
nenerfolge stets eine Unmöglichkeit.[1) Wir haben schon in der

geist eines Volkes nenne ich die Aehnlichkeit und Uebereinstimmung seiner
Meinungen und Neigungen bei Gegenständen, worüber eine andere Nation
anders meint und empfindet. Nur der Schaubühne ist es möglich, diese
Uebereinstimmung in einem hohen Grade zu bewirken, weil sie das ganze
Gebiet des menschlichen Wissens durchwandert, alle Situationen des Lebens
erschöpft und in alle Winkel des menschlichen Herzens hinunterleuchtet;
weil sie alle Stände und Klassen in sich vereinigt und den gebahntesten
Weg zum Verstand und zum Herzen hat. Wenn in allen unsern Stücken
ein Hauptzug herrschte, wenn unsere Dichter unter sich einig werden und
einen festen Bund zu diesem Endzwecke errichten wollten — wenn strenge
Auswahl ihre Arbeiten leitete, ihr Pinsel nur Volksgegenständen sich weihte
— mit einem Worte, wenn wir es erlebten, eine Nationalbühne
zu haben, so würden wir auch eine Nation. Was kettete Griechen=
land so fest an einander? Was zog das Volk so unwiderstehlich nach
seiner Bühne? — Nichts anderes als der vaterländische Inhalt der Stücke,
der griechische Geist, das große, überwältigende Interesse des Staats, der
besseren Menschheit, das in denselben athmete."

1) Die erforderliche Gewandtheit in der Theatermache vorausgesetzt,
kann man wohl behaupten, daß ein recht oberflächliches Stück selbst bei
schlechter Darstellung einen Theil des Publikums immerhin noch bis zu einem
gewissen Grade amüsirt, während die total verfehlte Aufführung eines dra=
matischen Meisterwerkes alle Zuschauer nur unangenehm berührt. Dieß
scheint paradox zu klingen, dennoch ist es buchstäblich wahr. Der Grund

vorangegangenen Abtheilung die zwingenden Verhältnisse geschil=
dert, durch welche unser Schauspielerstand im Allgemeinen der
reinen Pflege seines Berufes entfremdet und zum blosen Hand=
langer der edlen Mimenkunst herabgedrückt wurde. Selbst die
wenigen rühmlichen Ausnahmen blieben, wie wir dort angedeutet,
von dem ansteckenden Verderbniß nicht durchgängig frei. Nicht
nur, daß sie meistens an einer in den verschiedensten Stylen
schillernden Manierirtheit kränkeln, beschränkt sich auch ihre
relative Meisterschaft in der Regel auf einen engen Kreis längst
in das Repertoir eingefügter Stücke, in denen sich die soge=
nannten „Gastrollen" oder „Paradepferde" befinden. Ein
Hamlet, Lear, Faust, Wallenstein oder Nathan, eine Iphigenie,
Jungfrau von Orleans, Lady Macbeth oder Emilia Galotti
finden wohl noch hie und da eine entsprechende Repräsentation,
und selbst das mitwirkende Nebenpersonal weiß sich in diesen
und ähnlichen Meisterdichtungen an einigen Bühnen noch recht
anständig hindurchzuwinden. Man hat ja das Alles schon in
der Jugend von einer nunmehr fast ausgestorbenen Künstler=
generation mimen gesehen und mimt es nun mechanisch nach!

- -

liegt darin, daß das oberflächliche Machwerk in der Regel reich an roher
und raschlaufender Handlung oder wenigstens an Begebenheit ist, daß es also
die Neugierde oberflächlicher Zuhörer in steter Spannung erhält, wogegen
die dramatische Meisterdichtung, welche den Feinheiten einer individuali=
sirenden Charakteristik und den Nüancen einer psychologischen Situations=
motivirung gerecht wird, meistens eine einfachere Fabel zum Vorwurf hat.
Weiß die Darstellung jene Feinheiten und Nüancen nicht zum natürlichen
Ausdruck zu bringen, so werden dadurch gerade die genialsten Schönheiten
und Vorzüge der Dichtung für das Auge und Ohr des Zuschauers zu eben
so vielen scheinbaren Längen und Schwächen gestempelt, — eine Verun=
staltung, welche beim oberflächlich geschriebenen Machwerk kaum möglich
ist, indem dieses an Stelle der feinen Nüancen ohnehin nur sich überstür=
zende Knalleffecte und unvermittelte Ueberraschungen bietet, welche durch keine
Darstellung ganz zu verwischen sind, sei letztere auch noch so mangelhaft.

Es sind längst stereotype Theaterfiguren, deren Reproduction an den Verstand keine sonderlich großen Anforderungen mehr macht, wenn man nur noch treu im Gedächtniß behalten hat, was eine Sophie Schröder, ein Ludwig Devrient, ein Eßlair oder ihre Imitatoren früher aus solchen Dichtungen zu machen verstanden! Will man sich recht genial zeigen, so zieht man etwa noch einen der zahlreich vorhandenen Commentare zu Rathe und klügelt sich für die eine oder die andere Effectscene irgend eine neue Pointe zurecht. Das Alles geht ohne die selbstthätige Denkkraft sonderlich anstrengen zu müssen, und es ist erstaunlich, wie so mancher moderne Mimenvirtuose (die Ausnahmen hiervon sind äußerst spärlich) traditionelle Rollen leidlich gut, ja mitunter ausgezeichnet spielt und dennoch über den eigentlichen Sinn des von ihm ganz richtig Dargestellten kaum eine schwache Ahnung besitzt. Wie garstig wird man oft enttäuscht, wenn man in der Erwartung, eine geistreiche Exegese zu erhalten, sich mit solch einem Virtuosen in ein kritisches Gespräch über seine Charakteristiken und Pointen einläßt und dabei bezüglich irgend eines besonders gelungenen Moments die Frage aufwirft: „Warum haben Sie das und das bei der Darstellung so und so gemacht?" Gar häufig bekommt man dann die überraschende Antwort: „Das weiß ich eigentlich selbst nicht; aber der in dieser Rolle berühmte Herr X oder das ihrer Zeit gefeierte Fräulein Y brachte hier eben dieselbe Nüance an und deßhalb behielt auch ich sie bei"; oder: „Das Warum kann ich Ihnen nicht erklären, aber in dem Commentar des großen Kritikers Z werden Sie finden, daß hier diese Pointe am Platze ist, und ich nahm sie in meine Rolle auf, weil sie sich wirklich recht gut macht." — Was würde oder was könnte wohl ein solcher Virtuose mit irgend einer neuen tiefsinnigen Rolle anfangen, die ihm noch von keinem berühmten Herrn X oder gefeierten Fräulein Y vorgespielt und von keinem großen Kritiker Z commentirt worden wäre? Jedenfalls fände er in der Philosophie eines neuen Hamlet oder in der Weisheit einer neuen Iphigenie nur Caviar, brächte statt des tiefen Sinns der Dichtung seinen Caviar zur Anschauung des Publikums, fiele damit glänzend ab und schleuderte durch seinen Fall auch den Dichter auf die Nase! Wer in den Bühnenangelegenheiten einige praktische Erfahrung besitzt, der weiß, daß unsere Schilderung des heutigen Schau= spielerstandes nicht etwa nur vereinzelte Ausnahmen, sondern die Regel kennzeichnet, von der es sehr wenige rühmliche Aus= nahmen gibt. Noch weit schlimmer als mit den Virtuosen und mit dem Personal unserer zur Zeit relativ besten Bühnen, ist es mit dem großen Trosse der Mimen bestellt. Dieser vollends trachtet nicht einmal die blindlings nachäffende Copirkunst des Virtuosenthums sich anzueignen; er kümmert sich weder um die Leistungen mustergiltiger Vorgänger in den stereotypen Rollen, noch um irgend welchen Kunststyl für die Recitation und die Mimik oder um die Aussprüche geistreicher Literatoren über die klassischen Dramatiker, noch hält er es auch nur der Mühe werth, die Stücke zu lesen, in denen er mitwirkt. Ihm genügt eine oberflächliche Kenntniß derjenigen Scenen, in welchen er activ auf der Bühne steht, und ist letzteres nicht den ganzen Abend der Fall, so kann er Dutzendmale in einer Rolle vor dem Publikum mimen, ohne daß er im Stande wäre, auch nur den Inhalt des betreffenden Stückes zu erzählen oder über das Verhältniß seiner eigenen Rolle zur Idee des Ganzen Rechenschaft zu geben. Dabei ist er dennoch nach seiner Meinung ein „großer Künstler", der nichts mehr zu lernen braucht und sich längst die liebenswürdige Gewohnheit angeeignet hat, über jede Belehrung hochnasig hinwegzugehen. Wo aber unverbesser= liche Unkenntniß, Selbstüberschätzung und Trägheit im innigen Bunde mitsammen die Reproduction eines poetischen Werkes

erzeugen sollen, da sind störende Rollenvergreifungen und Miß=
griffe aller Art unvermeidlich. Einem solchen Kunstpersonal
könnte selbst die intelligenteste Direction nur mit Schrecken die
Lösung bedeutender neuer Aufgaben anvertrauen, denn sie müßte
im Voraus, daß sie theils an der Unfähigkeit und theils am
bösen Willen der ihr zur Disposition stehenden Kräfte scheitern
müßte. Und selbst die begabtesten Dramatiker würden ihr Talent
für die Bühnenreform vergebens einsetzen, wenn ihnen zur Dar=
stellung ihrer Werke kein tauglicheres Kunstpersonal gestellt
werden könnte. Daher ist die Aufsuchung von Quellen und
Mitteln, durch welche die Gewinnung eines für die gesteigerten
Bedürfnisse ausreichenden mimischen Nachwuchses ermöglicht wird,
nicht minder als die endliche Herstellung der Rechte der dra=
matischen Autoren eine Principienfrage. Auch diese Principien=
frage wird allmälig nur dadurch zu lösen sein, daß man den
herkömmlichen, aus dem allgemein krankhaften Zustande des
Bühnenwesens hervorgewachsenen Modus, nach welchem unsere
Hoftheaterintendanten und Theaterdirectoren bisher die Neuengage=
ments abzuschließen pflegten, verlasse und an dessen Stelle einen
Geschäftsgang einführe, durch den sich jedem mimischen und
für die Kunst noch rein fühlenden Talente der Weg zur Geltend=
machung und Vervollkommnung seiner natürlichen Anlagen er=
schließt. Ehe wir unsern Vorschlag begründen, müssen wir
ein paar Worte über den herkömmlichen Engagementsmodus
voransenden.

Bisher verschrieben sich die Hoftheaterintendanten und
Theaterdirectoren das benöthigte Personal einfach von einem
Theateragenten, der sodann als Provision für jedes eingelieferte
Mitglied fünf Procent von dessen erster Jahresgage erhielt;
oder sie begaben sich, wenn sie zur Aufsuchung neuer Talente
selbst reisten, nur auf einen der Theaterengagementsmärkte
Berlin, Wien, Leipzig, Frankfurt, Breslau oder Hamburg u. s. w.

und ließen die kleineren Städte und Theater unberührt, wenn nicht irgend ein Zufall sie benachrichtigte, daß da oder dort ein noch unbekanntes Talent in dem von ihnen eben ge= suchten Rollenfach auftauche. Aus diesem Engagementsmodus entstanden für die Mimenkunst zwei Nachtheile, die beide auf das deutsche Theater fast ebenso gemeinschädlich zurückwirken mußten, wie die Abschreckung unserer poetischen Kräfte von der Pflege der dramatischen Literatur gemeinschädlich auf dasselbe zurückwirkte. Erstens wurden dadurch die Gehaltsansprüche für das auf den Theaterengagementsmärkten als brauchbar bekannte Personal zu einer Höhe gesteigert, die es den von keiner Sub= vention unterstützten Bühnen längst unmöglich gemacht hat, in allen Rollenfächern ein wenigstens relativ genügendes Personal zu halten, indem die Besoldung desselben ihre finanziellen Leistungsmöglichkeiten weit übersteigen würde; zweitens gingen dadurch den größern Bühnen regelmäßig alle jene mimischen Kräfte verloren, welche in ihrer bildungsfähigen Jugend sich nicht sofort in einer größern Stadt zu fixiren verstanden hatten und über der Misère des provinziellen Schauspielerlebens ent= weder physisch oder artistisch verkrüppelt waren, ehe es ihnen gelang, als zwar routinirte, jedoch durch unleidliche Manieren oder coulissenreißende Comödianterie bereits gründlich verderbte Schauspieler sich bemerkbar zu machen. Die Menge geistigen Kapitals, welche hiedurch der Bühne bisher entzogen blieb, ist weit größer als man gewöhnlich vorauszusetzen pflegt, und wir haben die verschwindend kleine Minorität gediegener und redlich strebender Bühnenkünstler nicht aus einem etwa thatsächlichen Mangel an von Natur begabten Darstellungskräften zu erklären, sondern dürfen sie getrost auf die zweckwidrige Construction der eben geschilderten Kanäle zurückführen, durch welche den einzelnen Bühnen bisher die mimischen Talente in der Regel zugeleitet wurden. Für die Bühnenleiter selbst waren und sind freilich diese Kanäle ein höchst bequemer Faulenzer. Die Bühnenleiter brauchen, um sich ihrer mit einigem Geschicke zu bedienen, nicht einmal ein eigenes Kunstverständniß und Kunsturtheil zu besitzen. Der Agent, welcher gegen Einstreichung von fünf Procent der betreffenden Jahresgagen die benöthigten Arbeitskräfte in den Tempel Thaliens abliefert, weiß allzu auffällige Mißgriffe zu vermeiden und sendet, neben Fünfsechstel von Mittelmäßigkeiten, wohl auch ein Sechstel halber oder ganzer „Virtuosen", letztere jedoch selbstverständlich nur zu dem im Theaterengagementsmarkte bestehenden übermäßig hohen Tagescours; denn das ganze Geschäft, so wie dasselbe heutzutage handwerksmäßig betrieben wird, besteht ja in weiter nichts, als in einer gegenseitigen Hetzjagd der Directoren auf die bereits anerkannten Bühnenmitglieder mittelst gegenseitiger Gagenüberbietungen. Daß diese Hetzjagd, welche nur entweder auf „Berühmtheiten" oder auf die mit einem langen Rollenverzeichniß versehenen Routiniers fahndet und gerade dadurch theils der Selbstüberschätzung so mancher „Künstler" eine aus dem Gefühl ihrer Unentbehrlichkeit quellende bedenkliche Nahrung zuführt, theils dem noch von keinem erkünstelten Glorienschein umgebenen mimischen Nachwuchs die Uebergangsbrücke in die größere Theaterwelt bedenklich barrikadirt, — daß diese Hetzjagd ebenso kostspielig für die Theaterkassen als unfruchtbar für die Bühnenkunst sei, leuchtet wohl ohne weitere Beweise jedem Leser von selbst ein.

Ein Bühnenleiter, welcher die Acquisition eines für die Reform ausreichenden Personals weder am Geldpunkt noch an der Unzulänglichkeit der auf den Engagementsstapelplätzen aufzutreibenden Kräfte scheitern lassen will, muß den bisherigen Engagementsmodus grundsätzlich vermeiden; er darf nicht in Folge honorirter Empfehlungen Leute aufs Gerathewohl herbeiziehen, sondern hat sich vorher durch eigene Anschauung zu überzeugen, ob nicht anderswo noch ein tüchtigerer und preis=

würdigerer Künstlernachwuchs zu finden wäre. Er muß, zum
Zwecke der Ergänzung klaffender Personallücken und der all-
mäligen Organisirung eines abgerundeten Ensembles, persönlich
auf Künstlerentdeckungsreisen ausgehen, und zwar nicht bloß
flüchtig in die größeren Städte, von woher das Gute in der
Regel nur gegen enorme Gagen und selbst das Mittelmäßige
nicht billig zu beziehen ist. Er mache Rundreisen durch sämmtliche deutsche Bühnen und halte keine, selbst nicht die in den
Dörfern lagernde Wandertruppe, für zu geringfügig, um ihr
nicht im Vorbeigehen einen prüfenden Blick zuzuwerfen. Zwar
wird er auf solchen Reisen mitunter zehn und noch mehrere
Bühnen nach einander inspiciren, ohne auch nur einen einzigen
brauchbaren Kunsteleven aufgefunden zu haben; aber das Resultat seines Rundganges durch sämmtliche deutsche Bühnen
wird dennoch ein überraschend erfreuliches sein und ihn mit einer
Anzahl wirklich berufener Darsteller und Darstellerinnen bekannt
machen, die zur Organisirung eines glänzenden und billigen
Personalstandes für mehr als eine Bühne ausreicht. Freilich
wird es sodann ebenso großer Vorsicht als vieler Mühen bedürfen, um ein auf diesem Wege gewonnenes Personal, gegenüber
den Ansprüchen des Publikums, auf einer größern Bühne mit
Glück zu introduciren. Die Mehrzahl der Mitglieder wird, bei
unverkennbar großem natürlichem Talent und feuriger Begeisterung, noch auf der niedrigsten Stufe der Uebung und fast durchgängig auch auf der niedrigsten Stufe der theoretischen Ausbildung stehen. Indem wir die Besprechung der Mittel, durch
welche die hieraus entstehenden Schwierigkeiten zu überwinden
sein dürften, zum Thema der nächsten Abtheilung vorbehalten,
sei hier nur bemerkt, daß schon im Allgemeinen ein für das
Neuemporblühen des Theaters begeisterter und seiner Stellung
gewachsener Bühnenvorstand mit einem noch bildungsfähigen
Kunststamm, von dessen Zukunft etwas zu erwarten steht, sich

weit lieber abquälen wird, als mit einem von Verbildung, Arro=
ganz und Trägheit bereits überrosteten Personal, an dem alle
Mühen und Lehren fast nutzlos vergeudet sind. Bei diesem
stößt er nicht selten auf unbesieglich bösen Willen und auf totale
Unempfänglichkeit, jener kommt ihm in der Regel mit lebhafter
Lernbegierde und reinem Eifer entgegen. Denn ein Talent,
das früher mit der Misère seiner Umgebung und mit eigenen
Nahrungssorgen mühsam rang, wird sich in der Regel allen
Instructionen mit Freude fügen, wenn es sich dadurch die Mög=
lichkeit erschlossen sieht, seine Carriere an einer wohlgeordneten
Kunstanstalt machen zu können. Auch dürfte wohl Niemand,
der je dem provinziellen und nomadischen Künstlerleben einen
aufmerksamen Blick zugewendet hat, uns im Ernste mit der
Behauptung entgegentreten wollen, daß dort die echt künstlerischen
Naturelle ganz ausgestorben seien. Sind doch in einer früheren
Periode auf diesem Boden gerade die genialsten Mimen her=
vorgewachsen! Soll doch noch in neuerer Zeit sogar eine Kunst=
größe, wie z. B. die Sonntag war, in ihrer Jugend von einem
zufällig vorübergehenden Musikkenner auf der Straße aufgegriffen
und von dort in die große Welt eingeführt worden sein! Wäre
doch Deutschlands zur Zeit berühmteste Soubrette vielleicht bis
zur Stunde das erste Mitglied einer obscuren Wandertruppe
geblieben, hätte sie nicht vor etwa eilf Jahren in dem Dorfe
Bockenheim das Glück gehabt, daß sich unter ihrem Bier trinkenden
und Würste verspeisenden Publikum zufällig auch ein Mann
einfand, welcher das Genie selbst in dieser schmutzigen Umge=
bung erkannte und für die Kunst rettete! Es würde uns nicht
schwer werden, noch eine Reihe ähnlicher Beispiele namhaft zu
machen, aus denen sich zur Evidenz ergäbe, daß selbst in unserer
unmittelbaren Gegenwart noch die Herkunft der Mehrzahl strebsam
gebliebener Mimen auf Wandertruppen zurückzuleiten ist. Weit
zahlreicher aber sind die Fälle, daß bedeutende Darstellungstalente

in den Provinzen unbeachtet verkümmerten und noch alljährlich
verkümmern, weil in der bildungsfähigen Periode ihrer arm-
seligen Laufbahn, d. h. in erster Jugend, ihnen kein glücklicher
Zufall lächelte und weil sie, bei dem fast sämmtliche Bühnen
beherrschenden Engagementsmodus, nur dann in die Concurrenz
mit hineingezogen werden, wenn sie (was selten oder nie der
Fall ist) einiges Geld besitzen. Wir selbst sind vor mehreren
Jahren am Rhein dem damals etwa fünfzigjährigen Komiker einer
Wandertruppe begegnet, der zwar in der Provinzmanier schon vollkommen verrostet war, aber dessen ungeachtet noch die deutlichen
Spuren einer so urwüchsig und übermüthig sprudelnden Komik
an sich trug, daß in ihm ohne Zweifel ein zweiter Nestroy oder
Karl verloren gegangen ist. Auf unsere Frage, warum er bei
solch genialer Begabung sich in seiner Jugend nicht an eine
größere Bühne emporgeschwungen habe, gab uns der Mann
zur Antwort: „Ach Gott, ich war von Geburt an ein armer
Teufel, und von den paar Thalern Monatsgage konnte ich das
nothwendige Schmiergeld für einen Agenten nie ersparen. So
ließ man mich denn mit meinen Gesuchen um Gastspiel oder
Engagement überall abblitzen und ich blieb bei den Wandertruppen meiner heimatlichen Provinz sitzen, wo ich sitzen bleiben
werde bis an das Ende meines verfehlten Daseins." Dieser
Mann, der für ein großes Theater ein hundertprocentiges Kapital
hätte werden können, hatte nur einmal im Leben vierzig Thaler
auf einmal eingenommen und erinnerte sich dieses Factums als
an die goldene Zeit seiner sonst immer von Hunger gequälten
Künstlerbahn. Jetzt liegt er der Welt unbekannt und von seinem
Bauernpublikum unverstanden, ohne Kreuz und ohne Grabstein,
auf dem Friedhofe eines elenden Dörfleins begraben. Das
Schicksal dieses Mannes zeichnet die Lebens- und Leidensgeschichte eines ganzen Standes.

Wir verkennen nicht, daß unsere zwei bisher gemachten

Vorschläge, nämlich der Appell an alle volksthümlichen Dichter
Deutschlands und der Appell an den noch von keiner komödianti=
schen Routine verderbten Nachwuchs des Künstlerstandes, für
sich allein noch keine Bühnenreform erzeugen könnten, daß sie
vielmehr nur die einer solchen Reform nothwendig vorauszu=
gehenden Einleitungsschritte markiren. Aus der Beachtung dieser
zwei Vorschläge würde für das producirende und reproducirende
Bühnenpersonal erst die Beseitigung der widernatürlichen Hemm=
nisse hervorgehen, durch welche dasselbe bisher größtentheils zur
Unfruchtbarkeit verurtheilt war: es würde den Dichtern und
den Darstellern erst die Möglichkeit erschlossen, in Zukunft nach
Maßgabe ihrer natürlichen Befähigung und des Grades ihrer
erklommenen oder erreichbaren Bildungsstufe die dramatische
Kunst in Wahrheit fördern zu können; es wäre sonach erst
gleichsam ein Theil des Materials gewonnen, aus welchem der
psychologische Neubau der modernen Bühne geschaffen werden
müßte. Der eigentliche Entwurf zum Neubau, sowie dessen
vollständige Ausführung, wäre Sache der innern Theaterleitung
und von der Qualität dieser letztern, von ihrem richtigen oder
unrichtigen Blicke, hinge es ab, ob aus unsern Vorschlägen nur
irgend ein pikantes Curiosum oder ein in Wahrheit zeitgemäßes
Theater hervorgehen könnte. Wie den Kennern der innern
Bühnentechnik wohl ohne ausdrückliche Versicherung einleuchten
muß, wäre ohne eine gleichzeitige und radikale Reformation des
gesammten bisherigen Theatergeschäftsganges die Beachtung unserer
zwei Vorschläge undenkbar. Ein nach der herkömmlichen Scha=
blone construirtes Directionswesen bräche, gegenüber den neu an
dasselbe herantretenden Anforderungen, haltlos in sich selbst zu=
sammen. Entscheidungen über künstlerische und poetische Quali=
ficationen, die man bisher ohne allzu große Anstrengung dem
von auswärts hereingetragenen Urtheile accommodiren konnte,
müßten fortan selbstständig getroffen werden. Dispositionen

über Inscenirungen und über Charakterauffassungen, die bisher mittelst eines aus dem bequemen Directionsbureau ergangenen Befehls der Regie und dem Personal einfach zugeschoben wurden, wären fortan selbst zu liniiren. Mit einem Wort: es träte an die Spitzen der Theaterleitung die Aufgabe heran, an Stelle der bloßen Nachäffung schon bestehender Bühnen von zweifelloser Unzweckmäßigkeit ein Institut aus noch unabgenütztem Geistes= material und Geisteskapital ab ovo zu construiren, ohne Vorbild in der theatralischen Gegenwart, nichts zum Wegweiser wählend als die berechtigten Anforderungen der über unsere versumpften Theaterzustände längst hinweggeeilten Zeit. Wir schließen hier mit dieser flüchtigen Andeutung, deren weitere Ausführung in der nächsten Abtheilung nachfolgt. Hier war es uns nur um die Zeichnung der ersten Grundlinien zur Organisirung eines ästhetischen Theaters nach hellenischem Vorbild und um Auf= suchung derjenigen Mittel zu thun, durch welche der Boden für ein solches Theater selbst in der materiellen Gegenwart noch aufgefunden und geebnet werden könnte. Ob uns dieß gelungen sei, überlassen wir dem freundlichen Leser zu entscheiden.

IV.

Oft hört man behaupten, daß die Blüthe der deutschen Schauspielkunst in jene Zeit zurückfalle, in welcher es nur Wandertruppen und noch keine stehenden Theater gab. Wir können dieser Behauptung nicht unbedingt beistimmen. Nach unserm Dafürhalten würden jene Truppen, könnten wir jetzt noch ihre Leistungen mit eigenen Augen sehen, uns im Allge= meinen ebenso wenig und in manchen Einzelheiten noch weit weniger genügen, als die moderne Bühne uns zu genügen vermag. Eine eigentliche Blüthe der deutschen Schauspielkunst muß erst kommen. Die Wanderperiode erzeugte nur Knospen, die zwar

vielverheißend waren, aber wieder verwelkten, ehe sie zur vollen
Entfaltung gelangen konnten.

Dennoch hatte jene Periode unbestreitbar vor der Gegen=
wart etwas voraus. Sie besaß, neben einzelnen zweifellos großen
und wirklich genialen Mimen, auch ein Ensemble. Seit Um=
wandlung der Wandertruppen in stabile Hof= und Stadttheater
war aus den Vorstellungen das Ensemble plötzlich wie weg=
geblasen und man suchte für dessen Verlust die Zuschauer durch
kostspieligere Costüme, Decorationen, Maschinerien und allerlei
äußern Flitterglanz zu entschädigen.

Woher diese Umwandlung? Woher diese Verschlechterung
des Kerns unter einer werthvoller gewordenen Schale gerade
in einem Zeitalter, in welchem fast alle andern Künste nach
der entgegengesetzten Richtung hin sich entwickelten? — Ein Blick
auf die Theatergeschichte macht uns die auffällige Anomalie
begreiflich.

Als der gesammte Schauspielerstand noch in Gestalt wan=
dernder Truppen in Deutschland umherzog, besaß die Mehr=
zahl dieser Truppen sachlich erfahrene, für ihre Stellung aus=
gebildete und in allen Zweigen des Bühnenwesens bewanderte
Vorstände. Damals bildete, wie eine vor sechs Jahren erschienene
Schrift richtig bemerkt, „jeder dieser berühmtern Bühnenvorstände
gleichsam eine eigene Schule, und die jüngern Mitglieder ent=
wickelten sich unter der strengen Aufsicht und gewissenhaften
Leitung ihrer Vorbilder.“ Dieses Verhältniß hat seit der Um=
wandlung der wandernden Truppen in stehende Theater auf=
gehört zu existiren. Die Frage nach der Befähigung des Bühnen=
vorstandes, welche dort stets als die erste und hauptsächlichste
Principienfrage gegolten hatte, wurde hier als eine untergeord=
nete Nebenfrage behandelt, auf deren Beantwortung Dutzende
von andern Einflüssen eher maßgebend einwirkten, als die Rück=
sicht auf ein Interesse der dramatischen Kunst. Bei Besetzung

der Stadttheaterdirectionen fragte man jetzt noch hauptsächlich nur nach den Vermögensverhältnissen, und die Theaterconcessionen gelangten dadurch allmälig in den Besitz von Personen, welche sich der Bühnenleitung nicht aus Liebe zur Kunst widmeten, sondern dieselbe aus Gewinnsucht zu einer Quelle für materielle Speculationen machten, — es entstand mit einem Worte das Geschlecht der modernen Impressarii und unter ihnen wurde fortan die Kunst, sammt Allem was darauf Bezug hat, nicht mehr nach ästhetischem Maßstabe bemessen, sondern nur noch als ein Handelsartikel betrachtet und nach der Rentabilität taxirt. Fast noch schlimmer erging es ihr an den Hoftheatern, indem man hier die so schwierige Bühnenleitung fast ausnahmslos als eine bequeme Sinecure behandelte und Höflinge in dieselbe ein= schob, denen die poetische Literatur und die Kunst der Darstel= lung ebenso fremd als gleichgültig waren und die den Thespis= karren planlos fortlaufen ließen, so wie er unter der Führung ihrer in der Regel noch weniger tauglichen Unterbeamten eben fortlief. Bald kam es so weit, daß man zwar den Besitz ein= zelner berühmter Schauspieler und Schauspielerinnen oder pi= kanter Tänzerinnen um zwei= bis sechsfache Gagen erkaufte, daß aber daneben derjenige Director oder Intendant, welcher nur verstand, derlei Acquisitionen bei äußerm scenarischen Glanze ohne Inbetrachtnahme des mitwirkenden Nebenpersonals in ihren Paraderollen walten zu lassen, als ein ausreichender, wenn nicht gar als ein genialer Bühnenvorstand galt und leider an manchen Orten heute noch gilt.

So war denn in demselben Moment, in welchem die Bühnen= verhältnisse sich für den Schauspielerstand materiell besser zu gestalten begonnen hatten, der eigentliche Träger des Grund= gesetzes für alle Zweige der Mimenkunst, nämlich der Träger der ästhetischen Einheit in der Auffassung des Ganzen und des charakteristisch individualisirenden Typus in der Ausführung

des Einzelnen (beides zusammen Ensemble genannt) — beseitigt
worden und es konnte nicht fehlen, daß die theatralische Kunst
im Allgemeinen, statt auf der von den Wandertruppen gelegten
Basis voranschreitend sich weiter zu entwickeln, bald in eine zum
Verfalle inclinirende Stagnation gerieth, für welche der äußer=
lich wachsende Glanz keinen Ersatz zu bieten vermochte. Es ist
eine durch die Bühnenerfahrung aller Zeiten und Orten bestätigte
Wahrheit, daß, wie die Leistungen einzelner Kunstgrößen im
Rahmen unzulänglicher Mitspieler nur einen von Bewunderung
und Widerwillen gemischten Eindruck erzeugen können, so auch
selbst ein durchweg gutes Personal unvermögend erscheint, aus
sich selbst ein allseitig abgerundetes Ensemble zu erzielen. Das
Ensemble kann stets nur die Folge der Geistesthätigkeit des
einen und desselben Kopfes sein, der das Ganze überwachend
und über dem Ganzen stehend jedem Einzelnen die Grenzen
seines Wirkungskreises und die Art der Ausführung desselben
genau vorzeichnet. Obgleich bei den Vorstellungen dem Publi=
tum unsichtbar, ist und bleibt dieser Kopf dennoch in jeder
Bühnenleistung der eigentliche Hauptacteur. Daß aber solch
eine das Gesammtwirken der Bühne regelnde und geistig über=
wachende Leitung von niemand Anderm geführt werden kann
als vom Director oder Intendanten selbst, dieß wird kein Bühnen=
kundiger mit sachlichen Gründen bestreiten wollen. Eine Stell=
vertretung in dieser Beziehung hat, und wäre der Stellvertretende
auch noch so reich begabt, fast täglich Dutzende von Unzukömm=
lichkeiten und Störungen aller Art zur unvermeidlichen Folge.
Man täuscht sich vollkommen über die innere Natur des Bühnen=
wesens, wenn man voraussetzt, daß ein Theatervorstand die
Lücken seines Wissens und seiner Erfahrungen dadurch unschäd=
lich zu machen vermöge, daß er sich durch das angestellte Dienst=
personal ergänze. Er kann dieß nur bezüglich der Detailaus=
führung seiner eigenen Vorschriften. Den Grundriß zu Allem

muß er selbst entwerfen, und zwar für den Maschinisten, den Decorationsmaler, den Garderobier und den Beleuchter ebenso gut, als für den fungirenden Regisseur bezüglich der Inscenirung und für den Acteur bezüglich der Charakteristik der darzustellen= den Rolle. Abgesehen davon, daß einem Bühnenkunstgebilde, welches ja aus dem Zusammenwirken vieler und verschieden= artiger Individualitäten gestaltet werden muß, die nöthige Ein= heit und Harmonie nicht anders wird aufgeprägt werden können — ganz abgesehen hievon, läuft ein der erforderlichen Einsicht und der nur hieraus für ihn zu gewinnenden Selbstständigkeit barer Vorstand permanent Gefahr, über Meinungsverschieden= heiten des Personals, die nicht selten in brennende Streitfragen ausarten, eine unrichtige Entscheidung zu treffen. Er fungirt im Gewebe der berüchtigten Coulissenintriguen nur als Spiel= ball und, weit entfernt einreißende Uebelstände und Mißgriffe schon in ihrem Vorbereitungsstadium entdecken und tactvoll verbessern zu können, wird er selbst bei persönlich gutem Willen gegenüber den offenbarsten Unzukömmlichkeiten permanent zu falschen Maßregeln verleitet. Da ist es denn freilich nicht zu verwun= dern, daß und warum man noch heutzutage selbst auf manchen Bühnen ersten Ranges oft fast so viele Darstellungsmethoden bunt durch einander schillern sieht, als eben Acteure und Aktricen auf der Scene stehen; daß und warum oft die gewähl= ten Costüme nicht zu den Charakteren und die Decorationen nicht zur Handlung passen; daß und warum die Requisiten oft einen auffälligen Gegensatz zu den Einrichtungen des darzu= stellenden Zeitalters bilden; daß und warum das „sich in die Hände spielen" und „in der Situation stehen" der Mimen, die Correctheit der Aussprache, die richtige Accentuirung fremder Wörter, die zutreffende Individualisirung der Charaktere und die kunstgerechte Anschmiegung des Darstellers an die vom Geiste des poetischen Werkes ihm vorgezeichnete Stelle auf unsern Bret=

tern fast durchgängig verschwunden sind; daß und warum an
Stelle einer mächtig ins Herz greifenden Innerlichkeit des Vor=
trags nicht selten ein hohler Pathos sich breit macht; daß und
warum die meisten Darsteller sich in die natürliche Conversations=
sprache der modernen Stücke fast ebenso wenig als in den con=
versationell getragenen Ton des historischen Schauspiels hinein=
zuleben wissen; daß und warum noch eine Menge anderer großer
und kleiner Verstöße mit unterlaufen, die in ihrer Gesammtheit
vollauf hinreichen, um dem Auge und Ohre des ästhetisch ge=
bildeten Theaterbesuchers statt eines gehofften Kunstgenusses
manchmal eine unerquickliche Tortur zu bereiten! Die außer=
halb der dramatischen Kunst liegenden Rücksichten, von welchen
seit dem Bestehen der stabilen Theater fast durchgängig die Be=
setzung der Directions= und Intendanzstellen abhängig gemacht
worden sind, mußten in ihren Consequenzen all diese Uebel=
stände nothwendig herbeiführen.

Damit ist auch schon angedeutet, wo der Anfang zu einer
Reform der innern Theaterverwaltung zu machen wäre. Ohne
ausreichende artistische Direction gleicht jeder Reformversuch nur
dem Ankleben neuer Lappen auf ein durchlöchertes Kleid: man
kann einzelne gute Darsteller acquiriren, man kann durch den
Reichthum an Costümen und Decorationen gedankenlose Zu=
schauer blenden, man kann aber das verschwundene Ensemble
nicht wieder herstellen, welches das Alpha und Omega der dra=
matischen Kunst ist und bleibt. Das was hinter den Coulissen
aufzuräumen und dort künftig anders zu gestalten sein wird,
ehe sich ein besserer Geist vor dem Lampenlichte entfalten kann,
geht weit über die Begriffs= und Leistungsfähigkeit unserer
Bühnenvorstände landläufigen Schlages. Auch ein einfacher
Rückgriff auf den Usus der Wanderbühnen, bei welchen in der
Regel der hervorragendste Darsteller die Leitung führte, würde
heutzutage schwerlich mehr die entsprechenden Resultate erzielen.

Nicht nur daß im Allgemeinen die Anforderungen an die moderne Bühne weit umfassender geworden sind, hat dieselbe auch Klippen zu umschiffen und Berge zu übersteigen, die im Zeitalter der Wandertruppen noch vollkommen unbekannt waren. Wer in das Chaos der sich durchkreuzenden Darstellungsmethoden und in die charakterlose Zerfahrenheit des Repertoirs Ordnung bringen, wer den Kampf mit widerstrebenden Vorurtheilen und Verknöche= rungen aller Art siegreich bestehen, wer den Dichtern ohne Ertödtung ihrer Phantasie eine bühnenpraktische Schreibart bei= bringen und die Darsteller zu einem musterhaften Personal heranbilden, wer die aus unsern socialen und politischen Zu= ständen hervorgehenden Hemmnisse glücklich überwinden, wer mit einem Wort das in der vorigen Abtheilung aufgestellte Pro= gramm zur Wahrheit machen will, der muß einen tiefen Fond von Bühnenerfahrungen, ausgebreitete wissenschaftliche Bildung, Welt= und Menschenkenntniß, unbeugsame Charakterstärke, selbst= eigenen, durch überzeugungsgetreue Abneigung gegen alles Uto= pische geläuterten Freiheitsdrang, seinen Tact und rastlos ausdauernde Arbeitslust besitzen — Eigenschaften, die man selten in einer und derselben Individualität vereinigt antrifft. Man hält im Allgemeinen die Oberleitung eines Theaters für ein leichtes Amt und, sofern man sie in der gegenwärtig fast durch die Bank gebräuchlichen Weise ausübt, ist sie auch in der That eine wahre Spielerei, zu deren Betriebe nur halbwegs gesunde Sinne gehören. Die im Besitze solcher Aemter sind, die können von sich sagen, daß sie das Privilegium haben, dem lieben Herrgott die Zeit abzustehlen und sich dafür noch glänzend be= zahlen zu lassen. Daher wohl die auffällige Jagd so mancher bequemen Höflinge, invalid werdender Mimen und außer Kurs gerathender Literaten nach Hoftheaterintendanz= und Directions= stellen! Dennoch ist kaum ein Beruf in seinem vollen Umfange schwerer auszufüllen, als der eines Bühnenvorstandes. Die

Schwierigkeiten dieses Berufes nehmen riesige Dimensionen an, wenn man ihn von reformatorischem Standpunkte aus be= trachtet. In der Theorie freilich liegen die Schwierigkeiten dem Auge des Laien kaum erkennbar vor; aber die praktische Durch= führung der Theorie nähme vom Bühnenlenker fast für jeden Satz unsers Programms die Mühe von Jahren in Anspruch, und nur ein ganz außerordentliches Directionsgenie, das nach allen Seiten hin belehrend und aufklärend zugleich allseitig zu begeistern verstände, könnte sich mit Aussicht auf sicheres Ge= lingen an die Lösung der Reformfrage in unserm Sinne wagen. Ob in Deutschland ein solches Genie schon geboren ist, müssen wir sehr bezweifeln und gewiß sind unsere Leser in dieser Be= ziehung ebenso ungläubig als wir. Reformatoren, welche nicht nur die Einsicht und den Willen, sondern auch die Thatkraft zur Durchführung bahnbrechender Ideen besitzen, erstehen ebenso selten, als in der Literatur klassische Heroen selten erstehen. Sollte aber in Zukunft ein Martin Luther für das Theater auftauchen, sollte er ebenso siegreich, wie der weiland Augustiner= mönch unter das Treiben der Clerisei hineinfuhr, unter das verkommene Gebahren der dramatischen Kunst hineinfahren und an dem mit Irrlämpchen ausstaffirten Thespiskarren eine leuchtende Fackel aufstecken, so dürfte das dankbare Vaterland ihm ein Denkmal aus Marmor errichten und es wäre dasselbe mindestens ebenso wohlverdient als die erzenen Statuen, welche für so manchen unserer Feldherren oder sonstige Größen schon errichtet worden sind.

Ein solches Directionsgenie würde zuverlässig auch eine sehr nahe liegende Klippe vermeiden, über die wir in den letz= ten Jahrzehnten einige wohlgemeinte Bestrebungen bereits schei= tern sahen. Seit nämlich an einer kleinen Anzahl von Bühnen die Ansicht, daß es mit dem bisherigen Directionsunfug denn doch nicht mehr länger gehe, endlich durchgedrungen und die

Oberleitung den Händen ästhetisch gebildeterer Personen anvertraut worden ist, hat es dort nicht an einer Art von wohl-
thuendem Einflusse auf das Personal gefehlt. Jedoch äußerte
sich nach unserer Ansicht dieser Einfluß allzu schulmeisterlich pedantisch. Wohl deßhalb konnte er zwar ein mechanisches Zu-
sammenklappen, aber kein geistiges Ensemble erzielen. Will man,
indem man einem theatralischen Kunstgebilde die so nöthige Harmonie zu geben bestrebt ist, den einzelnen Theilen desselben nicht
die ebenso nöthige Frische abstreifen, so ist vom Director haarscharf die Grenze dessen zu beachten, was er dem artistischen
und technischen Personal vorzuschreiben und was er der eigenen
Geistesthätigkeit jedes mitwirkenden Mitgliedes selbstständig zu
überlassen hat. Greift die Oberleitung gegenüber den bereits aus-
gebildeten und mit keinen technischen Mängeln behafteten Darstellern auch in das letztere Gebiet hinüber, so stumpft sie gar
leicht den Phantasieschwung der Künstler ab und erzielt statt
der angestrebten Harmonie nur eine anwidernde Monotonie.
Bühnenleistungen, welche das Product solch einer pedantischen
Maßregelung sind, tragen stets den Stempel des Gemachten
und Mittelmäßigen zur Schau. Zwar sind sie nach der Theorie
der Aesthetik tadellos abgerundet, lassen aber dennoch den
feinfühlenden Theaterbesucher kalt und vermögen auch das
größere Publikum nicht zu erwärmen, weil ihnen durchgängig
der Typus der Genialität fehlt. Nomina sunt odiosa, sonst
würden wir hier ein paar Bühnen namentlich bezeichnen, welche
in neuerer Zeit unter ebenso kunstverständigen als thätigen
Directoren sich aufzuraffen versuchten und wegen dieses Miß-
griffs dennoch nicht emporkamen. Indessen können wir immerhin solche noch weit abseits vom Ziele liegende Reform-
bestrebungen wenigstens als die Vorboten einer bessern Einsicht begrüßen. Auch gebührt ihnen das Verdienst, dem darstellenden Personal wieder begreiflich gemacht zu haben, daß

der Künstlerberuf ebenso gut wie jeder andere Stand ein nur mit Anstrengung zu erwerbendes positives Wissen erheische. Wenn auch durch die Methode, wie man von eben angedeuteter Seite her dieses positive Wissen nachzuholen versucht, eher gefügige Werkzeuge entstehen als solche denkende Künstler, deren geistige Selbstständigkeit nur durch die erforderlichen Rücksichten auf ein harmonisches Ensemble beschränkt wird, so überwiegt dennoch der hieraus erwachsende Nutzen bei weitem die aller= dings bedauerlichen Nachtheile. Die Fertigkeit, Andern die richtige Anwendung der Kunstregeln zu lehren, ist eben selbst eine Kunst, die nur durch Uebung und durch Erfahrung gelernt werden kann. Dieß führt uns in consequenter Gedankenfolge auf den Cardinalpunkt der innern Theaterreform.

Je befähigter ein Bühnenvorstand zur Erfüllung seines Berufes ist, desto schwerer wird er gleich beim Amtsantritt die Schwierigkeiten seiner Stellung empfinden. Bei jeder neuen Theaterprobe wird ihm neu die betrübende Wahrnehmung ent= gegentreten, daß er nicht bloß die richtige Auffassung des Geistes der darzustellenden Dichtung, nicht bloß die fehlerfreie Charakter= anlage der einzelnen Rollen und das ineinander greifende Wechselspiel des Personals überwachend ins Auge zu fassen, sondern daß er überdieß noch nebenbei einem großen Theile der Mitwirkenden diejenigen Vorkenntnisse und Gewandtheiten beizubringen hat, welche das ABC aller erträglichen Darstel= lungskunst bilden und welche daher jeder sogenannte „Künstler" schon besitzen sollte, ehe er überhaupt zum Behufe einer öffent= lichen Thätigkeit in ein Theaterengagement eintrat. Selbst wenn der Bühnenvorstand den in der vorigen Abtheilung aufgestellten Engagementsmodus sich grundsätzlich aneignet und in Entdeckung neu auftauchender Darstellungstalente entschiedenes Glück hat, wird er dieser traurigen Wahrnehmung nicht entgehen, ja dieselbe dürfte ihm gerade dadurch für den Anfang noch weit peinlicher

so manche Disposition durchkreuzen und es nicht selten geradezu
unmöglich machen, Talenten von ebenso zweifellosem Berufe
als verwahrloster Erziehung eine Stellung zu geben. All dieß
muß im Bühnenvorstand nothwendig das Verlangen nach einer
erhöhten sachgemäßen Vorbildung des künstlerischen Nachwuchses
erwecken, um wenigstens gegenüber den neu eintretenden Mit=
gliedern allmälig des Vorbereitungsunterrichtes enthoben zu
werden und so endlich im Laufe der Jahre die ganze Zeit der
Theaterproben für die höheren Bühnenzwecke gewinnen zu können
— ein Verlangen, dessen Erfüllung ebenso wünschenswerth als
schwierig ist.

Es steht außer Frage, daß heutzutage nicht mehr die
Scene unserer größern Bühnen zugleich die praktische Schule
für die erst zur Engagementsfähigkeit heranzubildenden Kunst=
eleven sein oder werden kann, wie dieß ehemals unter den Schau=
spielprincipalen der wandernden Truppen Sitte gewesen ist.
Die Gründe, aus welchen sich die Unmöglichkeit einer Wieder=
einführung dieser Sitte ergibt, liegen wohl für Jedermann so
offen vor, daß uns deren Aufzählung hier überflüssig scheint.
Andererseits ist es ebenso unmöglich, die Kunst der Darstellung
rein theoretisch zu lehren oder zu lernen. Daraus folgt die
Nothwendigkeit, an Stelle jener untergegangenen und für die
moderne Bühne nicht mehr anwendbaren Sitte eine den Be=
dürfnissen der Gegenwart entsprechende Einrichtung zu treffen,
durch welche den strebsamen Kunsteleven, ohne ihnen unerschwing=
liche Ausgaben aufzubürden, die Gelegenheit zur theoretisch=
praktischen Aneignung aller für den Schauspielerstand erforder=
lichen Kenntnisse und Fähigkeiten erschlossen würde. Es wären
zu diesem Zwecke Institute zu gründen, für die unsers Wissens
in der Gegenwart noch nirgends ein Vorbild besteht.

Zwar hat es in neuerer Zeit nicht an mannigfachen Ver=
suchen gefehlt, das Gedächtniß der mimischen Eleven mit Kunst=

regeln auszustatten. Nicht nur daß an verschiedenen Orten Privattheaterschulen errichtet worden sind, gaben und geben fast in jeder Stadt einzelne Theatermitglieder über die darstellende Kunst Privatstunden, die sie sich in der Regel von ihren Zög= lingen sehr gut honoriren lassen. Abgesehen jedoch von höchst vereinzelten und deßhalb hier kaum in Betracht zu ziehenden Ausnahmen, scheiterten jene Versuche durchgängig entweder an der Verbildung der Lehrer selbst, oder an dem Mißgriffe, daß man beim Unterrichte rein theoretisch zu Werke ging und der Täuschung verfiel, schon vortreffliche Schauspieler großgezogen zu haben, wenn nur die Zöglinge einige tiefsinnige Phrasen über ihr künftiges Handwerk auswendig gelernt hatten und allenfalls ein Gedicht im Concertsaale vernünftig vorzutragen, oder einige ihnen dutzendmale vorgesprochene Rollen mechanisch nachzusprechen verstanden. Es ist diese Art von Lehrmethode der sichere Weg, nur schauspielerische Mittelmäßigkeiten heran= zuziehen und das wirkliche Genie, dem gewöhnlich das bloße Theoretisiren instinktmäßig widerstrebt, in die Arme eines alle ästhetischen Regeln verachtenden Naturalismus zu treiben. Eine Unterrichtsanstalt für die darstellende Kunst müßte — und hierin weichen wir von den bisher aufgestellten Theaterschul= programmen wesentlich ab — in ihrer Lehrmethode einen über= wiegend praktischen Character entfalten. [1]) Der reinen Theorie

---

[1]) Obiger Wink beginnt bereits Früchte zu tragen. Während man bis zum Jahre 1867 einer zweckwidrigen Theorie huldigte, entstanden seither z. B. in Wien, Leipzig und Dresden Theaterschulen mit praktischen Cursen, in ersterer Stadt sogar mit einem eigenen Theater. Ob diese Schulen auch den weitern Anforderungen unsres Programms genügen, wissen wir nicht, da sich uns noch keine Gelegenheit bot, sie an Ort und Stelle näher prüfen zu können. Jedenfalls wurde ein Hauptpunkt unserer darauf be= züglichen Vorschläge, nämlich die sich wechselweise ergänzende Verbindung der „Theateralademie" mit einer großen Musterbühne, noch nicht ver= wirklicht. In Leipzig, wo neben dem neuerbauten Theater auch das alte

dürfte nur die erste kürzere Periode der Studienzeit gewidmet bleiben, während die zweite größtentheils und die längere dritte ganz für die praktische Anwendung des theoretisch Erlernten zu bestimmen wären. Daher müßten nach unserer Ansicht die neu zu begründenden Institute, denen man etwa den Namen „Theaterakademien" geben könnte, vollständig eingerichtete Bühnen und zugleich das Recht besitzen, regelmäßig auf denselben öffentliche Vorstellungen veranstalten zu dürfen. Wie solche Akademien etwa ins Leben gerufen und unterhalten werden könnten, wollen wir weiter unten zu zeigen versuchen. Hier mögen zunächst die Grundzüge des Lehr- und Uebungsprogramms einer Theaterakademie folgen, so wie nach unserer Ansicht dieselben ungefähr gezogen werden müßten:

a) **Erster (rein theoretischer) Curs** mit den Lehrgegenständen:

1) Geschichte (Grundriß der politischen Weltgeschichte, Geographie, Cultur-, Kunst- und Literaturgeschichte, Mythologie);
2) deutsche Sprache (Grammatik, Prosodie, Metrik);

—

fortbesteht, böte sich vielleicht die Möglichkeit zur Realisirung. Wir deuten dieß nur flüchtig an, ohne auf das Project in Betreff einer „Theater-Akademie" später in vorliegendem Buche nochmals zurückzukommen, da es oben wohl schon genugsam erörtert ist. Rücksichtlich einer innern deutschen Bühnenreform müssen wir gestehen, daß unsere Vorschläge, wenn auch viel belobt, bis zur Stunde nur auf dem Papier stehen. Dieß befremdet uns jedoch nicht im Geringsten. Müßte doch die Mehrzahl der Theaterverwaltungen die Reform damit beginnen, daß sie zu Gunsten tauglicherer Leiter abdankten! Wer möchte namentlich den Hofbühnen-Intendanten einen freiwilligen Verzicht auf ihre bequemen Sinecuren zutrauen! Wir gewiß nicht. Da steht die Abhilfe nur von einem Reichsgesetze zu erwarten, über dessen Inhalt wir uns bei Ziehung der Schlußfolgerungen unseres Systems aussprechen werden. Neue Anmerkung.

3) fremde Sprachen (französisch, italienisch und englisch,
mit besonderer Berücksichtigung der Aussprache);

4) mündlicher Vortrag (Bildung des Organs, Conver=
sationston, historischer Ton, tragischer Ton);

5) Darstellungskunst (Mimik, Plastik);

6) Musik (Gesang, Clavier);

7) körperliche Uebungen (Fechten, Tanzen, Exerciren,
Gymnastik).

b) Zweiter (theoretisch=praktischer) Curs mit den
Lehrgegenständen:

1) Psychologie (Charakteristik, Individualisirung);

2) dramaturgische Vorträge (Technik des Drama's, Erklä=
rung der dramatischen Werke Goethe's, Schillers,
Lessings, Shakespeare's, Calderons, mit Rückblicken
auf das altgriechische Drama und Theater);

3—7) Fortsetzung und Schluß der im ersten Curs sub
3—7 verzeichneten Lehrgegenstände;

8) Anfangsgründe der mimischen Hilfswissenschaften;

9) praktische Uebungen (Proben ganzer Scenen und
Stücke, Vorstellung derselben vor einem geschlossenen
Kreise von Kunstkennern und Fachmännern; aus=
nahmsweise Beiziehung einzelner Zöglinge zur Mitwir=
kung an den öffentlichen Vorstellungen der „Theater=
Akademie").

c) Dritter (akademischer oder rein praktischer)
Curs mit den Lehrgegenständen:

1) Summarische Repetition des in den zwei ersten Cursen
Erlernten, je nach dem sich herausstellenden Bedürfniß;

2) Vorträge über das Verhältniß der Geschichte zur dra=
matischen und zur darstellenden Kunst (beispielweise
in Monographien erörtert): Theorie des Schönen und
des Erhabenen;

3) Uebungen in Behandlung und Anwendung der mimischen Hilfswissenschaften (Maske, Schminke, Costüme u. s. w.);

4) regelmäßige Proben und öffentliche Theater= vorstellungen unter Anwendung des ganzen am Theater ge= bräuchlichen Apparates und Mechanismus.

Vorstehendes Lehr= und Uebungsprogramm ist, wie wir ausdrücklich zu bemerken wohl kaum nöthig haben, nur für das recitirende Drama berechnet. Wollte man auch die Oper, für welche an verschiedenen Orten bereits Conservatorien bestehen, in den Wirkungskreis der neuen Akademien hineinziehen, so müßte das Programm dem entsprechend erweitert werden. Ob= wohl eine Reform des Opernwesens, selbst wenn man sich gerade nicht auf den Richard Wagner'schen Standpunkt stellen mag, wohl angezeigt wäre, sehen wir dennoch aus zwei Gründen hier von dieser Erweiterung ab: Erstens würden dadurch die Unterhaltungskosten der Akademie mehr als verdreifacht und, während sich die nach unsern Vorschlägen zu errichtenden Bil= dungsinstitute (wie wir bald nachweisen werden) aus ihren eigenen Erträgnissen erhalten könnten, müßten für die Erweite= rung sehr ergiebige Geldquellen erschlossen werden, welche zu er= mitteln wohl außerordentlich schwierig sein dürfte, wenigstens für so lange, als nicht der Staat sich in altgriechischem Sinne der Theaterangelegenheiten bemächtigt; zweitens scheint uns die Reform des recitirenden Schauspiels die brennendere Theater= frage zu sein, indem dasselbe noch viel directer, tiefer und de= structiver in die Moralität und in das sociale Volksleben ein= schneidet, als dieß durch den modernen, allerdings auf den Ge= schmack des Publikums im Allgemeinen ebenfalls schlimm zu= rückwirkenden Opernsinn geschieht.

Als Zöglinge zur Aufnahme in die Akademien würden sich eignen:

1) Solche junge Personen beiderlei Geschlechts, welche

noch auf keiner öffentlichen Bühne standen, aber sich dem Theater widmen wollen und Schulbildung, physische und geistige Gesundheit, wohlgebildete Körpergestalt, bildungsfähiges Organ und sittlichen Charakter besitzen;

2) Solche entschiedene junge Talente, welche durch unsern vorgeschlagenen Engagementsmodus von den kleineren Bühnen herbeigezogen werden, ohne schon denjenigen Grad der Vor- und Ausbildung zu besitzen, der sie zum sofortigen Uebertritt an ein großes Theater qualificiren könnte.

Die letztere Gattung der Zöglinge, sowie auch naheliegende Gründe anderer Art, lassen es als nöthig oder mindestens als sehr sachgemäß erscheinen, daß jede Akademie gleichsam als Filiale mit einem großen Theater verbunden wäre, d. h. daß sie unter eben derselben artistischen Leitung stände und daß die große Bühne ihre Personallücken aus den Reihen der Zöglinge des dritten Curses der Akademie theils durch wirkliche Engagements, theils durch Beiziehung zu einzelnen Vorstellungen je nach dem sich herausstellenden Bedürfnisse ergänzen würde. Die Zulänglichkeit der artistischen Directionen vorausgesetzt, dürfte in Städten, welche bereits zwei oder mehrere öffentliche Bühnen besitzen, eine solche Verbindung, respective Umwandlung eines zweiten Theaters in eine Theaterakademie, kaum auf unüberwindliche Hindernisse stoßen. Die Unterhaltungskosten der Akademie würden durch die Tageseinnahmen von den öffentlichen Vorstellungen der Zöglinge des dritten Curses, selbst bei sehr ermäßigten Eintrittspreisen, reichlich gedeckt, da der Gagenetat fast gänzlich wegfiele und nur die Gehalte für das Lehrerpersonal, die Ausgaben für die Lebensbedürfnisse der Zöglinge und die durch die Vorstellungen veranlaßten Tageskosten zu bestreiten wären. Folglich würde es sich in materieller Beziehung nur um Aufbringen eines momentanen Anlehens handeln, um die ersten Einrichtungskosten und den Unterhalt bis zu dem

Zeitpunkte zu decken, wo die Akademie mit ihren öffentlichen
Vorstellungen beginnen könnte. Das wäre ein Zeitraum von
zwei Jahren. Vom dritten Jahre an ließe sich bei ökonomischer
Verwaltung mit Leichtigkeit aus den Mehrerträgnissen der Vor=
stellungen das Anlehen allmälig tilgen, so daß für die spätere
Folgezeit sich ein nicht unbeträchtlicher Ueberschuß herausstellen
müßte, der sodann auf eine erst näher zu bestimmende Art im
Interesse der dramatischen Kunst verwendet werden könnte.

Um jedoch ein solch günstiges Finanzresultat zu ermöglichen,
wären unter die Statuten für die akademischen Zöglinge folgende
Paragraphen aufzunehmen:

„§. 1. Die Dauer der zwei ersten Curse wird je auf
ein Jahr, die des dritten Curses auf zwei Jahre festgesetzt,
jedoch kann letztere je nach dem Ermessen der artistischen Direction
für einzelne Zöglinge um ein bis zwei Jahre verlängert werden.

§. 2. Jeder Zögling wird durch seinen Eintritt in den
ersten oder zweiten Curs auch zum Besuche des dritten ver=
pflichtet, und ist gehalten, während der Dauer desselben in der
Anstalt zu bleiben.

§. 3. Zöglinge von besonders hervorragendem Talent er=
halten schon im ersten und zweiten Curs kostenfreien Unterricht
und unentgeltliche Verpflegung. Dagegen werden Zöglinge von
geringern Fähigkeiten in der Regel nur dann aufgenommen,
wenn sie sich selbst verköstigen und außerdem noch für den ersten
Curs 140 fl. und für den zweiten 60 fl. an die Kasse der
Akademie einzahlen. Unzweifelhaft talentlose Zöglinge werden
unter keiner Bedingung aufgenommen.

§. 4. Den Unterricht im dritten Curse genießt jeder
Zögling frei und erhält überdieß vollkommen freie Verköstigung,
ja bei besonderer Befähigung sogar ein kleines Spielhonorar,
das je nach dem Grade, in dem einzelne Zöglinge sich auszeichnen,
bis zu einer regelmäßigen bescheidenen Gage erhöht werden kann.

§. 5. Der Vortheile des §. 4 werden insbesondere auch alle diejenigen Zöglinge theilhaft, welche von einer kleinen Bühne zum Engagement an das große Theater herbeigezogen worden sind, jedoch vor ihrem wirklichen Engagementsantritt sich noch dem akademischen Durchgangsstadium zu unterwerfen haben.

§. 6. Verläßt ein Zögling vor Ablauf der ihm vorge= schriebenen Lernzeit ohne eingeholte Erlaubniß der artistischen Direction die Akademie, um in ein öffentliches Theaterengage= ment zu treten, so ist er nicht nur zur Erstattung der auf ihn bereits verwendeten Auslagen verpflichtet, sondern hat zugleich für die Zeit seines Aufenthaltes in der Anstalt das doppelte Lehrgeld nachzuzahlen. Auch treten in diesem Falle die Bestim= mungen des deutschen Theater=Cartellvertrages gegen ihn in Kraft.

§. 7. Die Direction der Akademie wird nach Möglichkeit Sorge dafür tragen, daß nach zurückgelegtem dritten Curse alle diejenigen Zöglinge, welche sie nicht an ihrem eigenen großen Theater placiren kann, an den bessern auswärtigen Bühnen entsprechende Engagements finden. Sie wird zu diesem Zwecke sich mit den Bühnenvorständen in regelmäßige Correspondenz setzen und so nebenbei dem unlautern Treiben der Theateragen= turen und Theatergeschäftsbureaux einen kräftigen Damm ent= gegenstellen."

Es leuchtet wohl ein, daß eine derart organisirte Theater= Akademie nicht nur im Lauf der Jahre der mit ihr verbundenen großen Bühne eine reiche Auswahl tüchtiger junger Künstler und Künstlerinnen zur Ausfüllung vorhandener Lücken zuführen, sondern auch durch die vielen Eleven, welche aus ihr als wohl= ausgebildete Mimen an auswärtige Theater übergingen, einen höchst wohlthätigen Einfluß auf die deutschen Bühnenverhältnisse überhaupt gewinnen könnte.

Um hier auch noch ein Wort über die öffentlichen Vor= stellungen einer solchen Akademie beizufügen, zeigt schon die oben mitgetheilte Skizze des Studienplans, daß es nicht in unserer Absicht liegt, ein Hervortreten mit unfertigen und den Stempel des Schülerhaften noch an sich tragenden Leistungen empfehlen zu wollen. Nach unserem Plane hätte der Eleve neben gründlicher Erlernung der Theorie seines Berufsfaches auch eine einjährige Bühnenpraxis vor einem gewählten Zuhörer= kreise zu durchmachen und dessen kritische Urtheile anzuhören, ehe es ihm vergönnt wäre, sich dem größern Publikum zeigen zu dürfen. Er würde also schon bei seinem ersten öffentlichen Auftreten das sogenannte „Lampenfieber" überwunden haben und weit mehr Routine besitzen, als in der Regel diejenigen Anfänger zu besitzen pflegen, welche jetzt häufig unter der Firma „Erster theatralischer Versuch" sogar an Hofbühnen ersten Ranges debütiren. So ließe sich denn wohl mit ziemlicher Bestimmt= heit voraussetzen, daß diese Vorstellungen durch ihre Frische, Abrundung und Gediegenheit in einer Weise überraschen müßten, die selbst das ältere Personal so manches stolzen Hoftheaters wegen seiner Schlaffheit und Verknöcherung tief beschämen dürfte. In dem Reiz, den solch jugendfrische und dennoch correcte Leistungen auch auf das größere Publikum ausüben müßten, glauben wir die sicherste Bürgschaft für eine vortreffliche Bilanz der Theater= Akademien zu erkennen. Noch bedeutender, als für die Akademie selbst, wären die materiellen Vortheile für das mit ihr direct verbundene größere Theater. Zuverlässig dürfte sich hier der oft erprobte Satz neu erproben, daß, wer im Reiche der Kunst ehrlich nach dem Höchsten strebt, gerade dadurch in der Regel zugleich auch materiell am besten speculirt. Nicht nur, daß das größere Theater kaum mehr um einen ausreichenden und preis= würdigen künstlerischen Nachwuchs in Verlegenheit käme, könnte es die Akademie auch noch in einer andern Beziehung für seine höheren Zwecke wohl verwerthen. Häufig kommt ein Bühnen= vorstand gegenüber von solchen dramatischen Novitäten, die zwar

ein entschiedenes Talent verrathen, aber noch nicht mit dem er=
forderlichen Savoir-faire durchgearbeitet sind, in die Verlegenheit,
nicht zu wissen, wie er eigentlich über dieselbe disponiren soll!
So lehrreich auch für den Autor eine Darstellung werden könnte,
verwehren doch die Kassarücksichten dem Bühnenvorstande eine
allzu häufige Aufnahme von Werken, denen eine für mehrere
Wiederholungen ausreichende Lebenskraft noch nicht inne wohnt.
Manche Novität dieser Gattung, die bisher unberücksichtigt ad
acta gelegt wurde, dürfte sich recht gut zu Uebungen für die
akademischen Eleven des zweiten und dritten Curses eignen.
Dadurch erhielten auch die jungen Dramatiker eine praktische
Schule, und aus dieser Schule gewönne mit der Zeit das größere
Theater bühnengewandte Theaterdichter.

Ein vollständiges Schema der innern Verwaltungsreform
auch bezüglich der mit den Akademien zu verbindenden Theater
selbst zu entwerfen, liegt außerhalb des Zweckes dieser Schrift.
Die detaillirte Ausführung der allgemeinen Grundlinien, welche
hierüber zu zeichnen sind, modificirt sich je nach den localen
Verhältnissen und nach den finanziellen Mitteln, welche jedem
einzelnen Theater zur Disposition stehen. Wir aber wollen,
indem wir gegen eine hirnlose Geschäftsmanier auftreten und
für die freie Geistesthätigkeit kämpfen, keineswegs Materialien
zu irgend einer neuen Schablone liefern. Gleichwohl können
wir nicht umhin, hier drei Bestimmungen aufzustellen, die nach
unserer Ueberzeugung überall als principielle Fundamentalsätze
eingeführt werden sollten. Diese drei Bestimmungen lauten:

„1. Engagements mit vorausbestimmter lebenslänglicher
Gage, respective mit vorausbestimmten Pensions=ansprüchen, sind
künftig unzulässig; dagegen wird die Anordnung getroffen, daß
jedes an einem Theater fest angestellte Mitglied bei eintretender
Dienstunfähigkeit, entstehe diese durch Altersschwäche oder aus
was immer für einem Unglücksfall, je nach seinem bis dahin

bethätigten Dienſteifer eine daſſelbe gegen Nahrungsſorgen
ſichernde Penſion zugewieſen erhalte, welche an den Hofbühnen
aus der Hoftheaterkaſſe, und an den Stadttheatern aus den
ſtädtiſchen Fonds zu beſtreiten iſt. Städten, welche keine Fonds
zu dieſem Zwecke disponibel machen wollen oder können, wird
die Theaterconceſſion entzogen. Ebenſo iſt die Conceſſion auch
allen denjenigen reiſenden Geſellſchaften zu entziehen, deren
Mitgliedern nicht für den Fall ihrer eintretenden Dienſtuntaug=
lichkeit von einer feſt zu beſtimmenden Anzahl kleinerer Ort=
ſchaften aus localen Mitteln vollſtändige Verſorgung zugeſichert
werden kann. [1]) Damit weder die localen Fonds noch die Hof=
theaterkaſſen mit unerſchwinglichen Laſten überbürdet werden, haben
ſämmtliche Bühnenvorſtände ſtreng darauf zu achten, daß aus den
ihnen anvertrauten Anſtalten talentloſe, träge oder aus was immer
für einem Grunde unbrauchbare Mitglieder noch während der
Zeit ihrer vollen Geſundheit und Körperkraft entfernt werden.
Demzufolge gilt als allgemeines Theatergeſetz die Verordnung:
zweifellos erwieſene grobe Dienſtverletzung oder zweifellos er=
wieſene Talentloſigkeit löſt jeden Contract ohne Ausnahme ipso
facto auf und berechtigt die Direction zu augenblicklicher Ent=
laſſung des ſchuldigen Mitglieds.

II. Der dem Publikum ſichtbare Souffleurkaſten wird
von jeder Bühne entfernt und der vorſprechende Souffleur
während der Darſtellungen außer Activität geſetzt. Dagegen iſt

[1]) Sowohl die Penſions= als die Conceſſionsfrage ſind inzwiſchen
durch die politiſchen Umgeſtaltungen Teutſchlands in ein neues Stadium
geführt worden. Der erſteren Frage hat ſich der unlängſt gegründete
deutſche Schauſpieler=Verein bereits bemächtigt und wir wünſchen ſeinen
Beſtrebungen eine allſeitige thatkräftige Förderung. Bezüglich der zweiten
Frage verweiſen wir auf unſere rückwärts im achten Abſchnitt folgenden
Geſetz=Ergänzungsvorſchläge. Die entſprechende Löſung liegt im geeinigten
Teutſchland weit näher, als im Jahre 1867 zu hoffen ſtand.
Neue Anmerkung.

an jeder Bühne hinter den Coulissen ein den Aufführungen in der Regel stumm folgender Nachleser aufzustellen, welcher dem auf der Scene activen Personal nur bei plötzlich eintretenden Gedächtnißschwächen durch einen leisen Anschlag nachzuhelfen hat. Keine Direction ist berechtigt, ein Stück vor dem Publikum in Scene gehen zu lassen, wenn nicht wenigstens bei der vorangegangenen letzten Generalprobe sich die Memorie so allgemein fest bewährt hat, daß vom Anfang bis zum Ende der Probe keiner von den activen Darstellern den Anschlag des Nachlesers bedurfte.

III. Das Rollenmonopol ist abgeschafft: jedes engagirte Mitglied ohne Ausnahme hat sich mit allem Eifer der Lösung derjenigen Aufgaben zu widmen, welche ihm von der artistischen Direction übertragen werden, seien diese Aufgaben groß oder klein, dankbar oder undankbar. Auch darf kein Mitglied, falls dieß von der Direction als im Interesse der Darstellungen liegend erachtet wird, sich der Uebernahme solcher stummen Rollen weigern, welche in der bisherigen Bühnenpraxis zum großen Nachtheile des Totaleindrucks ungeschulten Statisten anvertraut blieben."

Die Motive, aus welchen wir vorstehende drei Bestimmungen zur Aufnahme unter die Fundamentalsätze für die innere Theaterreform empfehlen, dürften der Mehrzahl unserer Leser schon auf den ersten Blick einleuchten. Wohl an jeder Bühne, die unter ihrem Personal einen Theil contractlich auf Lebenszeit sicher gestellter Mitglieder hat, fühlt man schwer die nachtheiligen Rückschläge dieser Einrichtung. Nicht selten wird der auf seine verbrieften Rechtsansprüche sich stützende Mime in Erfüllung seiner Berufsthätigkeit nachlässig, launenhaft und widerspenstig! nicht selten macht er durch seine Bequemlichkeit oder Prätension die besten Pläne des artistischen Leiters zu nichte, und dem letztern steht nur in den wenigsten Fällen ein durchgreifendes Rechtsmittel zur Abwendung der entstehenden Nach-

theile zu Gebot. Gar oft muß, nur eines übereilt abgeschlos=
senen Contractes wegen, ein Rollenfach für lange Jahre unge=
nügend besetzt bleiben oder das für dasselbe engagirte Mitglied
noch bei vollster Gesundheit und Kraft pensionirt und sohin die
Theaterkasse mit einer unnöthigen Doppelgage belastet werden.
All diesen Nachtheilen wird vorgebeugt sein, wenn das Personal
in Zukunft so gestellt wird, daß es zwar für sein Alter und
für den Fall früherer Erkrankung gesichert ist, daß es sich aber
bis zum Eintreten der wirklichen Dienstunfähigkeit diese Sicher=
stellung durch ausdauernde Pflichttreue verdienen muß und ent=
gegengesetzten Falles jeden Augenblick ohne weitere Rechtsan=
sprüche sich wieder auf die Straße verwiesen sehen kann. Die
Ausdehnung der sonach für jeden Betheiligten durch sein eigenes
Verdienst begrenzten Garantien auf den gesammten deutschen
Schauspielerstand wird sowohl für die dramatische Kunst als
für die Künstler noch weitere namhafte Vortheile bieten. Schon
die Directionen im Allgemeinen werden bei ihren Engagements=
abschlüssen wählerischer zu Werke gehen müssen, wenn sie für
die Qualität ihres Personals streng denjenigen Localbehörden
verantwortlich sind, welchen die lebenslängliche Versorgung der
im Theaterdienst invalid werdenden Mimen obliegt. Ganz
talentlose oder unzuverlässige Acteure und Actricen werden
schwer ein Engagement finden und dadurch schon in ihrer Ju=
gend, wo sie noch einen andern Nahrungszweig erhaschen können,
sich genöthigt fühlen, denselben zu ergreifen, anstatt, wie bisher,
ein abenteuerliches Dasein fortzusetzen und mit hereinbrechendem
Alter den Entbehrungen des gräßlichsten Proletariats zu ver=
fallen. Wird auch eine Anzahl von untergeordneten Bühnen
aufhören müssen zu existiren, so ist das eher freudig zu begrüßen
als zu beklagen. Nicht die Kunst wird dadurch an Tempeln
ärmer, nur das schauspielerische Vagabundenthum verliert seine
Schlupfwinkel. Die übergroße Zahl nichtsbedeutender kleiner

Bühnen hat Thaliens Schülern längst allzu viele Unfähigkeiten beigesellt, und es kann dem Ansehen des Künstlerstandes nur frommen, wenn die Hefe desselben durch ein Radicalmittel aus= geschieden wird. Wie durch diese Ausscheidung die bürgerliche Stellung der Schauspieler gewinnt, so kann auch die Entfernung des Souffleurs nur vortheilhaft auf die ästhetische Qualität der Vorstellungen zurückwirken. Bisher war der Souffleur für den großen Troß der Schauspieler ein wahrer Faulenzer. Im Be= wußtsein ihrer Fertigkeit, aus dem Munde dieses unterirdischen Schutzgeistes Wort für Wort erhaschen und so den Mangel an Memorie vor dem Publikum leidlich verbergen zu können, be= traten bisher Hunderte von Schauspielern jahraus jahrein täg= lich die Bühne, ohne sich vorher nur des Textes einer einzigen Rolle gehörig bemächtigt zu haben. So lange aber der Dar= steller nicht einmal der ihm vom Dichter in den Mund gelegten Worte mächtig ist und seine ganze Aufmerksamkeit noch auf das Echo des Souffleurkastens concentriren muß, so lange bleibt er auch unvermögend, der Natürlichkeit und den Schönheiten eines kunstverständigen Vortrags, der Richtigkeit der Betonungen, der scharfen Ausprägung der Charakteristik, den Feinheiten der Individualisirung und den Rücksichten auf die jeweilige Situation gerecht zu werden. Wirkliche Künstler halten, wenn ihnen die Worte der darzustellenden Rolle schon vollkommen geläufig sind und sie zu deren Declamation weder eines Vorflüsterers noch eines Anschlägers mehr bedürfen, nur die kleinere Hälfte ihrer Aufgabe für gelöst und beginnen dann erst recht, sich geistig in den von ihnen zu reproducirenden Charakter hinein= zuleben. Eine keinen Schwankungen ausgesetzte Memorie ist also das geringste Maß dessen, was von jedem Mimen, selbst von dem ganz untergeordneten, verlangt werden muß, ehe ihm verstattet sein kann, vor das Publikum zu treten. Wird diesem Verlangen genügt, so sind die durch das andauernde Geflüster eines Souffleurs veranlaßten Illusionsstörungen nicht nöthig; ein in der Regel stumm hinter den Coulissen stehender Nach= leser, der bei unvorgesehener und plötzlich eintretender Gedächt= nißschwäche jeden Augenblick zum rettenden Anschlag bereit ist, genügt vollkommen und beugt zugleich gründlich den vielen Mißbräuchen vor, welche sich durch ein allzu leichtfertiges Ver= lassen auf die jetzige Art des Soufflirens bei der Mehrzahl der Schauspieler festgewurzelt haben. Bisher war manchem Director — und zwar nicht immer wegen Mangels an passenden Persön= lichkeiten, sondern gar oft nur wegen contractlicher oder theater= gesetzlicher Klauseln — eine passende Rollenvertheilung ganz unmöglich. Besonders an größern Bühnen konnte man nur zu häufig die Wahrnehmung machen, daß dem Publikum Stücke in höchst unzulänglicher Besetzung vorgemimt wurden, während die begabtere Hälfte des Personals sich im Zuschauerraume an der Blamage ihrer Collegen ergötzte oder außerhalb des Theaters andern Vergnügen nachging. Auch dieß wird in Zukunft seltener vorkommen können, wenn das Rollenmonopol in der deutschen Theaterwelt verpönt und an dessen Stelle die dritte der obigen Fundamentalbestimmungen getreten sein wird. Dadurch und durch die Umwandlung der antecipiendo verbrieften Pensionen in eine erst zu verdienende Anwartschaft auf lebenslängliche Versorgung werden die Bühnenleitungen den ihnen zur Zeit an den meisten größern Theatern entwundenen Grad von Frei= heit und Kraft wieder gewinnen, welcher nöthig ist, um in Zu= kunft bei ihren Dispositionen keine andern Rücksichten, als jene auf das wahre Interesse der dramatischen Kunst, mehr vor= walten lassen zu müssen. Ueber die Art und Weise, wie diese wieder gewonnene Kraft und Freiheit sodann auszunützen wäre, stellen wir eine weitere Norm hier nicht auf. Ein be= gabter Bühnenleiter weiß und fühlt ohnehin selbst, was seines Amtes ist. Die Kunst aber, talentlosen Vorständen das, was

ihnen die Natur versagte, anzulernen, haben auch wir ebenso
wenig erfunden, als dieß irgend Jemandem vor uns gelungen
zu sein scheint.

Werfen wir nun auf den Ideengang, der uns bis hieher
geleitet, nochmal einen übersichtlichen Blick zurück! Wir sind
von dem Grundsatze ausgegangen, daß die Repräsentanten der
Poesie und Kunst im Allgemeinen den Beruf haben, dem über
den leidenschaftlichen Parteikämpfen thronenden Ideale desjenigen
Zeitalters, in welchem sie leben und wirken, den ästhetischen
Ausdruck zu verleihen. Wir haben sodann gefunden, daß die
moderne Bühnenliteratur und Bühne, anstatt nach einem solchen
Ausdrucke zu ringen, im Allgemeinen tief hinter den Fortschritten
der Zeit zurückgeblieben und zur Lösung ihrer Aufgabe bereits
unfähig geworden ist. Nachdem wir die Gründe dieser betrü=
benden Erscheinung näher betrachtet, drängte sich uns die Uner=
läßlichkeit einer radicalen Reform des gesammten Bühnenwesens
auf, als deren Vorbedingungen wir die nach Möglichkeit große
Verbreitung der dramaturgischen Propädeutik, die rückhaltslose
Einräumung des natürlichen Rechtes der Dramatiker und die
Befreiung des darstellenden Personals aus den Fesseln der bis=
herigen Engagements=Schablone erkannten. Durch Erfüllung
dieser drei Vorbedingungen würde, wie wir im weitern Verlaufe
unserer Erwägungen sahen, das Material zum geistigen Neu=
bau des Theaters geschaffen, zugleich aber auch die als krebs=
artiges Leiden tief in die modernen Bühnenzustände eingewurzelte
Directionsmanier über den Haufen geschleudert. Zur wirklichen
Ausführung des Neubaues selbst wären sodann nöthig: 1) eben
so intelligente als willensstarke Oberleitungen, 2) Umwandlung
der nur für einzelne Theatermitglieder vorausstipulirten Pen=
sionsansprüche in eine Anwartschaft auf spätere lebenslängliche
Versorgung für alle, 3) Substituirung des vor den Darstellern
sitzenden Souffleurs durch einen hinter den Coulissen aufgestellten

Nachleser, 4) ausnahmslose Aufhebung des Rollenmonopols und
5) an Stelle einer mit der Wanderperiode untergegangenen
und gegenwärtig kaum wieder einzuführenden Sitte: Gründungen
praktischer mit den Theatern eng verbundener Akademien für die
Eleven der darstellenden Kunst und für die jungen Dramatiker.
Und ist — so möchte wohl Mancher von unsern Lesern
hier fragen — ist von Beachtung dieser Vorschläge wirklich ein
auf der Höhe der Zeit stehendes Theater zu hoffen? ist davon
ein wirklich nationales Theater für Deutschland zu hoffen, so
wie es den Kunstfreunden und den Patrioten bisher als idealer
Wunsch vor Augen schwebte?

Wir antworten darauf: Unsere Vorschläge bezwecken zu=
nächst nur die Säuberung des Theaters von den kloakenartigen
Substanzen, durch die es dem vollständigen Ruine täglich näher
entgegen getrieben wird. Sie bezwecken zunächst nur die Wieder=
errichtung ästhetischer Schaubühnen, und wir glauben uns nicht
zu täuschen, wenn wir eine solche Wiedererrichtung für die erste
und unerläßliche Vorbedingung zum spätern Aufblühen einer
wahrhaft nationalen Schaubühne erklären. Letztere hängt von
Voraussetzungen ab, über die sich nicht durch theoretische Vor=
schläge gebieten läßt. Für so lange als sich aus den socialen
und politischen Wirren der Gegenwart noch kein in Herz und
Blut der deutschen Völkerfamilie eingewurzelter einheitlich natio=
naler Typus herausgewachsen hat, für so lange müssen auch
alle Vorschläge zur Gründung einer wahrhaft nationalen Schau=
bühne — mögen derartige Vorschläge in der Theorie auch noch
so geistreich klingen — für unausführbare Chinären erklärt
werden. Ist Deutschland in einer nähern oder fernern Zukunft
erst eine compakt in sich verbundene Nation geworden, dann
wird sich die Umwandlung der ästhetisch rein gehaltenen Schau=
bühne in ein wahrhaft nationales Theater gleichsam von selbst
und mit erstaunlicher Schnelligkeit vollziehen. Fände aber der

ersehnte Abschluß der gegenwärtigen socialen und politischen
Umwälzungen und Neugestaltungen unsere Schaubühne noch in
ihrer dermaligen Verkommenheit, so würde auch dann ein natio=
nales Theater nicht aufhören, noch für geraume Zeit ein leerer
Wunsch bleiben zu müssen. Höchstens träte eine Metamorphose
der Tendenzelei ein, durch welche der Charakter der modernen
Bühne kaum gebessert wäre. Sie schwämme eben nach wie vor
auf der Oberfläche der Zeitphrasen herum, statt der getreue
Spiegel und zugleich das leuchtende Vorbild des Zeitalters zu
werden. ¹) Den hohen Beruf, Bannerträgerin des ethischen
Ideals der strebenden und ringenden Menschheit zu sein, kann
und konnte noch in jedem Zeitalter keine Bühne erfüllen, der

---

¹) Dieß Prognostikon ist inzwischen wörtlich eingetroffen. Die seither
glücklich errungene nationale Einigung überkam als trauriges Erbe das
Theater noch in seiner damaligen Verkommenheit, und wohl nie, seit
deutsche Bühnen existiren, grassirte die kunstwidrige Tages=Tendenzelei
auf den Brettern üppiger, als seit der nationalen Erhebung vom Juli
1870. Die politischen Ergüsse während des Krieges, durch welche manche
Vorstellung sich zu einem dialogisirten Journal=Artikel gestaltete, mögen
hier außer Betracht bleiben. Gern geben wir zu, daß in solch erregter
Zeit die Kunst=Interessen momentan nicht gewahrt werden konnten und daß
die Bühne, um nicht ganz feiern zu müssen, dem ebenso berechtigten als
unwiderstehlichen Drang des kritischen Augenblicks dienen durfte. Wir
sehen darin sogar ein Verdienst, welches, wenn auch abseits vom nachhal=
tigern und höhern Beruf der Bühne liegend, aus patriotischen Gründen
und im Hinblick auf das reale Bedürfniß des Moments sich jedem Tadel
entzieht. Doch über einen andern Punkt, nämlich über die Art, wie man
seit dem Friedensschluß und bis zur Stunde mit sichtlich steigendem Zwang
die dramatische Kunst zur schlepptragenden Metze einer retardirenden Geistes=
corruption degradiren will, werden wir uns rückwärts, im sechsten und
siebten Abschnitt, noch um so rückhaltsloser aussprechen müssen, als der
corrumpirende Geistesdruck augenscheinlich von denjenigen Persönlichkeiten
ausgeht, welche zur Zeit in den Theaterleitungs=Angelegenheiten den maß=
gebenden Einfluß besitzen.   Neue Anmerkung.

nicht die makellose Reinhaltung in ästhetischer Beziehung als unverletzliche Maxime galt. Darum halten wir alle Versuche zur Gründung einer specifisch deutsch=nationalen Bühne aus einem doppelten Grunde für verfrüht: die gegenwärtigen Theater= verhältnisse sind zu derlei Versuchen ebenso wenig reif, als unsere social=politischen Zustände schon fähig sind, das rein= nationale Element auf dem Theaterbanner ertragen zu können. Das für den Augenblick Unmögliche wird jedoch in einer schönern Zukunft leicht zu verwirklichen sein, wenn nur die Gegenwart redlich nach dem strebt, was sich ihr als erreichbar darstellt, nämlich nach einer rein ästhetisch und moralisch makellosen Bühne.

II.

Die Verschiedenheit des idealen Standpunktes der Dichter im Momente ihres Schaffens von jenem des praktischen Theaterleiters bei Aufstellung des Repertoirs und die Reformversuche der jungdeutschen Capacitäten.

Ehe wir zur Zeichnung der bedrohlichen Theater-Metamorphose im neuen deutschen Reiche vorschreiten, halten wir es am Platze, zur Vermeidung wiederholter Mißdeutungen einzelner in vor=stehender Skizze enthaltenen Fundamental=Linien hier noch einige Erläuterungen einzuschalten.

Unter den uns bekannt gewordenen Kritiken über vorstehendes Reformsystem findet sich keine, welche das System im Großen und Ganzen angegriffen hätte. Vielmehr stimmen alle mit warmen Ausdrücken unsern Vorschlägen bei. Dagegen richteten sich die erhobenen Einwände gegen einige Nebenpunkte, deren nähere Firirung uns von Wichtigkeit zu sein scheint. Sie be=standen in folgenden vier Vorwürfen:

1) Unsere Forderung, daß die Bühne ein Spiegel der Zeit sein soll, stütze sich auf Napoleon I. und es sei nicht ab=zusehen, wie Aufführungen von Stücken Shakespeare's, Cal=deron's, Molière's zum Spiegel der Zeit werden könnten:

2) Wir hätten den Irrthum begangen, nur modernen Stoffen eine Berechtigung auf der Bühne zu vindiciren;

3) Unser Citat aus Schiller über die Bildungsstufe des Theaterpublikums im Jahre 1782 sei falsch angewendet und lege dem öffentlichen Geschmack die Bedeutung einer Naturmacht bei, mit der man rechnen müsse, während doch in dieser Beziehung das Publikum stets unmündig sei und durch Consequenz und System für jede beliebige Geschmacksrichtung erzogen werden könne;

4) Wir hätten unterlassen, die Frage zu erörtern, warum es noch keiner Capacität des jungen Deutschland, weder Gutzkow, noch Laube, noch Mosen, noch Devrient, noch Dingelstedt, noch Putlitz, noch Bodenstedt, noch Halm u. s. w. gelungen sei, auch nur annähernd eine der klassischen Blüthezeit des Weimarer Theaters ebenbürtige Bühne zu schaffen! In Beantwortung dieser Frage liege der Kernpunkt der Diagnose; alle Bühnenreform-Versuche seien bisher hauptsächlich dadurch zum Falle gekommen, daß man eine Baumschule in einem dichten Walde habe anlegen, d. h. die Werke lebender Autoren neben den klassischen Dramen ins Repertoir habe einbürgern wollen. Man hänge die Bilder neuerer Maler nicht in alten Museen auf; und ebensowenig dürfe man, wenn dem modernen Dichter seine Aufgabe nicht übermäßig erschwert werden soll, ihn der Gefahr eines allzu nahe liegenden Vergleiches mit Shakespeare, Schiller u. s. w. aussetzen; er brauche seine eigene Bühne, so wie er sie in Paris besitze, wo das Theater français ausschließlich der klassischen Literatur gewidmet sei und die Neuern sich auf eigenen Theatern ihr Publikum erobert hätten.

Diese vier Einwände wurden von uns schon im Juni 1868 in einer längern Entgegnung beleuchtet, wobei wir auch Anlaß nahmen, unsere Ansicht über das Verlangen nach eigenen Theatern für die moderne Poesie und über das einzig richtige

Repertoirstellungs=Princip auszusprechen. Wir lassen, zur Er=
gänzung unserer vorstehenden Skizze vom Jahre 1867, die
Hauptsätze jener Entgegnung hier folgen. Sie lauten:

Eine Beschränkung der poetischen Freiheit in Wahl der
Fabel auf moderne Stoffe lag nie in unserer Absicht und ergibt
sich auch aus den Worten unserer Skizze nicht. Wie uns
scheint, ist die Rücksicht auf die Zeit, welcher der dramatische
Stoff historisch oder mythisch angehört, nur eine Zweckmäßig=
keitsfrage von untergeordnetem Belang. Das Kriterium über
seine Brauchbarkeit oder Verwerflichkeit muß aus dem Charakter
der Fabel selbst festgestellt werden. Antigone z. B. ist gewiß
kein moderner Stoff. Dennoch würde, hätte nicht schon Sophokles
ihn bearbeitet, ein moderner Dichter damit gerade keinen Fehl=
griff machen. Es fragt sich aber, ob die Culturentwicklung,
welche zwischen dem Zeitalter des Sophokles und zwischen der
Gegenwart liegt, zur Dramatisirung des in der Antigone dar=
gestellten Conflicts für die moderne Bühne nicht bereits einen
noch entsprechenderen Stoff geschaffen habe? Ganz zweifellos
würde Sophokles, lebte er heute unter uns, den Widerstreit
zwischen göttlichen und menschlichen Satzungen — zwischen
religiösem Gewissen und Staatsgesetz — nicht mehr in Anleh=
nung an die altgriechische, sondern in Anlehnung an die christ=
liche Weltanschauung verkörpern. Demgemäß läge für ihn der
geeignetere Stoff jetzt nicht mehr im tragischen Geschick der
Schwester des Eteokles und Polynikes, sondern etwa in Heinrich IV.
von Deutschland oder in Huß oder in Thomas Morus, oder
in irgend einem andern der zahlreichen Opfer, welche seit der
christlichen Zeitrechnung in den Kämpfen zwischen Kaiserthum
und Pontificat und in den Conflicten der religiösen Ueberzeu=
gung mit der geistlichen und weltlichen Uebermacht gefallen sind.
Wenn unsere sehr geehrten Kritiker aus unserer Hindeutung auf
die Beurtheilungsmethode Bonaparte's, sowie aus unserm Aus=

spruche, daß die Bühne ein Spiegel und zugleich ein Vorbild
der Zeit sein müsse, einen uns fremden Schluß folgerten, so haben
sie übersehen, daß wir selbst jene Hindeutung und diesen Aus=
spruch nur zum Behufe der Feststellung der Aufgabe der jetzt
producirenden Dramatiker allegirten. Der Standpunkt, von dem
aus der Dichter im Momente des Schaffens die Bühne zu be=
trachten hat, und der Standpunkt, auf den sich der Bühnenleiter
bei Auswahl des Repertoirs stellen muß, sind sehr von einander
zu unterscheiden, und wir glauben, daß unsere Abhandlung,
so kurz wir uns auch faßten, wenigstens hierüber eine Unklar=
heit nicht enthält. Haben Shakespeare, Calderon u. s. w. in
ihren Schöpfungen zunächst einen Spiegel i h r e r Zeit gegeben,
so dürfen sie deßhalb, weil jener Spiegel dem Bilde der Gegen=
wart nicht mehr in allen Theilen vollkommen entspricht, im
modernen Repertoir keineswegs für entbehrbar gehalten werden.
Vielmehr sind sie in d e m j e n i g e n Zeitspiegel und Vorbild,
welche uns eine klassische moderne Bühne zu liefern hat, ein
integrirender Bestandtheil, und es wird bei einer ernstlich ge=
meinten Reform der Grundstock des Repertoirs stets nur auf
sie, und namentlich auf unsere v a t e r l ä n d i s c h e n Klassiker
Göthe, Schiller, Lessing u. s. w. basirt werden können. Die
klassische Dramatik steht zum Bühnenleben in demselben Ver=
hältniß, in welchem sich die Errungenschaften der menschlichen
Cultur überhaupt zum Volksleben befinden. Wie so Manches
in unsern Anschauungen, Sitten und Gebräuchen danken wir
den geistigen Bestrebungen früherer Perioden, und dennoch hat
es sich mit den Gestaltungen der Gegenwart so innig verwebt
und bildet so sehr einen untrennbaren Haupttheil der Cultur
unseres Jahrhunderts, als ob es schon ursprünglich unsere eigene
Errungenschaft und nicht ein von unsern Vätern überkommenes
Erbtheil gewesen wäre! So lange die Entwicklung der Mensch=
heit vorwärts schreitet, steht jede nachfolgende Culturperiode

gleichsam auf den Schultern der vorangegangenen und kam nur
dadurch obenan, daß sie das Gute der früheren Perioden sich
aneignete und durch eigenes Ringen noch vermehrte. Wenn
man für den Spiegel und für das Vorbild der Zeit, welche
die moderne Bühne zu liefern hat, diesen wohl einzig richtigen
Rahmen zieht, so wird man schwerlich dem Verlangen unserer
Kritiker beistimmen, daß künftig, nach dem Vorbilde der Fran=
zosen, statt einer Bühne zwei Bühnen für das recitirende
Drama errichtet werden sollen, die eine für unsere Klassiker,
die andere für die zur Zeit noch lebenden Dichter. Abgesehen
davon, daß die Erfüllung dieses Wunsches in den meisten deutschen
Städten ganz unmöglich wäre, sprechen noch sachliche Gründe
ganz entschieden gegen seine Zweckmäßigkeit. Wie uns bedünken
will, paßt das aus der Malerei herbeigezogene Beispiel nicht
recht auf die umfassendere Natur des Bühnenlebens. Nach
unserer Ansicht würde die gewünschte Trennung in zwei Bühnen
weit eher neue Motive zu einem Rückschritt als Keime zu einer
neuen Blüthe der dramatischen Kunst erzeugen. In der That
sind auch die Gründe, mit welchen unsere Kritiker ihren Wunsch
stützten, nicht aus der Natur der Bühne, sondern aus den
Rücksichten auf ein müheloseres Ringen und auf einen leichteren
Erfolg der zur Zeit lebenden Dramatiker hergeleitet. So scharf
nun auch wir selbst für die an fast allen Hofbühnen schmählich
verkümmerten Rechte der lebenden Dramatiker aufgetreten sind,
so könnten wir doch nie beistimmen, daß ihnen dieß Recht auf
eine Art gewährt würde, in welcher die Welt gar leicht ein
ab initio und sogar über noch ungeborene Leistungen gefälltes
Urtheil erkennen und, vielleicht zu noch drückenderer Entmuthi=
gung gerade der kampffähigsten Talente, auch acceptiren möchte.
Nicht Alles, was im centralisirten Frankreich für zweckdienlich er=
achtet wird, läßt sich mit Glück in die höher und freier aufathmende
Republik der deutschen Kunst übertragen. Der „Wald" klassischer

Dramen, auf welchen unsere Kritiker hinwiesen, ist — von
bühnenpraktischem Standpunkte und im Lichte der deutschen
Repertoirbedürfnisse gemustert — noch lange nicht dicht genug
bepflanzt, um nicht hinlänglich Raum zu neuen Anpflanzungen
zu bieten. Man wähle nur — was freilich bisher noch an
keiner einzigen Bühne geschah — sowohl aus dem Alten als aus
dem Neuen das Brauchbare mit Umsicht und Tact aus; man
vergeude weder in dieser noch in jener Richtung Zeit und
Kräfte an bloß hypothetische Experimente und an unfruchtbare
Galvanisirungsversuche; man lasse sich weder durch eine aus=
nahmslose und blinde Unterordnung unter all das, was die
Theorie klassisch nennt, noch durch eine blinde Verwerfung all
dessen, was die Gegenwart Gutes erzeugt, zu einer einseitigen
Einengung oder plan= und ziellosen Erweiterung des oben be=
zeichneten Rahmens verleiten; man strebe innerhalb dieses Rahmens
mit Energie und Consequenz den Beruf an, dessen Erfüllung
der Bühne des klassischen Alterthums in so ausgezeichnetem
Grade gelang. Dann, aber auch nur dann, wird man durch
ein Jahrzehnt mühevollen Ringens für die Gegenwart eine wahr=
hafte Musterbühne schaffen können. Denn nicht dadurch ge=
staltet sich ein Theater klassisch, daß man auf ihm nur Werke
vorführt, welche von der Theorie der Aesthetik längst als muster=
giltig gepriesen wurden, sondern dadurch, daß man — um
hier einen in der Politik oft mißbrauchten Satz auf die Kunst
anzuwenden — mit der Qualität des Darzustellenden und
mit der Qualität der Darstellung „an der Spitze der Civili=
sation voranmarschirt." Besitzen auch, wie wir unsern Kritikern
gern zugeben, die neueren Dichter in Schiller, Göthe, Lessing,
Shakespeare, Calderon u. s. w. imponirende Rivalen, so ist just
diese Rivalität mehr als jede andere Vorkehrung geeignet, ihrem
Streben die richtige Direction zu geben und Verirrungen vor=
zubeugen, wie wir solche gerade an der französischen Bühne

zu beklagen haben. Ueberdieß trifft die aus solch schmeichelhafter
Rivalität entspringende Gefahr ohne Zweifel nicht das wahre
Talent, welches, die dem Dramatiker in der Gegenwart gestellte
Aufgabe richtig erfassend, von den lebendigen Schwingen der
Zeit getragen wird; sie besteht thatsächlich nur für die drama=
tisirende Mittelmäßigkeit und für den nachhinkenden Epigonen
einer bereits heroisch abgeschlossenen Periode. Was wir brauchen,
ist nicht eine Arena für Theaterstücke von zweifelhaftem Werth,
sondern nur Raum für das entschieden über die Halbheit her=
vorragende Neue, und zwar Raum just in Mitte des klassischen
Repertoirs. Wahrhaft Gutes auf dramatischem Gebiet ist in
der neuesten Literatur so spärlich vorhanden, daß eine Bühne,
wenn sie erst zehn Jahre lang principiell und ohne zeitraubende
Mißgriffe ausschließlich die Classicität und die hervorragenden
Nova gepflegt haben wird, eher um passende Ausfüllung klaffender
Lücken allmälig in Verlegenheit gerathen als von der Ueber=
wucherung des dramatischen Waldes erdrückt werden wird.
Ein Bedürfniß zur Errichtung einer eigenen Bühne für die
„Neuern" ist also auch aus der qualitativen Ergiebigkeit des
neuesten Productionsquells nicht abzuleiten. Die scheinbare Ueber=
häufung des Materials macht sich nur im Beginne der Reform
unangenehm fühlbar, da das, was seit Jahren versäumt worden
ist, unmöglich in Monaten nachgeholt werden kann. Wohin
die vollständige Losschälung des Neuen vom Klassischen in der
Bühnenwelt führt, können wir sattsam an den Verirrungen der
dießbezüglichen Vorstadtbühnen der Welthauptstädte sehen. So
mittelmäßig im Allgemeinen selbst unsere Stadttheater ersten
Ranges sind, leisten doch sogar die Stadttheater zweiten und
dritten Ranges immerhin noch Erträglicheres, als wir in
den größern Städten auf denjenigen Bühnen wahrnehmen können,
welche, principiell oder durch äußere Verhältnisse gezwungen,
sich von der Pflege klassischer Dramen völlig emancipirt haben.

Diese Wahrnehmungen sind kaum geeignet, dem Wunsche nach
Vermehrung der Bühnen für ausschließlich moderne Production
Freunde zu gewinnen. Ueberdieß läßt sich gerade im Theater
français, welches von unsern Kritikern citirt wurde, recht deut=
lich erkennen, daß das Abschließungssystem gegen alles Neuere,
wenn es ganze Künstlergenerationen hindurch aufrecht erhalten
wird, selbst auf die Qualität der Darstellung ernster klassischer
Werke höchst mißlich zurückwirkt. [1] Schwerlich möchte das deutsche
Publikum seinen Schiller so geschraubt tragödisirt sehen, wie
im Theater français den Parisern ihr Jean Racine vorgemimt
wird. Eine der veranlassenden Hauptursachen sowohl dieser
Unnatur als auch jener Verirrungen darf man keck der prin=
cipiellen Trennung des klassischen vom neuern Repertoir zu=
schreiben. Eine solche Trennung bedeutet in ihren Folgen nichts

[1] Uebrigens besteht selbst am Théâtre français die Pflege der
Klassiker nicht in dem ausschließlichen Sinne, welcher unsern Kritikern bei
Formulirung ihres Wunsches vorgeschwebt zu haben scheint. Man hängt
dort nur starrer als mit den Fortentwickelungsgesetzen verträglich ist, noch
am traditionellen Styl und an der schiefen Deutung des aristotelischen
Dreieinigkeitsgesetzes fest. Auch neuere Werke, sofern sie nur diesen zwei
mehr und mehr veralternden Anforderungen genügen, gleichviel ob die
Autoren noch leben oder bereits gestorben sind, haben die Ehre, neben
Corneille, Racine, Voltaire, Crebillon und Molière im Repertoire zu
erscheinen. Der Franzose creirt seine Klassiker und geht dabei von Grund=
sätzen aus, die glücklicherweise für den Deutschen nicht existiren. Gleichwohl
hat Frankreich in anderer Beziehung einen nicht zu unterschätzenden Vorzug,
welcher dort den Neuern zu Gute kommt und uns Deutschen leider
mangelt. Der Franzose vergißt über seiner Verehrung der Todten nie
den Billigkeitsmaßstab für die Beurtheilung der Lebenden. Der Deutsche
aber läßt sich in der Regel leichter herbei, am Todten zehn Schwächen zu
übersehen, als am Lebenden auch nur eine einzige Tugend vorurtheilsfrei
zu würdigen. Der Appell, welcher sich in unserer Denkschrift unter den
Vorbedingungen der Bühnenreform befindet, galt unter Anderm auch der
Bekämpfung gerade dieses ebenso gemeinschädlichen als häßlichen Zugs in
unserm Nationalcharakter.

Geringeres als: den Charakter der Bühne mitten durchspalten und aus den castrirten Hälften wieder zwei Ganze construiren wollen, von denen das eine nur Vorbild und das andere nur Spiegel sein soll. Die Bühne aber ist — das liegt im tiefinner= sten Wesen ihrer Natur und läßt sich durch keine Theorie weg= disputiren — stets entweder zugleich Spiegel und Vorbild, oder sie kann keines von beiden dauernd sein. Getrennt artet das Vorbild allmälig zur galvanisirten Mumie und der Spiegel zur Carricatur aus. Darum müssen wir die entgegengesetzte Anschauung, mit welcher unsere Herren Kritiker diese eine Linie unserer Stizze weiter ausgeführt haben, als einen unzweifel= haften Mißgriff bezeichnen. Das was unsere Abhandlung im Interesse der Dramatiker so sehr betonte und auch jene beson= ders hervorhoben, wäre durch Gründung praktischer Theater= Akademien mit derjenigen Organisation, die wir vorschlugen, wohl hinlänglich erreicht. Hätte der junge Dichter dort das, was man in der Bühnensprache die „Mache" nennt, sich an= geeignet, wäre er dort durch Aufführung einiger seiner Erstlings= versuche über das savoir faire belehrt worden, und fiele er dennoch auf der größern Bühne neben dem klassischen Repertoir durch, nun dann dürfte er das Fiasco getrost auf Rechnung der Unzulänglichkeit seines eigenen Talents setzen und könnte für die Bühnen=Reformfrage nicht weiter in Betracht gezogen werden.

Wenn unsere Kritiker den bekannten Ausspruch Schillers über die Bildungsstufe des Publikums in unserer Abhandlung schief gedeutet wähnten, so trifft dieser Vorwurf nicht uns. Die Verbindung, in welche sie selbst aus Versehen jenes Citat mit den von uns aufgestellten Reform=Vorbedingungen brachten, lag unserer Intention fern. Niemand als wir pflichtet mit größerer Ueberzeugung der Ansicht bei, daß der Geschmack des Publikums nicht die Tragweite einer „Naturkraft" habe, sondern nur als ein

Resultat von Verkehrtheiten zu betrachten sei, welches mit „Con=
sequenz und System durch die Bühne selbst" überwunden werden
könne. Jedoch ist dabei vorauszusetzen, daß man einer Bühnen=
verwaltung das Festhalten an der Consequenz und am System
auch möglich mache! Ueber diesen letzteren Punkt scheinen freilich
unsere Anschauungen nicht mit den Ansichten unserer Kritiker
zu harmoniren. Augenscheinlich haben sie bei ihrer theoretisch
unantastbaren Behauptung an ein Hoftheater gedacht, an welchem
glücklicherweise durch die hochherzige Kunstliebe des Monarchen
der Nothwendigkeit einer ängstlichen Rücksichtnahme auf den
Geldpunkt vorgebeugt ist. Aber nicht diese seltene Ausnahme
ist hier entscheidend, sondern die Regel, der Blick auf die all=
gemeinen deutschen Theaterverhältnisse. Unsere Kritiker über=
sahen, daß wir den Satz: „die Anforderungen des heutigen
Publikums stellen sich der Theaterreform als ein von der eigenen
Lebenskraft der Bühnenleistungen kaum zu bewältigendes Hin=
derniß entgegen" — daß wir diesen Satz nicht auf das
Schiller'sche Citat stützten, sondern aus den Cassaresultaten fast
sämmtlicher deutschen Bühnen der Gegenwart herleiteten. Wir
erlauben uns hier die Bemerkung, daß überhaupt alle unsere
Reformvorschläge weniger auf das, was nach den Grundsätzen
der ästhetischen Theorie das Wünschenswertheste wäre, als viel=
mehr auf das abzielen, was sich, nach unsern eigenen Bühnen=
erfahrungen, von dem vielen Wünschenswerthen für die Gegen=
wart als erreichbar darstellt. Wenn unsere Kritiker den Bühnen=
verwaltungen zurufen: das ganze Geheimniß, womit ihr dem
Publikum wieder Geschmack für das Beste beibringen könnt,
„liegt in der Consequenz und im System", so werden sämmt=
liche zweihundert und zwanzig deutsche Theatervorstände ihnen
antworten: „Sehr schön und auch vollkommen richtig!" Zwei=
hundert und zehn jedoch werden kopfschüttelnd beifügen: „Mit
Consequenz und System würden wir und unsere Theater zehn=

mal bankerott, bevor das Publikum für die bessere Geschmacksrichtung herangezogen wäre; wir brauchen, um die Bilanz des
Etats aufrecht zu erhalten, in jeder Woche volle Häuser, und
die erzielen wir just durch jene Stücke, welche ihr Aesthetiker
uns als schlecht bezeichnet." Wie wollen unsere theoretisirenden
Kritiker diesen Einwurf, der in den Finanzverhältnissen der
zweihundert und zehn Bühnen leider nur zu wohlbegründet
ist, denn überwinden? Wissen sie zur Abkürzung der Heran=
bildungsperiode eines geläuterten Geschmackes andere ausführ=
bare Hilfsmittel zu nennen, als die sind, welche unsere Denk=
schrift beantragt?[1]) Wir bezweifeln es. Der Geschmack des
Publikums sinkt rascher als er sich hebt: eine schlechte Bühnen=
verwaltung kann in Jahresfrist mehr verderben, als die genialste
Leitung in fünf Jahren wieder gut zu machen vermag. Uebri=
gens sind die in dieser Beziehung von uns gemachten Vor=
schläge nicht ganz neu. Wir können uns nur das kleine Ver=
dienst vindiciren, sie zuerst systematisch geordnet und mit dem
Haupttheil unserer Abhandlung, nämlich mit der innern Theater=
reform, in eine sachgemäße Verbindung gestellt zu haben. Schon
längst vor uns hat Richard Wagner in seinen kritischen Ab=
handlungen, sowie in den Schriften und mündlichen Vorträgen
seiner Verehrer gezeigt, auf welche Art eine reformatorische
Kunstrichtung dem rascheren Verständniß des Publikums zu
übermitteln sei. Man ahme immerhin das Beispiel, welches

---

[1]) Der freundliche Leser möge nicht vergessen, daß wir oben noch
vom Jahre 1868 sprechen. Halten wir auch die 1867 von uns in Vor=
schlag gebrachten Hilfsmittel noch heute für anwendbar und förderlich, so
werden wir doch im weitern Verlaufe unserer Erörterungen noch auf solche
wirksamere Radicalmittel kommen, die erst durch die seither glücklich er=
kämpfte Reorganisation Deutschlands für die dramatische Kunst realisirbar
geworden sind.   Neue Anmerkung.

der Opern=Reformator und „Zukunfts=Musiker" uns gab, auch
bei der Reform des recitirenden Drama's nach. Selbst Theatern,
deren pekuniäre Existenz nicht von den Wechselfällen der Tages=
einnahmen abhängt, kann eine außertheatralische Exegese dessen,
was die Bühne im Innern leisten soll und leisten will, stets
nur förderlich, nie aber nachtheilig sein.

Ein „Symptom", dessen Berücksichtigung unsere Kritiker
in der Abhandlung vermißten, wurde, wie wir glauben, dort
wenigstens indirect in Betracht gezogen. Wir meinen die Be=
antwortung der Frage: aus welchem Grunde es wohl den
Capacitäten des sogenannten jungen Deutschlands fast ebenso
wenig, als den Empirikern und Impressarii habe gelingen wollen,
auch nur annähernd eine Musterbühne herzustellen, wie sie
Göthe einst in Weimar geschaffen? Da sind der Ursachen gar
manche, zum Theil auch solcher, an denen jene Capacitäten
wahrlich schuldlos sind. Die Ursachen letzterer Gattung wurden
in unserer Schrift genannt. Ein Hauptgrund, welcher die
Jungdeutschen belastet, scheint uns darin zu liegen, daß nach
Göthe kein Bühnenleiter mehr feinfühlend genug war und
universell genug dachte, um die Winke zu beachten, welche
sich für Aufsuchung und Feststellung des Repertoire's aus
dem Verhältnisse der Cultur zu den lebendigen Pulsschlägen
der Gegenwart und zu deren Entwickelungs = Graduationen
ergeben. Sie alle begingen, ein jeder in seiner Art, eben
denselben Irrthum, aus welchem auch das Verlangen nach
einer vom Klassischen losgetrennten Bühne für die Modernen
entsprang. Sie construirten, je nach ihrem subjectiven Stand=
punkt, eine Reform=Methode und wollten dieselbe dem Charakter
des Theaters octroyiren, anstatt daß sie objectiv die Reform
aus dem innersten Wesen der Bühne herausgestalteten und ihre
eigenen Inclinationen der Bühnen = Natur unterordneten. Sie
gingen, wenn für eine gewisse Gattung von Einseitigkeit dieser

Ausdruck gestattet ist, mit tendenziöser Voreingenommenheit
für das Einzelne an die Lösung einer Aufgabe, welche nur durch
eine gleichmäßige Liebe für das Ganze zu bemeistern ist. Ob
man als Bühnenleiter wie Tieck sich mit dem Mantel einer märchen=
haften Romantik schmücke, ob man wie Laube die Feinheiten
des französischen Conversationstones cultivire, ob man wie
Dingelstedt mit Massen=Gastspielen glänze, ob man wie Boden=
stedt Shakespeare=Cultus treibe u. s. w., — so lange man über
seinem lieben Steckenpferd dem universellen Charakter der Bühne
nicht gerecht werden kann oder nicht gerecht werden mag, wird
man zwar einzelne Lichtpunkte neben vielen Schatten, aber nie
eine Musterbühne zu Stande bringen. Wenn wir in der Viertel=
jahrsschrift über diese und ähnliche Reformversuche den sehr
geehrten Kritikern zu „flüchtig hinweg schlüpften", so gestehen
wir gern, daß dieß mit Absicht geschah. Wir wollten, während
wir unsere eigenen Vorschläge pseudonym dem Urtheile der
Welt unterbreiteten, nicht entschieden polemisch und mit Hervor=
hebung von Namen gegen solche Kraftanstrengungen auftreten,
die immerhin nicht ohne mannigfaches Verdienst sind, obgleich
man ihnen schwerlich die Bedeutung wird zusprechen können,
daß durch ihr mehr oder minder eclatantes Scheitern der Be=
weis für die Unmöglichkeit einer radicalen Reform geliefert
worden sei. Die Aufstellung eines mustergiltigen Repertoire's
zur Ausfüllung desjenigen Rahmens, welcher nicht nach theore=
tischen Grundsätzen eingeengt oder erweitert werden darf, sondern
im ureigenen Wesen der Bühne sich bereits unwandelbar fest und
klar vorfindet, — diese Aufstellung ist eine besondere und zwar sehr
schwere Kunst, denn ihr liegt nach dem Gesetz einer höheren
Einheit ob, für das ganze Theaterjahr eben dieselbe Aufgabe
zu lösen, welche dem Dichter bei Schöpfung seines Werkes für
den einzelnen Theaterabend gestellt ist. Wie für jedes einzelne
dramatische Product das Geheimniß des nachhaltigen Bühnen=

erfolges auf der Erzielung eines Totaleindruckes beruht, so
liegt auch der Gradmesser für die Richtigkeit der Repertoir=
stellung darin, daß sich im Gesammtgange der Zusammenfügung
das Streben nach einem einheitlichen Ziele manifestire. Dieses
Ziel kann nicht willkürlich bestimmt werden, sondern ist durch
den innersten Charakter der Bühne bereits unverrückbar fest be=
zeichnet. Eine reformatorische Bühnenverwaltung hat aus der
anerkannten Classicität, sofern deren Ethik noch in den leben=
digen Pulsschlägen der Zeit wurzelt oder deutlich nachhallt, und
aus den bessern Werken der neuern und neuesten Literatur
einen symetrisch gewundenen Kranz zu schaffen, welcher die Ent=
wickelungs=Graduationen der Menschheit bis zu ihrem dermaligen
Stadium repräsentirt, und dessen ästhetische Einheit darauf
beruht, daß sich in dem durch ihn veranschaulichten Zeitportrait
zugleich das Vorbild der Zeit gleichsam herauskristallisire. Nur
dadurch wird man die moderne Bühne auf die hohe Stufe,
die sie im klassischen Alterthum einnahm, nämlich zum Range
einer Bannerträgerin des ethischen Ideals unseres Jahrhunderts,
wieder erheben können. Diesem Ziele muß der Bühnenleiter
sogar seine eigenen ästhetischen Lieblingsneigungen, seine Vor=
eingenommenheit gegen diese oder jene specielle Kunstrichtung,
unterordnen. Er muß, um hemmenden Ballast zu vermeiden,
bei seinen Rückgriffen in die Classicität nicht minder als bei
seiner Auswahl aus dem Neuen und Neuesten sich das goldene
non multa sed multum zur unumstößlichen Maxime machen.
Zwar wird er im Anfang gerade hiedurch auf mannigfache
Schwierigkeiten stoßen, die theils in der Sache selbst und theils
in der Kurzsichtigkeit des Publikums wurzeln. Ja, er wird sogar,
ohne für den Augenblick eine Waffe zur Gegenwehr zu besitzen,
sich mehrseitigem Tadel bloßgestellt sehen. Wenn aber — was
früher oder später zuverläßig eintreffen muß — das Publikum
ihn einmal begreifen lernt, dann wird auch der Erfolg seiner

Consequenz um so größer und um so entscheidender sein, je fester er sein Princip mit eiserner Strenge befolgt.

Die klassische Literatur in ihrem ganzen Umfange liegt dem Bühnenvorstand abgeschlossen vor. Die Ausscheidung des noch heute auf den Brettern Lebenskräftigen und in den Rahmen Hineinpassenden von dem, was der Bühne der Vergangenheit angehört, ist Sache seines eigenen Tactes und des Tactes seiner dramaturgischen Räthe. Rücksichtlich der Qualität der Darstellung, sowie rücksichtlich der Nova hängt jedoch seine eigene Leistungsfähig= keit größtentheils vom Grade der Begabung des zur Zeit lebenden Künstler= und Dichtergeschlechtes ab. Hier liegt die Diagnose, laut welcher wir in unserer Abhandlung das Mittel zur Heilung der perennirenden Bühnenkrankheit zu kennzeichnen strebten.

III.

Das „October-Circular" und die Schauspiel-Reform am Königl. Hof- und Nationaltheater zu München.

Es ist ein öffentliches Geheimniß, daß Se. Excellenz der General=Intendant Herr Carl Frhr. v. Perfall in München die Inspiration zu dem bekannten Circular, welches er im October 1868 sämmtlichen deutschen Bühnenschriftstellern zu= sendete, unserer vorstehenden Reformschrift entnahm, und zwar dem Passus, welcher sich in obigem Wiederabdruck mit An= führungszeichen auf Seite 54 bis 57 befindet und von uns als das richtige Programm für eine redlich nach durchgreifenden Reformen strebende Bühnenverwaltung bezeichnet worden ist. Niemand als der Verfasser dieser Schrift selbst besitzt also mehr Grund, bei Herrn v. Perfall das subjectiv aufrichtigste Stre= ben nach einer Verbesserung der Bühnenzustände im edelsten Sinne des Wortes vorauszusetzen. Um so inniger ist unser Bedauern, daß wir, ohne unsere eigene Ueberzeugung hinsicht= lich der zweckdienlichen Mittel zur Reform mit Füßen zu treten, dem rein theoretischen Schritte des Münchener General=Inten= danten nicht beizustimmen vermögen. Das October=Circular mit seinen persönlichen Adressen an all die Hunderte von Schriftstellern, die sich je irgendwo in einem sogenannten „Buch= drama" versucht hatten, erscheint uns als Einleitungsact zu einer durchführbaren Reform so unpassend, daß wahrlich die

Versicherung von eingeweihten und der Intendanz damals nahe gestandenen Personen dazu gehört hatte, uns den Glauben bei= zubringen, es sei die Inspiration hierzu wirklich unserer eigenen Schrift entnommen worden. Wer je mit der beschwerlichen Aufgabe betraut war, an einer größern Bühne die zur Dispo= sition gestellten Stücke prüfen zu müssen, der weiß, daß auch ohne directe und persönliche Aufforderung durchschnittlich etwa 400 unbrauchbare Novitäten jährlich eingesendet werden und daß eine Provocation zur unübersehbaren Vermehrung solcher Einläufe eher geeignet ist, den Mechanismus der innern Theater= verwaltung zu verwirren, als zu regeln. Ueberdieß haben die kümmerlichen Resultate aller Preisausschreibungen längst zur Genüge bewiesen, daß dramatische Talente nicht durch äußerliche Provocationen geschaffen werden können, wenn auch unbestreit= bar wahr bleibt, daß sie unter der Ungunst der dermaligen Theaterzustände theils sich selbst zum Schweigen verurtheilen und theils verkümmern müssen. Wir möchten jedem Bühnen= vorstand, der mit Versprechungen vor die Oeffentlichkeit tritt, den beflügelten Ausspruch citiren: „Der Worte sind genug gewechselt, laßt uns endlich Thaten sehen!" Der erste Reformschritt des Freiherrn v. Perfall war ein Mißgriff: statt unter dem vor= handenen Guten das Beste tactvoll auszuwählen und auf die Bretter zu befördern, wähnte er durch eine möglichst bunte Mischung von Autoren=Namen ohne Sichtung die Reform er= zwingen zu können; statt einfach und ohne persönliche Adresse die dramatischen Geister der Nation zu versichern: „wer sich berufen fühlt, mit uns für das höchste Kunstziel zu ringen, der sei fortan willkommen", wendete er sich an das bunte Groß des in allen Farben schillernden Poetenstandes und verstieß gegen das Fundamentalprincip einer gesunden Reform, indem er den just für die dramatische Kunst goldenen Ausspruch non multa sed multum ins Gegentheil verkehrte. Ehe wir klar

ausdrücken können, was hierunter gemeint sein soll, müssen
wir einen Blick auf die gefährlichen Wirkungen und Folgen des
October=Circulars werfen, aus denen sich sodann der Sinn
unserer Worte von selbst ergibt.

Da tritt uns zunächst eine Ueberfülle von eingegangenen
Verpflichtungen entgegen. Die Fälle, in welchen Herr v. Per=
fall positive und schon vor Jahren gemachte Zusagen bis zur
Stunde noch nicht erfüllte, scheinen bereits zu Dutzenden ange=
wachsen zu sein. Wenigstens erhielten wir von mehreren unserer
Herren Collegen Briefe voll der bittersten Klagen über die
gänzliche Unzuverläßigkeit der ihnen vom Münchener Hoftheater=
Intendanten gemachten Versprechungen. Wir wissen, daß, wegen
unläugbar nicht erfüllter Zusagen, in den literarischen Kreisen
die Zahl derer, welche sogar an seiner persönlichen Ehrenhaftig=
keit zu zweifeln beginnen, keine ganz kleine mehr ist und daß
sie täglich wächst. Nebenbei auch darum, hauptsächlich aber
in Rücksicht auf die Kunst selbst, halten wir es nicht für zweck=
los, hier auf dieß seltsame Vorkommniß näher einzugehen.
Gegen die eine Hälfte der erhobenen Vorwürfe haben wir
Herrn v. Perfall in Schutz zu nehmen und jeden Verdacht
persönlicher Unehrenhaftigkeit oder des Mangels an gutem
Willen entschieden als grundlos zu bezeichnen, wenn wir auch
nicht umhin können, die dermalige Hofbühnenverwaltung bezüg=
lich des recitirenden Drama's als eine höchst confuse zu
charakterisiren. Die Uneinlösbarkeit so mancher übernommenen
Verpflichtung erwuchs aus dem ebenso unbedacht erlassenen als
planlos gehandhabten October=Circular. Wir glauben das Lob
und den Tadel, der in diesem Ausspruche für Herrn v. Perfall
liegt, mit wenigen Worten begründen zu können.

Als Hr. v. Perfall sich der Riesenaufgabe unterzog,
eine neue Aera für die dramatische Kunst in Deutschland her=
beiführen zu wollen, hatte er augenscheinlich von den vielen

Klippen und von den ungeheuren Schwierigkeiten, an deren
Ueberwindung sich nur die Kraft eines in der Literatur und
im Bühnenwesen vollkommen bewanderten Mannes wagen
dürfte, kaum eine schwache Ahnung. Seinem ersten un=
praktischen Schritte schloß sich ein noch weit unpraktischerer
zweiter an. Die Art, wie auf Grund des October=Circulars
im innern Directionsbureau vorgeschritten wurde, muß vollends
als ein eclatantes Unzweckmäßigkeitsverfahren charakterisirt wer=
den. Wir sprechen hiemit durchaus nichts Neues aus, sondern
können uns getrost auf unsere eigenen Rathschläge vom Jahre 1867
stützen. Die Abhandlung „Ueber die moderne Bühne und die
Mittel zu ihrer Reform" bezeichnet (auf Seite 70 des vorstehenden
Abdrucks) den „Appell an alle volksthümlichen Dichter Deutsch=
lands" (aber kein persönlich adressirtes Circular) und
den Appell an den noch von keiner komödiantischen Routine
verderbten Nachwuchs des Künstlerstandes ausdrücklich nur als
die zwei „der Reform nothwendig vorauszugehenden Ein=
leitungsschritte", und fährt dann wörtlich fort: damit wäre
„erst gleichsam ein Theil des Materials gewonnen, aus welchem
der psychologische Neubau der modernen Bühne geschaffen
werden müßte. Der eigentliche Entwurf zum Neubau, sowie
dessen vollständige Ausführung, wäre Sache der innern Theater=
leitung, und von der Qualität dieser letztern, von ihrem richtigen
oder unrichtigen Blicke, hinge es ab, ob aus unsern Vorschlägen
nur irgend ein pikantes Curiosum oder ein in Wahrheit
zeitgemäßes Theater hervorgehen könnte. Wie den Kennern
der innern Bühnentechnik wohl ohne ausdrückliche Versicherung
einleuchten muß, wäre ohne eine gleichzeitige und radicale
Reformation des gesammten bisherigen Theatergeschäftsganges
die Beachtung unserer Vorschläge undenkbar. Ein nach der her=
kömmlichen Schablone construirtes Directionswesen bräche gegen=
über den neu an dasselbe herantretenden Anforderungen haltlos

in sich selbst zusammen." So hatten wir im Juni 1867 ge=
schrieben. Die Uneinlösbarkeit der von Herrn v. Perfall öffent=
lich und privatim gemachten Versprechungen bestätigt jetzt die
Richtigkeit unserer Voraussage. Der subjectiv sehr wohlmeinende
Herr hat sich mehr auf die Schultern geladen, als er zu tragen
vermochte, und sein verhängnißschwerer zweiter Mißgriff bestand
darin, daß er, indem er die Reform wollte, dennoch an der
herkömmlichen Directions=Schablone festhielt und von ihr, anstatt
auf den Reformpfad zu gelangen, in eine zwickmühlenartig sich
krümmende Sackgasse hineingedrängt wurde. Im allgemeinen
Interesse der dramatischen Kunst kann nicht laut genug beklagt
werden, daß der mit so aufrichtiger Kunstbegeisterung in sein
schweres Amt eingetretene Mann gleich im Anfang seiner Ge=
schäftsleitung das Unglück hatte, untauglichen Rathgebern in die
Hände zu fallen und von ihnen nach allen Seiten hin zu einer
Menge von Zusagen und Versprechungen verleitet zu werden,
die ein Bühnenvorstand unmöglich erfüllen kann und deren
Erfüllung vielleicht in den wenigsten ihm jetzt vorliegenden
Collisionsfällen den Interessen der dramatischen Kunst förderlich
wäre. Nicht auf ihn persönlich, sondern auf seine ungenannten
Rathgeber mag wohl die Hauptschuld der bisherigen Erfolglosig=
keit des Münchener Schauspielreform=Versuches zu wälzen sein.

Erfolglos? so hören wir hier die enragirten Bewunderer
des von Fortuna reichlich bedachten Mannes einwenden. Wo
ist die Bühne, die sich rühriger zeigte als das Münchener Hof=
theater? Wurde nicht, nur quantitativ betrachtet, dort in den letzten
drei Jahren an Einstudiren alter Stücke und an Vorführung
von Novitäten wahrhaft Erstaunliches geleistet? Wohl! das
Personal hat im Memoriren eine bewundernswerthe Fertigkeit
erprobt und sich mitunter den undankbarsten Aufgaben mit
wahrhaft stoischer Selbstaufopferung eifrigst unterzogen. Aber —
kristallisirt sich im Reiche der Kunst die Qualität aus einer sich

planlos überstürzenden Quantität heraus? Groß ist die Zahl
der seit drei Jahren neu einstudirten alten Stücke, bei denen
es wohl nicht erst einer Darstellung bedurft hätte, um über
deren Unhaltbarkeit auf dem heutigen Theater sich Klarheit zu
verschaffen. Groß ist auch unter der langen Reihe vorgeführter
Neuigkeiten die Zahl der gefallenen Leichen, groß also die unnütze
Verschwendung der Zeit und der disponibeln Darstellungskräfte
an verlorene Experimente. Nur beispielsweise theilen wir zur
Rechtfertigung dieses Ausspruches das Neuigkeitsrepertoir aus
dem jüngst abgelaufenen Jahre mit. Es bestand in folgenden
Stücken: Die erste Walpurgisnacht, König Erich XIV., Deutsch=
lands Auferstehen, Herrn Kaudels Gardinenpredigten, die Arbeiter,
das eiserne Kreuz, der Narr des Glückes, Reden muß man, die
Hermannsschlacht, die Franzosenbraut, des Kriegers Frau, ein
Engel, die gelehrten Frauen, unter der Linde von Steinheim
am Main, Mazarin, der Friede, der Maler, fromme Wünsche,
unter dem Siegel der Verschwiegenheit, der Arzt wider Willen,
eine Heirath unter Ludwig XIV., Meister Dürers Erdenwallen,
Landfrieden, der Graf von Hammerstein, die böse Stiefmutter,
Biegen oder Brechen, Hypothekennoth, die Kaiserglocke von
Speier, die Herzogin, zu Hause, der kategorische Imperativ,
und Firdusi. Gewiß eine stattliche Zahl, in zwölf Monaten
zwei und dreißig Novitäten, darunter aber kaum sechs von
einigem höheren Werth, und das einzige, welches eine wirkliche
literarische Bedeutung beanspruchen kann, ohne allen und jeden
dramatischen Nerv! Da suche nun ein Aesthetiker, ohne selbst
zu erblinden über der fruchtlosen Mühe, das ethische Princip
heraus, nach welchem man in München das Schauspiel denn
eigentlich regeneriren will! Da deducire Jemand heraus, daß
wir mit dem Vorwurf, Herr v. Perfall verwechsle bei seinem
Reformversuche das Massenhafte mit dem Zweckdienlichen, ihm
unrecht thun.

Kaum hatte Herr v. Perfall das October=Circular ver=
sendet, so waren auch schon mehr Stücke von ihm angenommen,
als eine Theaterleitung in einem vollen Decennium mit Umsicht
auf die Bretter zu befördern vermöchte. Dilettanten, welche
einen Stoß von anderwärts längst abgewiesenen Versuchen in
ihrem Pult besaßen, sendeten dieselben umgehend mit höflichstem
Dank für das erhaltene Circular ein und erhielten vom dienst=
bereiten Herrn als Gegencompliment die Zusage der Aufführung.
Ernste Dramatiker von Fach, welche den gutgemeinten Schritt
der Münchener Intendanz nicht mißbrauchen wollten und dem=
zufolge sich mit erhöhtem Eifer an die Schöpfung stichhaltiger
Novitäten wagten, kamen mit ihrer nicht so rasch zu liefernden
Gabe bereits zu spät, um das Eingangsthor noch offen zu
finden. Zwar erhielten auch sie noch bereitwillige Zusagen, daß
ihre Werke angenommen seien. Doch befinden sich unter den
Autoren letzterer Gattung mehrere, die noch heute, zwei bis
drei Jahre nach erfolgter Acceptation ihrer Dichtungen, über
den Zeitpunkt der endlich erfolgenden Aufführung in absoluter
Unklarheit gehalten werden, unter dem Vorgeben, dieser Zeit=
punkt sei wegen überhäuftem Stoffandrang gänzlich unbestimmbar
geworden. So hat denn Herr v. Perfall in demselben
Moment, in welchem er durch sein October=Circular den Dich=
tern die Pforte zum Kunsttempel mit schön klingenden Worten
erschloß, ihnen den Eintritt durch verkehrte Thaten auch schon
wieder verrammelt. Selbst Shakespeare oder Schiller, klopften
sie erst heute als Neulinge an seiner Bureau=Thüre an, fänden
vorläufig keinen Einlaß mehr ins Repertoir und müßten in der
Theaterbibliothek auf Erlösung harren, wie der verstorbene
Römling im Fegefeuer. Die Stellen sind eben besetzt: ob gut
oder schlecht, darum kümmerte man sich schon von Anfang an
nicht und scheint sich in jedem Jahre noch weniger darum zu
kümmern. Bereits hängt in München die Förderung der

Novitäten von Rücksichten ab, welche mit der Aesthetik und der Kunst von jeher und naturgemäß auf schlimmem Fuß standen. Daher schadete das seiner Zeit so viel gepriesene Circular dem Neuerblühen der dramatischen Poesie weit mehr, als es ihm frommte: es hat vorübergehend die Dichter durch einen trügerischen Hoffnungsschimmer gestachelt, um ihnen hintenher durch recht eclatante, fast an offenbare Verhöhnung streifende Vorfälle die ganze Rechtslosigkeit ihrer traurigen Lage wieder einmal recht drastisch und abstoßend ad oculos zu demonstriren. Dieß ist wohl die einzige bisher gereifte Frucht der v. Perfall'schen Schauspiel=Reform. Das Ereigniß hat nicht bloß locale Bedeutung und ein noch etwas tieferes Eingehen auf dasselbe scheint uns, als in der Sache begründet, keiner Entschuldigung zu bedürfen.

Das Crethi und Plethi der seit drei Jahren von der Münchener Hofbühne vorgeführten Novitäten beweist unumstöß= lich die eine von folgenden zwei Behauptungen: Entweder besteht zur Zeit ein trostloser Mangel an brauchbaren ethischen Novitäten; oder: die Urtheilslosigkeit derjenigen Herren, von welchen in München die Inscenirung eingelaufener Theaterstücke abhängt, hat einen trostlosen Grad erreicht.[1]) Welche von

---

[1]) Mit Vergnügen nehmen wir hier Notiz von der kürzlich erfolgten Ernennung des Hofschauspielers Herrn Possart zum kgl. Hoftheater= Regisseur. Herr Possart ist nicht nur ein genialer Mime, sondern auch ein vielseitig gebildeter Mann mit sehr tüchtigem Urtheile, von dem sich zuverlässig ein günstiger Einfluß auf die künftige Repertoir=Aufstellung erwarten läßt. Unter den bisherigen Regisseuren war wohl Herr Hof= schauspieler R i c h t e r ohne Macht, denn wir haben von seinen ästhetischen Kenntnissen eine viel zu gute Meinung, als daß wir ihm eine Mitschuld am bisherigen Gange des Novitäten=Repertoirs und der wiederholten Rück= griffe auf längst antiquirte Stücke zumessen dürften. Daß Herr v. Perfall bei seinem Amtsantritt eine kräftige Stütze in dem Oberregisseur Herrn Jenke finden zu können wähnte, hat uns von jeher gewundert. Herr Jenke war zwar in seiner Jugend ein recht gewandter Charakteristiker im

diesen zwei Behauptungen zu bejahen wäre, mag hier unerörtert bleiben. Beide sind ohne Einfluß auf die Beantwortung der weitern Frage: wer wohl unter den zwei in Conflict gerathenen Parteien das größere Unrecht begehe, ob die Dichter, welche vom Intendanten die endliche Aufführung ihrer vor bereits drei und zwei Jahren fest angenommenen Novitäten erwarten, oder Herr v. Perfall, der gegenüber diesen Anforderungen sich in der Rolle des Verletzten gefällt und passiv bleibt? Die Antwort scheint uns so zweifellos zu sein, daß wir sie unseren Lesern überlassen zu dürfen glauben. Es ist eine höchst einfache Rechts= frage, die jedoch in ihren Consequenzen sich zu einer Culturfrage erweitert. Woher soll der deutschen Bühne ein besseres Neuigkeits= Repertoir kommen, wenn die Dramatiker, die so gut wie andere Menschen ihre Lebensbedürfnisse mit dem Ertrage ihrer eigenen Leistungen erringen müssen, drei volle Jahre nach Einreichung und dritthalb Jahre nach erfolgter fester Acceptation eines Stückes nicht nur noch keinen Heller Tantième fließen sahen, sondern nicht einmal mit irgend welcher Sicherheit für die fernere Zu= kunft auf einen Heller rechnen können? Was würde wohl der Gewerbtreibende, der Kaufmann, der Producent jeder Gattung sagen, wenn er sich bezüglich des Absatzes seiner Producte in einer ähnlichen Lage befände, in der Lage nämlich, den Zeit= punkt irgend welcher Ertragsfähigkeit seiner Leistungen niemals, selbst bei längst abgeschlossenen Verträgen niemals absehen zu können? Gewiß, er würde eine solche Lage als den Ruin seiner eigenen Leistungsfähigkeit bezeichnen müssen; er würde die Ver= hältnisse, unter denen so etwas möglich ist, nur als anarchische zu charakterisiren vermögen. Und ohne Zweifel hätte er mit

heiteren Fach. Aber von einem Mann, welcher seine kräftigsten Mannes= jahre als Komiker an dem kleinen Theater in Oldenburg verlebt hatte, ließ sich doch wohl kaum der umsichtige Fernblick erwarten, welcher zu einer Schauspielreform in „Neu=Athen" unerläßlich gewesen wäre.

diesem Ausspruche recht. Wo im geselligen und im geschäft=
lichen Verkehr kein gegebenes Wort mehr heilig wäre, wo man
Uebereinkünfte und Verträge nur zu dem Zweck schlöße, um sie
zu brechen, da geriethe bald alle gesunde Lebensthätigkeit in eine
bedenkliche Stockung und die sociale Ordnung triebe rasch dem
abschüssigen Stadium einer barbarischen Rohheit zu. So sehr
nun auch die Kunst als solche im Reich der Ideale steht, unter=
liegt sie doch in ihrem Vertrieb den Gesetzen der socialen Ord=
nung. Die Verwilderung, welche im modernen Bühnen=
Repertoir zu Tage tritt, ist hauptsächlich durch das regellose,
das geradezu anarchische Verfahren der Bühnenleiter gegen die
Bühnenschriftsteller möglich geworden. Dieß zunächst hat schon
seit Jahren just unsere besten Dichter dem Theater entfremdet.
Sollte jetzt die Schauspiel=Reform von einem Vorgehen zu
hoffen sein, durch welches jene aus früherer Trägheit einge=
nistete Anarchie sich systematisch auszubilden und als Aushänge=
schild für einen vorgeblichen, jedoch in Wahrheit schwerlich mehr
vorhandenen Kunsteifer zu figuriren beginnt? Gewiß nicht:
Jedermann kann in diesem Aushängeschild nur den Beweis
erblicken, daß es den bisherigen Räthen der Münchener Hof=
theater=Intendanz von Anfang an nicht bloß in qualitativer,
sondern auch in quantitativer Beziehung an dem benöthigten
Fernblick auf die Grenzen der theatralischen Leistungsmöglichkeit
bedenklich mangelte. Hiedurch wurde denn auch fast nothge=
drungen in der Hof=Bühnenverwaltung eine bedenkliche Neben=
eigenschaft heimisch, die nicht nur bei einer öffentlichen Anstalt,
sondern auch bei jedem Privatgeschäfte, wo sie sich einnistet,
als grober Fehler verurtheilt werden muß. Wir fürchten, durch
eine nähere Bezeichnung unartig zu erscheinen, und wollen daher
nur auf die Wirkung jener Nebeneigenschaft hindeuten, die in
der Regel beim Kaufmann den Credit, beim Kunstvorstand das
Vertrauen zu gefährden pflegt. Wir sind vollkommen über=

zeugt, daß — vielleicht mit Ausnahme von ein paar persön=
lichen und privatim protegirten Freunden des Intendanten —
gegenwärtig kein einziger Dichter in ganz Deutschland mehr auch
nur für die Dauer e i n e s Tages seine Kraft an das October=
Circular wagen möchte, ohne schon im Voraus den Tag für
einen verlorenen zu halten. Herr v. Perfall selbst muß seine
Mißgriffe wohl längst als solche erkannt haben. Möge er end=
lich dem gemäß handeln und sich aus der zweifellos auch für
ihn persönlich beschwerlichen Sackgasse durch einen Schritt be=
freien, der zwar etwas Gewaltsames an sich hätte, jedoch nach
Maßgabe der Sachlage kaum zu vermeiden sein dürfte. Die
aus vollkommen entschuldbarer Unerfahrenheit erwachsenen Irr=
thümer offen einzugestehen und dadurch für die Reform den
gangbaren Pfad zu gewinnen, wäre immerhin besser, als das
ganze Reformwerk der Erhaltung des S c h e i n e s einer Groß=
that zu Liebe preiszugeben, welche ohnehin längst von allen Sach=
verständigen als illusorisch erkannt wurde. Dadurch könnte er
den Boden zu nicht bloß scheinbaren, sondern zu wirklichen
Großthaten gewinnen. Leider aber scheint keine solche Umkehr,
sondern eine Ueberraschung ganz anderer Art in nächster Aus=
sicht zu stehen. Wie uns nämlich vor Kurzem aus untrüglicher
Quelle versichert wurde, hat die Münchener General=Intendan=
tur, nun vom extremen October=Circular auf ein entgegen=
gesetztes Extrem überspringend, neuestens unter ihre Directions=
Principien den Grundsatz aufgenommen, daß künftig keinem
Dramatiker mehr eine bestimmte Zusage bezüglich des Zeitpunktes
der Darstellung seiner Stücke ertheilt werde. Das also wäre
der Culminationspunkt der Reform, welche Herr v. Perfall im
October 1868 in so zuversichtlichen Ausdrücken öffentlich ankün=
digte und damals in den subventionirten „M ü n c h e n e r P r o p y=
läen" und in dem nicht subventionirten Weltblatt „A l l g e=
m e i n e Z e i t u n g" durch eine gewandte Feder eingehend

erörtern ließ? Was seine eigene frühere Geschäftsunerfahrenheit
verschuldete, das sollen jetzt die Dichter büßen, weil nicht alle
zur geduldigen Hinnahme endloser Verschleppungen Lammesblut
genug besaßen und weil nicht alle reich genug sind, um litera=
rische Vertragsbrüche ohne empfindlichen Umsturz ihrer Jahres=
Bilanz über sich ergehen lassen zu können? Durch eine wenn
auch nicht in Worten, doch thatsächlich manifestirte Vogelfrei=
Erklärung gerade derjenigen Kunstkräfte, ohne deren eifrigste
Mithilfe die beabsichtigte Bühnenreform ewig ein Ding der
Unmöglichkeit bleibt, wähnt er jetzt den Ruf eines Bühnen=
reformators steigern zu können? Wir waren bisher der Ansicht,
Herr v. Perfall selbst habe, bevor er seine Hofstelle erhielt,
den im Allgemeinen sehr beschränkten Finanz=Etat des deutschen
Dichter= und Tonkünstlerstandes durch eigene Erlebnisse hinläng=
lich kennen gelernt, um aus den dringenden Mahnungen solcher
Dramatiker, welche durch unleugbare und allzu lange unerfüllt
gebliebene Zusagen in drückende Geldverlegenheiten gerathen sind,
auch jetzt noch eine andere Lehre für seine Geschäfts=Methode
zu ziehen! So bestimmt auch die Nachricht von der bereits
beschlossenen Vogelfrei=Erklärung auftritt und obwohl wir dieselbe
sogar in einzelnen uns bekannt gewordenen Beispielen durch
Thatsachen bestätigt finden, können wir dennoch kaum voraus=
setzen, Se. Excellenz werde nach reiflicherer Erwägung an
einem im Unmuth gefaßten Entschlusse festhalten, der seinen
Namen in der öffentlichen Meinung und in der Kunstgeschichte
rettungslos ruiniren müßte. Dennoch oder vielmehr gerade
deßhalb hatten wir einen zwingenden Anlaß, die Genesis des
October=Circulars und seiner Ausführung hier einer sachlichen
Kritik zu unterbreiten. Die bekannte Thatsache, daß die In=
spiration zu jenem Circular aus einer mißverstandenen Deutung
unserer Reformschrift von 1867 erfloß, hat vielfach die Meinung
erzeugt, als sei in München seither die Realisirung unserer

Reformvorschläge versucht worden. Sollten wir diese Verwechs=
lung mit dauerndem Schweigen über uns ergehen lassen und
ein verkümmertes Kind, das einen ganz andern Vater besitzt,
vor der öffentlichen Meinung als das unsrige adoptiren?
Unsere Reform=Vorschläge waren (wie der Leser sich aus dem
Wortlaut jener Abhandlung und des Nachtrags vom Juni 1868
bereits überzeugt haben wird) auf eine sowohl in Sichtung des
alten als in Aufnahme des neuen Repertoirs schonungslos streng
einschneidende ästhetische Kritik als conditio sine qua non
basirt; der v. Perfall'sche Anlauf zu einer Reform stützte sich
sowohl für Auswahl des alten als für Einfügung des neuen
Repertoirs auf ein theils kritikloses, theils rein theoretisch
kritisirendes Laienregiment und auf zeitraubende Extravaganzen,
er glich eher einer Travestie auf jene, als einer Verwirklichung
derselben. Dürften wir nun die Travestie mit der Sache selbst
verwechseln und das Reformproject für ad absurdum geführt
erklären lassen? Dürften wir die Verwechslung der Folgen
innerer Theaterleitungsschäden mit den erzielbaren Resultaten
einer gesunden Bühnenleitung schweigend hinnehmen und die
öffentliche Meinung über das Punctum saliens der Theater=
krisis dauernd irre leiten lassen? Dann hätten wir dem Studium
der Frage, ob die Bühne auch heutzutage noch die Trägerin
des ethischen Zeitbanners werden könnte, umsonst die größere
Hälfte unseres bisherigen Ringens gewidmet und müßten unser
eigenes Leben für ein verlorenes erklären. Diesen Selbstmord
wird uns Niemand zumuthen, selbst nicht Herr v. Perfall.
Wenn man am Münchener Hoftheater im Bereiche des recitirenden
Drama's mehr als den bloßen Schein einer Bühnenreform
anstrebte, so durfte man unserer Reformschrift entweder gar
keine Anregung entnehmen, oder man mußte den ganzen Inhalt
jener Schrift adoptiren. Ein System ist kein System mehr,
wenn man bloß eine Voraussetzung desselben hinkend verwirk=

licht, und die Consequenzen ungezogen läßt. Noch wären unsere Principien erst zu erproben. Bis zur Stunde hat kein deutsches Theater versucht, sie redlich und consequent durchzuführen. Red= liche und consequente Durchführung aber wäre, so wie die Sachen stehen, nach unserer Ansicht auch für Herrn v. Perfall der einzige Weg zur Rehabilitirung seines artistischen Namens in den literarischen und Kunstkreisen.

IV.

Die dramatische Kunst in Stuttgart und das Theater zu Leipzig.

Wenn man die Theateragentur=Journale durchblättert, so möchte man wähnen, in der Metropole des Schwabenlandes sei eine neue Blüthenperiode der dramatischen Kunst bereits in vollem Anzuge und es liege nur an der Verknöcherung der ge=müthlichen Stuttgarter, daß Herr v. Wehlen, genannt Dr. Feodor Wehl, nicht schon allgemeiner als der erlösende Messias des Theaters gefeiert werde. Selbst der in den früheren Jahrgängen über Kunst und Literatur gut berichtete „Illustrirte Kalender für 1872" von J. J. Weber, der nebenbei auf=fallender Weise die Stuttgarter Hoftheaterintendanz als unbe=setzt bezeichnet und den Untergebenen des thatsächlich amtirenden Intendanten, den Herrn Hofrath Wehl, als das Factotum der Hofbühnenleitung hinstellt, vindicirt dieser Leitung einen Tact, laut welchem das dermalige Stuttgarter Theater unbe=dingt als das erste und hervorragendste in Deutschland erscheint. Eine verschämte Notiz unter der literarischen Rundschau desselben Kalenders, in welchem den harmlosen Jugendergüssen Willibald Winckler's, des verstorbenen Journalanwalts der Wehl'schen Stuttgarter Dramaturgenthätigkeit, eine nicht vorhandene Be=deutung zugesprochen und daneben aus der Kriegslyrik vom

Jahre 1871 ein von F. Wehl im Jahre 1870 geschriebenes und veröffentlichtes Gedicht als einziges Citat wörtlich wieder allegirt wird, läßt uns einen Wahrscheinlichkeitsschluß auf die Eigenart der journalistischen Coterie machen, welcher man diese Staub=wolken der Buchdruckerschwärze zu danken hat.

Dieß veranlaßt uns, auch die Stuttgarter Hofbühne hier in den Bereich unserer Besprechungen herein zu ziehen, obwohl Wehl's dramaturgische Thätigkeit im Uebrigen für die Zwecke des vorliegenden Buches nur ein negatives Material zu liefern vermag. Würde in jeder deutschen Stadt auch nur ein einziger Schriftsteller von einigem Ansehen, unserm Beispiele folgend, der Wahrheit in seiner nächsten Umgebung furchtlos zum Siege verhelfen, dann wäre auch schon hiedurch ein nicht ganz un=wesentlicher Schritt vorwärts der Reform entgegen gethan. Je allseitiger die Diagnose der Bühnenkrankheit geklärt wird, desto lauter und dringender macht sich das Bedürfniß der Heilung geltend. Wir müssen scheinbar hier etwas weiter ausholen, obgleich wir streng bei der Sache zu bleiben gedenken.

Wer als Fremder einige Zeit in Stuttgart wohnt, dem muß vor Allem auffallen, daß daselbst das Theater mit dem socialen Leben weit loser zusammenhängt, als in den meisten Städten Mittel= und Norddeutschlands, als selbst in Wien oder München und sogar im kleineren Mannheim oder Carlsruhe. Nur selten hört man im geselligen Verkehr mit Interesse von der Hofbühne sprechen. Wenn es geschieht, so überwiegt eine pessimistische Stimmung das kärgliche Lob. Die Frequenz des Schauspiels ist schwach, doch erzielen hie und da einzelne Stücke, durch welche dem Geschmack der Einwohner Rechnung getragen wird, noch volle Häuser. Die Oper ist gut besucht. Da bewähren sich Herr Sontheim, Frl. Schröder mit noch ein paar andern tüchtigen Ge=sangskräften als die Magnete der Theaterkasse, und der im Allge=meinen sehr schonend und nachsichtig kritisirende Schwabe ent=

schuldigt oder übersieht wohl auch darüber gerne die Schwächen
des Ganzen.

Leicht ist daher der nur flüchtig durch Stuttgart reisende
Fremde geneigt, dem Gros der Einwohnerschaft Geschmack und
Kunstsinn abzusprechen. Dennoch wäre ein solches Urtheil ebenso
voreilig als ungerecht. Die auffallende Theilnahmslosigkeit an
den Vorgängen hinter und vor den Theater-Coulissen gerade in
der Hauptstadt des süddeutschen Buchhandels, in der man ein
hervorragendes Interesse auch für die dramatische Kunst vor=
aussetzen sollte, hat ihren tiefern Grund nicht in der sonst
für alles Schöne leicht zu begeisternden Eigenthümlichkeit des
schwäbischen Volkscharakters, sondern in der Entwickelungs=
geschichte des Hoftheaters selbst.

Durch eine während Jahrzehnten aufrecht erhaltene Miß=
verwaltung sind der Einwohnerschaft Stuttgarts die Sympathien
für das Institut entleidet worden. Unter dem Vorgänger des
jetzigen Intendanten waren die zufälligen Launen einzelner ein=
flußreichen Personen für den Gang und die Leistungen der
Anstalt maßgebend gewesen. Bei Festsetzung des Repertoirs
und bei neuen Engagements war der öffentlichen Meinung keine
Rechnung getragen worden, in der irrigen Voraussetzung, daß
ein mit nicht unbeschränktem Zuschuß dotirtes Hoftheater die
Gunst der Einwohnerschaft entbehren könne, ohne just dadurch
seinen Nimbus verlieren zu müssen und der Stagnation entgegen=
getrieben zu werden. Als Herr v. Gall, welcher die von
ihm selbst schon 1844 zu Oldenburg publicirten Bühnenleitungs=
grundsätze in Stuttgart eher mit Füßen getreten als sich zur
Norm gemacht hatte, 1869 endlich von der Intendanz zurück=
trat, war der Pessimismus bereits zu fest gewurzelt, als daß
er mit Palliativen zu überwinden gewesen wäre. Dennoch unter=
blieb die unerläßliche Radicalreform. Gall's Nachfolger, der
Hofdomänenkammerpräsident Herr v. Gunzert, unterzog zu=

nächſt den unverhältnißmäßig hoch geſtiegenen und nicht durchgängig zur Förderung der Kunſt ausgebeuteten Finanz-Etat einer
Reduction und erleichterte dadurch die Laſt der königlichen Civilliſte.
Eine Reform des Inſtituts auch nach dieſer Seite hin war
ſehr nöthig geweſen und wir können der parteiloſen Strenge,
mit welcher Herr v. Gunzert · ſie durchführte, nur Anerkennung
zollen. Es iſt eine falſche Anſicht, daß man, um ein' gutes
Theater zu organiſiren, verſchwenderiſchen Haushalt führen
müſſe und in einer intelligenten Stadt mit über 80,000 Ein-
wohnern eines jährlich nach Hunderttauſenden zählenden
Zuſchuſſes bedürfe. Wir werden weiter unten zeigen, daß
es Städte in Deutſchland gibt, welche mit ungefähr der
gleichen Einwohnerzahl und ohne Subvention ein beſſeres Theater
beſitzen, als Herr v. Gall mit einem Jahreszuſchuß' von beiläufig 300,000 Gulden (wie uns officiös verſichert wurde) den
Stuttgartern hinzuſtellen vermocht hatte. Sonach war die erſte
durchgreifende Amtshandlung des Herrn v. Gunzert nur zu
loben. Hätte er ſich damit begnügt, hätte er nach Regelung
des Finanz-Etats die nur proviſoriſch übernommene Intendantur
an einen gewiegten und erprobten Fachmann' abgetreten, ſo
wäre die kurze Zeit ſeines Amtirens durch ein unſterbliches
Verdienſt um das Inſtitut makel- und tadellos verewigt geweſen.
Doch nun getraute ſich Herr v. Gunzert auch die weit ſchwierigere
Löſung des artiſtiſchen Problems zu und ließ ſich zu dauernder
Führung der Intendantur-Geſchäfte verleiten. Damit hatte er
denn die Beſtellung eines Saatfeldes übernommen, zu deſſen
Bepflanzung es ihm an den benöthigten Vorkenntniſſen und
Erfahrungen gänzlich gebrach. Zum Unglück für das Inſtitut
begegnete ihm gleichzeitig das Verſehen, daß er ſich durch einen
artiſtiſchen Beirath ergänzte, welcher in praktiſchen Bühnen-Angelegenheiten faſt ſo ſehr wie er ſelbſt noch ein Neuling war
und überdieß mit halb unklaren und halb utopiſchen Reform-

Projecten vom Journalistischen in die ihm doppelt fremde
Stellung eintrat. Doch — bleiben wir noch einen Augenblick
bei der materiellen Seite unseres Thema's stehen!

Herr v. Gunzert gilt, und zwar mit vollstem Recht, als
ein ausgezeichneter Finanz-Verwaltungsbeamte. Jedoch ist bezüglich der Bühne sehr zu betonen, daß die einfache Finanz-
Verwaltung und die Theaterfinanz-Verwaltung zwei so wesentlich
verschiedene Dinge sind, wie etwa die Arithmetik und die Mathematik. Jemand kann ein unübertroffener Arithmetiker sein und
dennoch von der Mathematik nicht das Geringste verstehen. Bei
einer wahrhaft ökonomischen Theaterfinanz-Verwaltung kommen
nicht bloß die arithmetischen Zahlen, sondern auch die artistischen
Factoren in Betracht, und zwar letztere manchmal noch weit
mehr, als erstere. Das Rechnungsbuch des Kassiers weist nur
nach, was an Ausgaben erspart und was thatsächlich eingenommen
wurde; aber es gibt keine Aufschlüsse darüber, was an erzielbaren und dennoch verpufften Mehreinnahmen durch ein mangel-
haftes Repertoir, durch verfehlte Engagements und Rollenbesetzungen, durch unzulängliche Arrangements und artistische Mißgriffe aller Art in Verlust kam. Wenn ein Bühnenvorstand
z. B. 4000 fl. ausgibt und dadurch 4100 fl. Einnahmen erzielt, so
ist das recht schön. Wenn er aber auf dasselbe Loos z. B. 5000 fl.
Einsatz wagt und dadurch 12,000 fl. Einnahme sichert, so ist
das noch weit schöner und sogar auch weit ökonomischer: dort
beträgt der Reingewinn nur 100 fl., hier ist er durch den
richtigen Mitansatz der artistischen Factoren bereits auf 7000 fl.
gestiegen. Herr Intendant v. Gunzert wird sich ohne Zweifel
über unser Rechenexempel mit der sehr wahren Thatsache zu
trösten wissen, daß unter seinem Amtsvorgänger die Ausgaben
weit größer und dennoch die Einnahmen weit niedriger waren,
als seit seiner Geschäftsleitung. Doch was beweist das? Nichts,
außer daß früher der Calcul noch schiefer stand. Wenn in

einer Stadt von Stuttgarts Einwohnerzahl in dem einzigen
und verhältnißmäßig kleinen Schauspielhause heutzutage die Hälfte
des Jahres vor leerem oder nur halb besetztem Zuschauerraume
gespielt werden muß, so ist eine genaue Erörterung der noch
immer nicht beseitigten Anlässe zu dieser traurigen Erscheinung
wohl nicht minder interessant als nützlich.

Die Stuttgarter Hofbühne zählt selbst nach der von Herrn
von Gunzert vorgenommenen Reduction des Ausgaben=Etats
noch zu den vier höchst dotirten von Deutschland. Auch besitzt
sie nicht bloß in der Oper, sondern auch im Schauspiel einzelne
ausgezeichnete Darstellungskräfte. Unter letzteren zählt z. B. die
treffliche Künstlerin Leonore Wahlmann unbedingt zu den
gegenwärtig in Deutschland hervorragendsten Erscheinungen ihres
Faches. Dr. Feodor Löwe, das Künstlerpaar Wentzel,
Schmitt, Gerstel, Junkermann und Pauli sind Kräfte,
mit denen sich, richtig in ihre Wirkungssphäre gestellt, die
Lösung der schwierigsten Kunstaufgaben wagen läßt. In
Frl. Glenk besaß die Hofbühne noch bis vor Kurzem eine sehr
pikante Repräsentantin des heitern und sentimentalen Liebhaber=
faches. Die Herren Stritt, Keller und v. Prosky, die Damen
Frauenthal, Rottmayer und Becker ziehen wir hier nur
deßhalb nicht in Betracht, weil sie demnächst ebenfalls die Hof=
bühne verlassen werden. Außerdem begegnet uns eine stattliche
Reihe sehr brauchbarer Kräfte für episodische und Nebenrollen,
darunter auch noch solche, denen, wie z. B. den Herren Lehr,
Rosner, Herbert, Augusti, Wallbach, den Damen Fricker,
Steinau und Behringer, mit fachkundiger Beachtung ihrer
Individualitäten manchmal auch größere Aufgaben mit Glück
anvertrauen lassen. Dennoch macht das Schauspiel im Großen
und Ganzen keinen tiefern Eindruck und spielt in der Regel
vor schwach besuchten Häusern! Warum? Theilweise, weil es
sich allzu oft in Aufgaben abzappeln muß, über welche der all=

gemeine Fortschritt der Zeit längst hinweggeschritten ist; theilweise, weil die Leistungsmöglichkeit des Personals allzu oft durch falsche Rollenbesetzungen zerstört wird; theilweise, weil selbst das klassische Repertoir mit sinnentstellenden Textverdrehungen und manchmal geradezu lächerlichen Arrangements in Scene läuft und dadurch gerade der intelligenteste Theil des Publikums, der sich durch die Verunstaltungen seiner Lieblingsdramen an= gewidert fühlt, veranlaßt ist, solchen Aufführungen grundsätzlich auszuweichen. In letzterer Hinsicht brachte es die Textverdrehungs= Manie des artistischen Directors bereits so weit, daß bei klassischen Werken die Bezeichnung auf dem Theaterzettel „eigens für die Stuttgarter Hofbühne eingerichtet" als sichere An= weisung auf ein leeres Haus gilt und daß an solchen Abenden zuverlässig auch die tonangebenden Koryphäen des Publikums durch ihre Abwesenheit im Theater glänzen. Belege dafür, daß letzteres nur allzu sehr gerechtfertigt erscheint, werden wir noch in vorliegendem Abschnitte geben, wollen jedoch schon hier be= merken, daß wir nur einzelne Beispiele zu liefern vermögen. Sollten wir die ganze Reihe der seit zwei Jahren am Stutt= garter Hoftheater vorgefallenen Unzukömmlichkeiten namhaft machen, so wäre dieser Specialität ein eigenes Buch zu widmen. In einer allgemeinen Charakteristik der ausgebrochenen deutschen Theaterkrisis mangelt es für derlei Einzelnheiten an Raum.

Werfen wir zunächst, um durch eine Parallele der Schluß= lehre unserer Situationszeichnung näher zu rücken, den Blick flüchtig auf die Entwickelungsgeschichte eines andern deutschen Theaters, das schon deßhalb zum Vergleiche herausfordert, weil es sich ebenfalls am Sitz eines Centralpunktes der Literatur, nämlich in der mitteldeutschen Metropole des Buchhandels, befindet. Die Einwohnerzahl Leipzigs übersteigt die von Stutt= gart nur um ein Geringes, hochangeschlagen um etwa 15,000, Personen. Das Leipziger Stadttheater bezieht keine Subvention und zahlt sogar einen nicht unerheblichen Pacht; die vom fremden Meßpublikum erwachsende Mehreinnahme erreicht, sehr hoch angeschlagen, die Summe von 25,000 Thalern und beträgt also nicht einmal den fünften Theil der angeblich in die Stutt= garter Hoftheaterkasse fließenden Jahreszuschüsse. Dennoch besaß Leipzig von jeher eine Bühne, deren Leistungsfähigkeit die so= genannten mittleren Hoftheater weit überflügelte und den Hof= theatern ersten Ranges hervorragende Kunstgrößen liefern konnte. Emil Devrient, Bertha Unzelmann, Joseph Wagner, Fer= dinand Dessoir, Meixner und Andere waren in ihrer jugend= lichen Glanzperiode die Zierden des Leipziger Musentempels, ehe sie an den Hofbühnen zu Dresden, Berlin und Wien glänzten. Dieser zweifellos größere Erfolg bei scheinbar geringeren Geld= mitteln erklärt sich dadurch, daß von jeher in Leipzig sich eine unfähige Theaterleitung nie dauernd einnisten konnte, daß dort von jeher nie kunstwidrige Nebenrücksichten das Programm des Directors bestimmen durften, daß dort von jeher neben der Pflege der klassischen Dramatik jede brauchbare Novität rasch ins Repertoir eingefügt wurde und die Bühne bis zu einem gewissen Grad immerhin noch ein lebendiger Träger der ethischen Zeitschwin= gungen blieb, daß dort nie Cameraderien und Protection für längere Zeitabschnitte den Ausschlag zu geben vermochten, daß dort nur eigene Leistungsfähigkeit den Director, den Künstler und den Dichter obenan erhielt. Dadurch hat sich in Leipzig das Kunstinteresse des Theaters innigst mit den Interessen der wachsenden Stadt verwachsen. Jeder auf Intelligenz Anspruch machende Bürger betrachtet das Erblühen des Instituts als eine Ehrensache der Stadt und überwacht nicht bloß die Leistungen auf den Brettern, sondern auch die Ausbrüche des Beifalls oder Mißfallens im Publikum mit gewissenhaft prüfendem Auge. Ein geistvolles Stück, ein gerundetes Ensemble, die Darstellung einer besonders interessanten Rolle durch eine hervorragende

mimische Kraft sind Anweisungen auf volle Häuser, und daraus
erwächst ein Einnahme=Etat, welcher selbst gegenüber dem hohen
Ausgaben=Etat jeden Zuschuß überflüssig macht und sogar von
jeher die Unternehmer noch bereicherte, mit einziger Ausnahme
des allzu üppig aufgetretenen Herrn v. Küstner in den zwanziger
Jahren und des unpraktischen Kunstenthusiasten Dr. Schmid
im Jahre 1848. Mit welch rühmlicher Eifersucht der Leipziger
die Ehre der Stadt als einer maßgebenden Kunstrichterin hütet,
davon wollen wir aus unsern eigenen Erlebnissen ein ebenso
charakteristisches als pikantes Beispiel hier erzählen. An einem
mondhellen, aber außerordentlich heißen Sommerabend in den
vierziger Jahren besuchten wir das dortige Stadttheater. Es
war auffallend leer. Die schöne Witterung nach vorangegangenen
Regentagen hatte alles Volk in die Gärten und ins Freie gelockt.
Man gab ein neues Stück von einem damals noch wenig be=
kannten Breslauer Privatdocenten. Auch vom Stücke war nichts
bekannt, als daß es einige Monate früher in Breslau gegeben
und von dorther wenig darüber geschrieben worden sei. Bertha
Unzelmann, Heinrich Marr und Joseph Wagner spielten die
Hauptrollen. Die Darstellung ging an den paar Zuschauern
sang= und klanglos vorüber. Die Direction hielt das Werk
des jungen Dichters für durchgefallen und verloren. Nach dem
Theater betraten wir die Salons eines berühmten Buch= und
Musikalienhändlers und fanden dort eine Gesellschaft von etwa
vierzig Personen. Man fragte uns nach dem Erfolg der Novität
und wir erklärten: „Das Schauspiel zählt zu den geistreichsten
Werken der jüngeren Literatur; nur Schade, daß die sparlichen
Theaterbesucher seinen Werth nicht herausgefunden zu haben
scheinen." Da erhielten wir die einstimmige Antwort: „Wohlan
denn! zur zweiten Vorstellung werden wir Alle uns im Theater
einfinden und je nach Befund dem jungen Dichter Genugthuung
schaffen; denn Niemand soll den Leipzigern nachsagen können,

daß eine gelungene Leistung je bei ihnen ungewürdigt blieb."
Gesagt, gethan! Director Schmid wurde um eine baldige Wiederholung ersucht, welche in Nachwirkung des geschilderten Vorfalls
ein zahlreiches Publikum herbeilockte. Man fand unser Urtheil
zutreffend, das Stück machte bei der Wiederholung Furore,
wurde in Jahresfrist noch zwölfmal vor vollen Häusern gegeben
und fand von Leipzig aus rasch den Weg über sämmtliche
Bühnen Deutschlands. Der betreffende Dichter ist der seither
berühmt gewordene Hofrath Dr. Gustav Freytag: und das
Stück, um welches es sich handelte, war dessen dramatisches
Erstlingsproduct, die noch jetzt überall gern gesehene „Valen-
tine". Hut ab vor einem solchen Publikum! Da bedarf die
Bühne zu ihrem Gedeihen keiner Cabinetszuschüsse, da könnte sich
nur ein corrumpirtes Institut nicht ohne Subvention auf
eigenen Füßen halten. Auch in Stuttgart ein solches Publikum
heranzuziehen und in ihm das Erstehen eines guten Theaters
als einer Ehrensache der Stadt zu thatkräftigem Bewußtsein
zu zeitigen, wäre die richtig erfaßte Aufgabe des artistischen
Directors der Stuttgarter Hofbühne, wäre der für die Folgezeit billigste Calcul seines Finanzmannes, des Hoftheater-
Intendanten.

Man wende uns nicht ein, daß wir etwas Unmögliches
verlangten, daß wir zu unserer Parallele Heterogenes gewählt
hätten! Die Verschiedenheit der Eigenschaften des Leipziger Theaterpublikums von jenen der Stuttgarter Theaterbesucher, welche
zur Zeit allerdings sehr groß ist, entstand aus der Verschiedenheit der innern Entwickelung beider Theater. Da liegt die
Diagnose! Das Stuttgarter Hoftheater könnte sich wohl schon
zur Stunde so ziemlich der Höhe der Leipziger Tageseinnahmen
erfreuen und das Leipziger Stadttheater wäre mit seinem Ein-
nahmen-Etat wohl längst auf die Abminderung der Stuttgarter
Theater-Tageskasse reducirt, wenn seit fünfzig Jahren die

Stuttgarter Hoftheater=Intendanten in Leipzig und die Leipziger
Stadttheater=Directoren in Stuttgart gewirthschaftet hätten.
Gerade Stuttgart besitzt einen zahlreichen Kreis von Gebildeten,
die sich mit dem Studium der Literatur noch ernsthaft beschäftigen
und dem gemäß auch einem ästhetisch tadellosen Schauspiel ihre
Gunst schwerlich versagen möchten. Der Kreis ist größer, als
in irgend einer andern deutschen Residenzstadt. Wer daran
zweifelt, der kann sich durch einen Gang ins Stuttgarter Poly=
technikum von seinem Irrthum überzeugen. Dort begegnet er
allwöchentlich dreimal einem gedrängt vollen Saale von Wiß=
begierigen jeden Standes, Geschlechtes und Alters, die mit
athemloser Aufmerksamkeit den Vorträgen des unbedingt her=
vorragendsten Aesthetikers der Gegenwart, unseres Fr. Th. v.
Vischer, folgen. Dort waltet und wirkt ein Geist, der jedem
Besucher durch die einfache Thatsache seiner Existenz laut ver=
kündet, daß Stuttgart in Wahrheit die süddeutsche Metropole
der Literatur ist. Vischer, dessen ästhetische Vorträge wohl
als ein zur Zeit nicht ihres Gleichen findendes Unicum zu gelten
haben, besitzt die seltene Gabe, selbst im unbewanderten Laien
nicht bloß den ästhetisch feinen Tastsinn zu wecken, sondern ihm
auch die tiefern Geheimnisse der Kunst eines Shakespeare, Lessing,
Göthe, Schiller u. s. w. zu erschließen. Aus seinen Vorträgen
blitzt durch die intelligentern Volksschichten Stuttgarts leuchtend
und zündend die ethische Sonne einer Kunstwelt, deren Reproduction
auf den Brettern die wahre Aufgabe eines deutsch=nationalen
Theaters der Gegenwart wäre. Daß diejenigen Kreise,
auf welche Vischer's Vorträge bereits klärend einwirkten, im
Theater die Bejubelung hohler Bühneneffecte den oberen Gallerien
überlassen und für beides nur ein verurtheilendes Lächeln besitzen,
ist klar. Und eben so klar ist, daß gar Viele, welche ein ästhetisch
feines Unterscheidungsvermögen nicht besitzen, sich wenigstens den
Schein literarischer Bildung geben und, den großen Chorus jenes

kleinen Häuschens repräsentirend, ihre Häupter ebenfalls mit gar bedenklichem Ernste niedersenken, wenn jenes die Köpfe schüttelt. Unter so bewandten Umständen macht in Stuttgart derzeit kein recitirendes Drama ein ersichtliches Fiasco und selten schlägt eines entschieden durch: der sogenannte Juchhe beklatscht Alles und der intelligente Stuttgarter manifestirt seine Verstimmung nicht durch lautes Zischen, wie das in den Theatern anderer Städte Gebrauch ist. Er verhält sich auch gegenüber dem Mittelmäßigen und Schlechten in der Regel passiv und meidet nach einer erlebten Enttäuschung nur für einige Zeit schweigend den Besuch des Schauspiels wieder, weil er aus Erfahrung weiß, daß sein Ruf nach Verbesserung doch kein Gehör fände. Wer dieß Motiv übersieht, den muß wohl das Benehmen der Stuttgarter in ihrem Hoftheater manchmal sehr befremden und er wird geneigt sein, ihnen eine starke Dosis von Kälte oder Mangel an Urtheilsfähigkeit zuzusprechen. Dennoch sind sie Alle im Grunde recht heißblütig, und man kann nicht nur in den gebildeteren Gesellschaftskreisen die zutreffendsten Urtheile, sondern auch im Gros der Bevölkerung die kern= gesundesten Aeußerungen dutzendfältig vernehmen. Für eine Leitung, welche gern mit hohlen Theatercoups glänzen möchte und letztere mit dem Wesen der dramatischen Kunst verwechselt, ist dieß ein aller Manöver des artistischen Dirigenten spottendes Publikum. Eine von echtem Kunst=Speculationsgeist beseelte Direction würde jedoch die bedeutungsvollen Winke nicht ver= kennen, welche ihr gerade aus diesen Localzuständen den richtigen Weg manchmal mit wahren Kolbenschlägen andeuten. Die dermaligen Lenker des Hoftheaters aber scheinen weder diese Keulenschrift zu begreifen, noch überhaupt dem feinern Cultur= bedürfniß der Zeit entgegenkommen zu wollen. Der Schrift= steller Wehl und der Geh. Hofrath Wehl sind zwei grund= verschiedene Wesen: jener entwickelt auf dem Papier Grundsätze

und liebäugelt mit seinen literarischen Standesgenossen; dieser
scheint eine eigene Ueberzeugung gar nicht zu besitzen oder steht
wenigstens als artistischer Leiter der Hofbühne nicht für seine
Ueberzeugungen ein. Während er z. B. in den „Blättern
für literarische Unterhaltung" durch Kritiken über neuere
Dramen von hohem Gaul herab den vornehmen Aesthetiker
spielt, wagt er den Stuttgartern scenische Arrangements zu
bieten, die vor dem Matrosenpublikum eines dritten Hamburger
Vorstadttheaters wohl eher am Platze sein möchten, als vor den
Theaterbesuchern einer süddeutschen Residenzstadt! Während er z. B.
in dem officiellen Organ der Dramatiker, in der Wochenschrift
„Neue Zeit", den lebenden Bühnendichtern eine zeitgemäße
Einrichtung der klassischen Dramen zur Pflicht macht (ein Vor=
schlag, mit welchem er, nebenbei bemerkt, schon früher von Herrn
v. Hülsen in Berlin privatim abgewiesen wurde und welcher ohnehin
nicht unter den der Genossenschaft zunächst obliegenden Wirkungs=
kreis rangirt) inscenirt er selbst in Stuttgart die Klassiker
mit Verunstaltungen, die geradezu haarsträubend sind. Wir
versprachen schon oben, Belege für diese Behauptung zu liefern.
Hier wollen wir nun aus dem schockweise aufgehäuften Material
eine kleine Blumenlese einschalten und dann unsern Lesern über=
lassen, in welche Kategorie von Bühnenreformatoren sie Herrn
Wehl künftig zu registriren für passend erachten.

In Schillers „Wilhelm Tell" streicht Wehl, obwohl
ihm die benöthigten Gesangskräfte zur Disposition ständen, den
so charakteristischen Anfang der Introductionsscene. Dagegen
ist der Schluß des fünften Actes im ungefälschten Text ihm
nicht wirkungsreich genug und er hängt den Schlußworten
Rudenz':

   „Und frei erklär' ich alle meine Knechte"

nochmal die sodann vom Chor zum Drittenmal zu wiederholen=
den Verse aus der Rütli=Scene an:

„Wir wollen sein ein einzig Volk von Brüdern,
In keiner Noth uns trennen und Gefahr."

Daß diese zwei herrlichen Verse, als Schluß des Schauspiels
verwendet, nicht mehr recht zur Situation passen und hier nur
eine unkünstlerische, auf das feinere Gefühl abkühlend wirkende
Dissonanz erzeugen, kümmert Herrn Wehl nicht. Er hat eben
den Juchhe im Auge, obwohl er mit derlei Geschmackslosigkeiten
schon oft (und auch im vorliegenden Fall) selbst bei den obern
Gallerien gewaltig abblitzte. Solchen Entstellungen conform
ist denn auch die Rollenbesetzung und Inscenirung hie und da
roh. So wird z. B. der Attlandammann Reding durch
einen Komiker besetzt und dadurch der Eindruck der herrlichen
Rütli-Scene zerstört; zur Wiese bei Altdorf (Act III, Scene 3)
wird, obgleich Schiller ausdrücklich einen Gletscher-Prospect vor-
schreibt, ein Flachland-Prospect gewählt und es muthet den
Zuschauer seltsam an, wenn sein Auge auf der Decoration
nicht einmal die leiseste Andeutung auch nur eines Hügels
von Maulwurfshöhe erblicken kann, indeß Tell seinem Knaben
die sich bis in den Himmel verlierenden Firnen zeigt und von
der Gefahr der Lawinen für den Flecken Altdorf spricht u. s. w.
In Shakespeare's „Romeo und Julia" erhält der Zuschauer
u. A. auch den Augenschmaus eines eingeworfenen ziemlich
modern aussehenden Ballets.

Massenbalgereien der Statisterie auf offener Scene, Sturm,
Donner und Blitz sind in Wehls artistischem Register ein Artikel,
der stets aufs Höchste ausgebeutet wird, wo sich hiezu Gelegenheit findet oder auf Grund irgend einer Andeutung des Dichters
dieser Coulissen-Spectakel wenigstens bei den Haaren herbeigezogen werden kann. Ja er liebt es sogar, mit derlei Zu-
thaten die Autoren manchmal auch da zu beschenken, wo ihm
in der Dichtung diese Gelegenheit versagt wurde. So inscenirte
er z. B. im verflossenen Frühjahr das Erstlingsproduct eines

jungen österreichischen Dichters „Maria Stuart in Schott=
land" von Wilh. v. Wartenegg. Da ist Ruthven, der grimmige
Bösewicht des Stückes, in die Hofdame Argyle verschossen, er=
hält am Schluß des vierten Actes von ihr einen pflichtschuldigen
Korb und geht im fünften so ziemlich dramatisch zu Grunde.
Das war Herrn Wehl nicht genug, ihm fehlte zum vierten Act
der wahre Coulissen=„Drucker". Und was that der geniale
Mann? Während Ruthvens Liebesseufzern ließ er hinter der
Scene den Lärm eines gewaltigen Donnerwetters los, ein Blitz=
strahl fuhr durchs Fenster auf die Bühne und Ruthven fiel
todt neben der ebenfalls in Ohnmacht sinkenden Argyle nieder.
Das Publikum klatschte nicht über diesen Unsinn und der Herr
Geh. Hofrath ließ beim Fallen des Vorhangs sein Gesicht ver=
blüfft im Schatten der Intendanz=Loge verschwinden, mußte jedoch
auf allgemeines Verlangen bei der Wiederholung des Stückes
diese Actschlußscene in der ursprünglichen Fassung nach Vor=
schrift des Autors herstellen, und da zeigte sich's, daß der junge
österreichische Lieutenant am ersten Abend wirklich nur durch das
Ungeschick seines Stuttgarter Mentors gar so arg bloßgestellt
worden war. Die Scene erprobte sich als bühnenwirksam und
zählt noch zu den bessern des nicht ohne Talent geschriebenen
Erstlingsversuches.

Mit einem ganz ähnlichen Coup verbesserte Herr Wehl
auch A. Wilbrand's „Grafen von Hammerstein". Da findet
sich ein Auftritt eingefügt, in welchem sich die Irmgard mit
dem verzweifelten jungen Priester Eckard herumbalgt. Das
Fenster, an welches Eckard während des Ringens anprallt,
bricht klirrend zusammen, Eckard fällt durch und bricht den Hals!
In desselben Dichters Lustspiel „Jugendliebe" scheint
sich Herr Wehl ebenfalls durch eine Text=Correctur verewigt
zu haben. Bei der Darstellung fiel uns die Ungleichheit des
sprachlichen Colorits auf. Da übergoß u. A. Fräulein Adel=

heid von Rosen den Herrn von Bruck wiederholt mit einer ganzen
Menagerie von Liebesbezeugungen, als da z. B. sind „du
Kameel, du Rhinoceros, du Bär, du Klapperschlange" u. s. w.
Nach der Aufführung drückten wir über diese heutzutage in
adeliger Gesellschaft doch wohl etwas ungewöhnlichen Sprach=
formeln unser Befremden aus und erhielten aus den Kreisen
des mitspielenden Personals die Versicherung: die Menagerie
stamme nicht von Wilbrand, sondern aus der Feder des Herrn
Geh. Hofraths!

Dr. Wehl weiß auch den Erfahrungssatz, daß viele Theater=
besucher die glücklichen Ausgänge einem tragischen Schluß vor=
ziehen, höchst weise zu verwerthen. In seiner Neubearbeitung
des Iffland'schen Drama's, „das Gewissen", wird der Ver=
brecher Talland schließlich von seinen Kindern als der beste
aller Väter gefeiert und mit einem sogenannten „Schwanz"
voller Sentimentalität dem verblüfften Publikum die Versöhnungs=
scene mundgerecht zu machen versucht.

In der Handhabung des Rothstifts documentirt Herr
Wehl ebenfalls eine Geschicklichkeit, die mit der Stärke seiner
dramaturgischen Feder auf gleicher Stufe steht. Unentbehrliches
wird beseitigt, Entbehrbares beibehalten. So fehlt z. B. in
der Stuttgarter Bühneneinrichtung von Schillers „Maria
Stuart" die Rolle des Staatssecretärs Davison gänzlich und
der vierte Act schließt schon mit Elisabeths Monolog im zehnten
Auftritt, wodurch gerade einige der feinsten psychologischen
Meisterzüge des Werkes für diesen und für den Schlußact
verwischt sind. In Schillers „Fiesco" sind im fünften Act
die zwei kurzen Uebergangsscenen gestrichen, die zwischen dem
Abgehen des Titelhelden von der Leiche seiner Gattin und
zwischen Verrina's letztem Auftreten liegen. Statt dessen bleibt
die Scene leer, bis sich Fiesco hinter den Coulissen mit dem
Krönungsornat bekleidet hat und sodann dem von der andern

Seite nahenden Verrina entgegen eilen kann. Dieß Arrange=
ment macht einen halb widerlichen, halb komischen Eindruck.
Widerlich, weil durch den gemachten Strich für den Helden
das Motiv zur Umkleidung weggefallen ist und derselbe nun=
mehr schon wegen der hochtragischen Situation, in der er steht,
als ein wahrer Putznarr erscheint; komisch, weil seine nunmehr
ebenfalls unmotivirte Rückkehr gerade so aussieht, als hätte
er den Purpur nur zu dem Zweck so schnell hinter den
Coulissen hervor geholt, um sich mit demselben noch rasch ins
Wasser werfen zu lassen. Wir wissen nicht, ob ein Theil
solcher Jobsiaden, deren sich im klassischen Repertoir Stuttgarts
noch gar manche aufzählen ließen, vielleicht schon unter Herrn
v. Gall eingeschleppt worden waren. Jedenfalls aber bestehen
sie noch bis zur Stunde, und wenn wir auch nur die unzweifel=
haft von Wehl selbst herstammenden Einrichtungen ins Auge
fassen, so scheint kaum mehr zweifelhaft zu sein, daß man nach
einer durch ihn bewerkstelligten Rectification aller seit Jahren
eingenisteten Unzukömmlichkeiten am Ende aufschreien müßte:
Vom Regen unter die Traufe!

Auch als Interpret klassischer Stellen hat sich Herr Wehl
schon gar eigenthümlich erprobt. So theilte er z. B. im „Lied
von der Glocke" der Jungfrau die Worte zu:

„Mit dem Gürtel, mit dem Schleier
Reißt der schöne Wahn entzwei."

Vom Recensenten eines Localblattes auf diesen Verstoß
aufmerksam gemacht und ersucht, bei der Wiederholung die
citirten zwei Verse doch lieber von der Mutter sprechen zu lassen,
rechtfertigte er seine Eintheilung mit dem wahrhaft salomo=
nischen Ausspruche: „Der Recensent habe sich unter einer
Schiller'schen Jungfrau keinen Backfisch vorzustellen, sondern
eine Person, die längst wisse, wo Barthel den Most hole!"
Hiernach möge sich der Leser vorstellen, wie es sich erst gegenüber

von wirklich dunkeln Stellen und schwierigen Charakteren mit
den Aufklärungen und Winken verhält, welche das Personal
von seinem artistischen Leiter zu erwarten hat. Die Anecdoten,
die hierüber in der Stadt cursiren, entziehen sich dem Zweck
unserer Darstellung, und wir nehmen davon nur in sofern
Notiz, als sich deren Wirkungen auch auf den Brettern zeigen.
Dort vermissen wir ein ersichtliches Streben nach einem großen
einheitlichen Kunststyl, dem Conversationston mangelt nicht
selten die Natürlichkeit und Eleganz, die Grenzscheiden zwischen
der höhern Komik und dem Possenhaften erscheinen verwischt,
der Pathos leidet häufig an hohler Dehnung, an Stelle des
innerlichen Lebens tauchen häufig schale Coulissen-Effecte auf
und darüber verflüchtigt sich der Geist der Dichtungen, deren
Auswahl ohnehin zum überwiegend großen Theil an eine schon
mit den vierziger Jahren zu Grabe gegangene Geschmacksrichtung erinnert.

Rücksichtlich des letztern, nämlich der Aufstellung des Repertoirs, vermißt man alle und jede Initiative. Die Auswahl der
Neu-Inscenirungen erfolgt entweder aus einer Reihe von Stücken,
die irgendwo und unter ganz andern Verhältnissen vor Jahrzehnten gefallen hatten, oder besten Falles und nicht mit sehr
tactvoll zu bezeichnendem Umblick aus der Zahl der an reg-
sameren Bühnen bereits abgespielten und theilweise schon wieder
zurückgelegten Novitäten. Ein paar schüchterne Versuche, selbstständig voranzuschreiten, wurden, weil sie Mißgriffe waren, vom
Publikum mit Kopfschütteln begrüßt und von der Direction
wieder aufgegeben. Aus der Art so mancher Inscenirungen
ist ersichtlich, daß der artistische Leiter sich nicht durch seine
eigene Urtheilskraft und Erfindungsgabe berathen kann, sondern wesentlich auf Nachahmung dessen beschränkt ist, was er
schon früher irgendwo mit seinem physischen Auge auf den
Brettern verkörpert sah. Da wird denn aber auch blind nach-

geahmt, ohne die Modificationen eintreten zu lassen, welche
von den Räumlichkeitsverhältnissen der Hofbühne bedingt sind.
So adoptirte z. B. Wehl für Shakespeare's „Hamlet" die
englische Bühneneinrichtung, indem er die Geistererscheinung
im ersten Act auf eine erhöhte Terrasse mit Leuchtthurm in die
Tiefe stellte und dem Schauspiel in der Tragödie den Vorder=
grund anwies. Das macht sich auf sehr geräumigen Bühnen,
wo für die Tiefe die benöthigte Perspective zu gewinnen und
auf der Scene Raum zur Aufstellung eines erhöhten Theaters
vorhanden ist, recht gut. Die Stuttgarter Bühne aber ist
klein, da muß unbedingt die Geistererscheinung in den Vorder=
grund und das Schauspiel unter einen erhöhten Einschnitt
des Prospectes gestellt werden, sonst verwischt sich letzteres für
den nicht schon ohnehin mit dem Gang der Handlung be=
kannten Zuschauer zu einem unverständlichen Wirrwarr, und
erstere erscheint gedrückt und unnatürlich, weil der Leuchtthurm
allzu sehr nur einer den Acteurs vor der Nase hängenden Lampe
gleicht und Bernardo, Horatio, Marcellus und die beiden
Hamlet sich auf der schmalen Terrasse förmlich verrenken
müssen, um bei ihren Hin= und Herbewegungen nicht über
einander zu purzeln. Dieser Mangel an praktischem Scharf=
blick ist wohl auch der eigentliche Grund der auffälligen
Lethargie, welche sich jeder gesunden Luftströmung ängstlich
verschließt. Das Gefühl der Unzuverlässigkeit des eigenen Ur=
theils drängt natürlich zu tausenderlei quälenden Rücksichten
und verstrickt zuletzt sein Opfer in fast sclavisch zu nennende
Abhängigkeitsverhältnisse. Daher überrascht uns auch die kaum
zu bezweifelnde Thatsache nicht, daß Herr Geh. Hofrath Wehl
nur noch als Journalist mit seiner Theorie sich auf der Höhe der
Zeitanforderungen erhielt und als Director mit seiner Praxis
bereits ins Lager der willkürlichen und geheimen Theatercensur
übersiedelte, von welcher wir später noch zu sprechen haben

werden. Für jetzt genug von ihm und den zerfahrenen Hof=
bühnenverhältnissen Stuttgarts, wohl von beiden schon mehr
als genug, um sie als mitlaufenden Beleg für die Dringlich=
keit der Vorschläge zu berücksichtigen, die sich aus der allgemeinen
Versumpfung der Bühnenzustände nicht bloß für eine einzelne
Stadt, sondern für das deutsche Reich ergeben und in den
späteren Abschnitten dargelegt werden sollen.[1]) Hier sei nur
noch einer Anregung anderer Art Raum gegönnt.

[1]) Wem es scheinen möchte, daß wir den Herrn Hofrath Wehl denn
doch vielleicht zu eingehend anatomirten, für den wollen wir nur beiläufig
noch bemerken, daß wir im vorliegenden Falle nicht bloß die maltrai=
tirte dramatische Kunst, sondern überdieß auch noch die Ehre
Stuttgarts und des Stuttgarter Schriftstellerstandes zu
wahren hatten. Von Zeit zu Zeit tauchen in auswärtigen Journalen
Berichte, deren Quelle nicht in den geachteten Kreisen der Stuttgarter
Publicistik aufzufinden ist, mit seltsamen Invectiven gegen die Stuttgarter
Einwohnerschaft auf. Nur beispielsweise wollen wir hier einen derselben
citiren. In Nro. 20 der „Allgemeinen Theater=Chronik, Organ
für das Gesammtinteresse der deutschen Bühnen und ihrer
Mitglieder" vom 14. Mai 1871 wird in einem „Stuttgart" über=
schriebenen längern Artikel auf das in der Bühnenwelt herrschende „Vaga=
bundenthum" im Gegensatze zur anzustrebenden „idealen Richtung" hin=
gewiesen und dann fortgefahren: „Zu den wenigen Ausnahmen nun zählt
unser Stuttgarter Hoftheater, seit Feodor Wehl die artistische Direction
übernommen." Wehl müsse aber in Stuttgart „Spießruthen laufen.
Er ist ein Fremder, ein Norddeutscher. Das particularistische
Element der Deutschen ist etwas ihnen Eigenartiges. Es ist ein Ausfluß
ihres National=Temperaments, das im Süden eine andere Gewandung
trägt als im Norden." Sehr gegen die Kunstinteressen verstoße, „daß
Feodor Wehl als ein Eindringling betrachtet wird, der, so
folgert man begreiflicher Weise weiter, alles Einheimische und Vorhandene
zu vertreiben, zu verdrängen trachtet. So kommt es, daß alle neu Enga=
girten mit Strenge und Härte behandelt und schließlich als seine Geschöpfe
betrachtet werden." Ferner: „Leider fehlt hier in Stuttgart der Strom,
der trägt und fortreißt. Es gruppiren sich hier gar keine litera=
rischen Interessen um das Theater. Vielleicht weil die Presse im Großen

Der Unmuth der Stuttgarter über die rückgängige Ent=
wickelung der Hofbühne scheint unter der Einwohnerschaft den
Wunsch nach dem Besitz eines zweiten Theaters rege gemacht
zu haben. Wir bezweifeln nicht, daß über kurz oder lang ver=
und Ganzen es versäumt, diese anzubahnen" u. s. w. Dann: „Ohne
theilnehmendes Entgegenkommen muß die artistische Direction unsers Hof=
Theaters unter mühevollen Kämpfen ihre redlich gemeinte Kunstwallfahrt
e i n s a m z u r ü c k l e g e n. Freilich kommt sie auf diesem Wege langsamer
vorwärts. Wie Dr. Wehl indeß auf seiner literarischen Laufbahn stets
als ein standhafter und vornehmer Charakter sich bewährt, so wird er
jedenfalls auch jetzt unbeirrt für die Veredlung und Hebung unseres
Kunstinstituts weiter vordringen." Und zum Schluß: „Genug, was
Feodor Wehl bisher durch seinen strengen, aber liebenswürdigen Eifer
für unsere Hofbühne geleistet, stellt sich uns dar als das Resultat seiner
literarischen Arbeitsfreudigkeit, als das sittliche Resultat seines ehrlichen
kunstliebenden Strebens!" — Putzt dieser Bericht Herrn Wehl nicht zu
einem wahren K u n st = M i s s i o n ä r auf, der nur das Unglück hatte, in
Stuttgart unter eine r o h e B a r b a r e n h o r d e v o n T h e a t e r p u b l i =
k u m u n d S c h r i f t st e l l e r n zu gerathen, welche ein „s i t t l i c h e s
R e s u l t a t" nicht zu würdigen verstehen? Solcher uncharakterisirbaren
F ä l s c h u n g d e r T h a t s a c h e n gegenüber müssen wir laut constatiren,
daß es bis zur Stunde in Stuttgart noch keiner e i n z i g e n urtheilsfähigen
oder einflußreichen Persönlichkeit einfiel, Herrn Wehl d e ß h a l b, weil er
kein S ü d d e u t s c h e r ist, auch nur die geringste Opposition zu machen,
daß vielmehr sowohl die l o k a l e T a g e s p r e s s e als auch das P u b l i =
k u m ihm auf's zuvorkommendste hofirte, so lange nicht H e r r W e h l
s e l b st von den Brettern herab sich durch Mißgriff nach Mißgriff auf's
ärgste bloßgestellt hatte. Wir erinnern an die vielen empfehlenden Artikel,
mit welchen die Stuttgarter Blätter ihn auf Treu und Glauben schon
während des letzten Vierteljahres 1869 introducirten, sobald seine Ernen=
nung bekannt geworden war. Wir erinnern auch an den journalistischen
Nachhall unsers eigenen am 23. Jan. 1870 vor der Elite Stuttgarts
gehaltenen dritthalbstündigen mündlichen Vortrags über die „Funda=
mentalgrundsätze einer reformatorischen Theaterleitung" z. B. in Nro.
21 des „S c h w ä b i s c h e n M e r k u r", in Nro. 21 von „U e b e r L a n d
und M e e r", in Nro. 15 und Nro. 22 des „N e u e n T a g=
b l a t t e s", in welchen, zum Theil mit schmeichelhafter Hindeutung auf die

sucht werden wird, diesen Wunsch unter dem Schutz der neuen
Reichsgewerbe=Gesetzgebung zu realisiren. Wie unsere Leser
aus einer frühern Bemerkung ersahen, sind wir persönlich kein
Verehrer derjenigen Paragraphen der neuen Gewerbe=Ordnung,
durch welche das Theater zu einem bloß materiellen Geschäft
erniedrigt und die Errichtung neuer Bühnen der Privat=
speculation überantwortet wurde. Was die dramatische Kunst
zu ihrem Neuerblühen bedarf, das ist Freiheit in ihrer innern
Entwickelung, nicht Ungebundenheit in beliebiger Vermehrung
der Schauspielhäuser. Letztere kann nur das Gegentheil von dem
erzeugen, was durch das Gesetz angestrebt werden wollte: sie
macht thatsächlich die Kunst unfrei und gefährdet die unentbehr=
lichen Vorbedingungen ihrer Existenz. Soll ein Theater ge=
deihen, so bedarf es vor Allem hinter sich ein hinlänglich zahl=
reiches Publikum, um durch Erzielung voller Häuser des
Kampfes mit den materiellen Sorgen enthoben zu sein. In

von Wehl zu erhoffende Reform der Stuttgarter Hofbühne, das leb=
hafteste Interesse sowohl der Stuttgarter Einwohner=
schaft als auch der Stuttgarter Schriftstellerwelt an der
dramatischen Kunst wahrlich sehr vernehmbar manifestirt wurde. Wir
selbst haben noch bis zum 29. December 1870, also ein volles Jahr
lang, z. B. in der „Allgemeinen Zeitung" Herrn Wehl, seine
Mißgriffe theils mit der Unerfahrenheit, theils mit den störenden
Kriegsereignissen entschuldigend, nach Kräften zu fördern gesucht und
wendeten uns erst dann von ihm ab, als auch nach dem Friedens=
schlusse von seinem vorgeblichen Reformplan nur das Gegentheil
zu Tage trat. Wir können also mit Recht sagen, daß in dem Versuch,
Herrn Wehl auf Kosten der Ehre Stuttgarts und seines Schriftsteller=
standes zu einer Genialität hinaufzuschrauben, ein uncharakterisirbar
dreistes Benehmen zu constatiren war. Die Wahrheit ist, daß die
Intelligenz Stuttgarts Herrn Wehl längst gründlich, aber nur deßhalb
aufgab, weil nach Schopenhauers sehr richtigem Ausspruche in der Kunst
der „gute Wille" allein gar nichts taugt, wenn er nicht mit „Talent"
gepaart ist.

einer Stadt, in der mehr Theater erstehen, als das schau=
lustige Publikum zu füllen vermag, ist diese erste Vorbedingung
vernichtet und sind die Unternehmer bald gezwungen, die
ästhetische Kunstpflege mit einer minder kostspieligen Richtung
zu vertauschen, d. h. auf wirkliche Künstler zu Gunsten eines
bloßen Vaudeville=Personals zu verzichten und nur ein Repertoir
niedrigster Gattung zu cultiviren.

Was nun Stuttgart anlangt, so ist dasselbe, auch eine
jährliche Vermehrung um fünf= bis sechstausend Einwohner
vorausgesetzt, noch für Jahrzehnte lang nicht groß genug, um
für zwei Bühnen hervorragenden Ranges ein hinlänglich
zahlreiches Publikum zu besitzen. Die dermalige Größe der
Stadt reicht gerade für eine Kunstbühne aus, und höchstens
dürfte sich daneben noch ein Vaudeville=Theater mit kleinem
Personal leiblich behaupten können, es müßte denn sein, daß
die Hofbühne auch nach Erstehung eines zweiten Theaters in
ihrer dermaligen Stagnation beharrte und dadurch sogar die
bis jetzt ihr noch treu gebliebene Fraction der Theaterfreunde
dem neuen Institut in die Arme triebe. Man wird unsere
Ansicht nicht pessimistisch nennen können, wenn man die in
Stuttgart gewöhnlich sehr heißen Sommermonate und die
schöne Umgegend, welche selbst gegenüber den trefflichsten
Leistungen alljährlich während etwa vierzehn Wochen oder wohl
noch länger die unbesieglichen Gegner eines guten Theater=
besuches bleiben werden, in gehörigen Mitanschlag bringt.

Sonach läge eine sowohl den bestehenden Verhältnissen
als dem Kunstbedürfniß am meisten entsprechende Lösung der
Krisis vorerst noch in einer radicalen Reform des Hoftheaters,
wodurch die Concurrenzlust von selbst auf das ihr zuträgliche
Maß, nämlich auf eine sogenannte Vaudeville= und Volksbühne,
beschränkt bliebe, ja vielleicht ganz entmuthigt würde. Zu
einer solchen Reform, die vor Allem auch die Beseitigung der

geheimen Censurschranken und Privateinflüsse in sich schlöße,
scheint jedoch wenig Aussicht vorhanden zu sein, und so wird
ohne Zweifel das Kunstbedürfniß der Stadt dennoch sich auf
anderem Weg Befriedigung zu verschaffen suchen.

Und da gäbe es denn wohl noch ein zweites Auskunfts=
mittel, von dem ebenfalls eine glückliche Entwirrung des Kno=
tens zu erwarten sein dürfte. Wir wollen es nachstehend
flüchtig andeuten, weniger in der Hoffnung, in Stuttgart davon
Gebrauch gemacht zu sehen, als vielmehr im Hinblick auf die
homogenen Verhältnisse in einigen andern Städten, von welchen
vielleicht die eine oder die andere sich unserm Vorschlag zu=
neigt. Sind wir nicht ganz irrig berichtet, so betrachtet der
Allerhöchste Hof sein Theater schon seit geraumer Zeit als eine
schwer auf die Civilliste drückende Last, der er gern enthoben
sein möchte. Stuttgart raffe sich zu dem Muth auf, das bis=
herige Hoftheater in städtische Verwaltung zu übernehmen und
zu einem wirklichen deutschen Nationaltheater umzugestalten.
Die größte daraus erwachsende Schwierigkeit — nämlich die, welche
aus den Pensionsansprüchen in Folge rechtskräftig bestehender
Verträge erwüchse — wäre wohl durch einen Modus zu über=
winden, durch den die städtischen Kassen n i c h t belastet und
die Civilliste a l l m ä l i g g a n z entlastet würde. Die Opfer,
welche der Etat für die Erhaltung des Instituts im Anfang
etwa erheischte, könnten nicht auf die Dauer groß sein. Die
ihrer bisherigen Stagnation entrissene und mit ihren Leistungen
sich auf die Höhen der Zeitcultur aufschwingende Bühne müßte
in Kurzem Jahreseinnahmen erzielen, welche diejenigen des
jetzigen Hoftheaters um etwa 100,000 Gulden überstiegen.
Und sollte die Umwandlung auch, wie das z. B. im w e i t
m i n d e r b e v ö l k e r t e n M a n n h e i m der Fall ist, den Ein=
wohnern für längere Dauer eine kleine Jahressteuer auflegen,
so überragte doch der hieraus für die Stadt erwachsende Ruhm

und Vortheil weit ein solches Opfer. Das kleine Weimar
zehrt noch heut von den Nachwirkungen der Ehre, vor Jahr=
zehnten einmal die tonangebende Bühne Deutschlands be=
sessen zu haben. Durch die Umwandlung des deutschen Staaten=
bundes in ein Kaiserreich haben die mittlern Residenzstädte
einen Theil ihres bisherigen politischen Einflusses und ihres
politischen Ansehens verloren. Sie müssen den Ersatz hiefür
jetzt darin suchen, daß sie Centralpunkte der Intelli=
genz und Cultur werden. Darin liegt fortan ihre Bedeu=
tung und die Bedingung ihrer künftigen Größe. Diesen neuen
Beruf zu erfüllen gehört, wie wir in einem spätern Abschnitt
nachweisen werden, in erster Reihe ein gutes Theater. Stutt=
gart vor Allem hat, als Metropole des süddeutschen Buch=
handels, noch eine ebenso schöne als große Mission vor sich.
Es würde sein Ansehen und zugleich seine wahren Interessen
schwer schädigen, wenn es innerhalb seiner eigenen Mauern die
Theaterfrage im Moment, wo sie noch erfreulich zu lösen ist,
hoffnungslos verwirren ließe.

V.

Heinrich Laube und Richard Wagner.

In den unmittelbar vorangegangenen zwei Abschnitten
wurden zwei Richtungen beleuchtet, die ohne ersichtlichen Einfluß auf den Gang der andern Bühnen geblieben sind. Dennoch sehen wir die Mißgriffe, welche von uns an den beiden Hoftheatern zu München und Stuttgart hervorgehoben wurden,
mehr oder minder auch anderwärts wiederkehren. Die Mehrzahl der Hofbühnenleitungen ist geschildert, wenn wir bemerken, daß sie, ohne eine wesentlich verschiedene Specialität zu
bilden, theils an den der Münchener, theils an den der Stuttgarter Theaterleitung anhaftenden Gebrechen leiden. Wir brauchen
also, um das allgemeine Bild der dermaligen Theaterzustände
zu complettiren, nicht eine Monographie jeder einzelnen Hofbühne zu liefern. Nur dem ersten königlichen Schauspielhause
in Berlin werden wir später noch eine besondere Aufmerksamkeit zu widmen haben.

Zunächst schreiten wir nun zu zwei andern Erscheinungen
vor, deren Rückwirkungen weit über die localen Grenzen ihrer
Geburtsstätte hinausreichen und, die augenblickliche Charakter-
Nuance der modernen Bühne bestimmend, die Theaterkrisis
einer unvermeidlichen Katastrophe entgegen zu treiben scheinen.
Das sind: von Oben herab die Acht gegen die Ethik auf den
Brettern durch die neuestens noch verschärfte geheime Hoftheater-

Censur, und von Unten herauf die Erhebung einer bloß vom äußerlichen Theatermechanismus abstrahirten Zwangsjacke zum Hauptgesetz der Dramatik. Im vorliegenden Abschnitte haben wir es nur mit der letzteren Erscheinung zu thun.

Indem wir den Ausdruck „Zwangsjacke" gebrauchen, müssen wir uns vor Allem gegen die Unterstellung verwahren, als meinten wir damit diejenigen Einschränkungen, welche dem Dramatiker durch die innern Gesetze des Drama's selbstver= ständlich auferlegt sind. Nein! Auch wir stellen die Form sehr hoch und sagen: ohne Form ist die Schöpfung eines zündenden Theaterstückes unmöglich. Nur darf man mit der theatralisch zulässigen Form nicht eine ins Extrem ausgeartete Schablone derselben verwechseln, nur darf man die Knappheit des Aus= drucks nicht bis zu einem alle Poesie erstickenden Grade steigern wollen, nur darf man gerade nicht wörtlich mit der Uhr in der Hand die zulässige Spielzeit für jede einzelne Scene oder jeden einzelnen Act nach Sekunden und Minuten abgrenzen wollen, sondern muß das passende Längenmaß aus dem Inhalt des Werkes selbst abstrahiren. Sonst läßt man das Wesen von der Form zerstören, statt ihm durch diese den convenirenden Körper zu sichern.

Die Ausdrücke „Mache" und „Drucker" sind in der Theaterwelt seit etwa zwanzig Jahren technische Schlagwörter geworden und Jeder, der sie aussprechen hört, denkt dabei wohl zunächst an Heinrich Laube, welcher sie, wenn auch nicht gerade erfunden, doch in Schwung gebracht hat. Wir bemerken das als Thatsache, ohne vorerst einen Tadel oder ein Lob daran knüpfen zu wollen. In Laube begegnen wir einer Persönlichkeit, deren dramaturgische Aussprüche zur Zeit nicht nur für manche Bühnenleiter und Theaterberichterstatter, son= dern auch für einen nicht ganz kleinen Theil des deutschen Publikums als Orakelsprüche gelten. Ist auch die Höhe dieses

Ansehens theilweise mit künstlichen Mitteln erzeugt und durch
die bekannten Leipziger Vorfälle gerade bei den edelsten
Theaterfreunden schon bedenklich wieder herabgestimmt worden,
so können doch selbst Laube's erbittertste Gegner, wenn sie
gerecht urtheilen wollen, nicht leugnen, daß er ebenso wenig
durch eine bedingungslose Verwerfung, als durch die Posaunen=
stöße seiner Parteigänger zutreffend charakterisirt ist. Laube
vertritt für das Schauspiel das entgegengesetzte Extrem von
dem, was Richard Wagner in der Oper anstrebt: jener
(Laube) ist einseitiger Realist, d. h. er macht das Streben
nach Naturwahrheit so sehr zum höchsten und einzigen Zweck
des Drama's, daß ihm darüber nicht nur der Conner mit dem
poetischen Ideal, sondern auch der Darstellungs=Styl für die
klassisch=dramatische Literatur abhanden kam; dieser (Wagner)
ist einseitiger Idealist, d. h. er betrachtet das Ideal als einen
Gegensatz zur Naturwahrheit und weist der künftigen Schau=
bühne eine Stellung an, in welcher das natürliche Band mit
dem realen Leben zerrissen erscheint und auf dem Wege der
Dialectik erst wieder erkünstelt werden soll. Eine weitere Aus=
führung dieser Parallele würde zu interessanten Schlüssen
führen, jedoch müssen wir diese bei anderer Gelegenheit zu
ziehen versuchen, da das vorliegende Werk zunächst den Schau=
spiel=Reformfragen gewidmet ist und ein Eingehen auf die
Opernkrisis hier von dem uns vorgesteckten Zwecke zu weit
abführen würde. Die Opernreform hängt nicht in der Weise,
wie die Schauspielreform, von Voraussetzungen ab, welche der
deutsche Staat durch Beseitigung eines unvernünftigen Geistes=
druckes erst zu schaffen hat. Daher ist sie eine von jener ge=
sondert zu behandelnde Frage.

Die fernere Zukunft der deutschen Bühne dürfte weder
in einem unmodificirten Siege der Laube'schen Bestrebungen,
noch in einer unmodificirten Verwirklichung des Wagner'schen

Programms zu erkennen sein, sondern in einer zwischen diesen zwei Extremen liegenden Richtung, durch welche weder das Ideal als solches vom Theater verbannt, noch als ein von der realen Wirklichkeit völlig losgeschältes Eigending behandelt wird. Das klingt wohl für manche Leser weder so geistreich, wie Laube's dramaturgische Theorie, noch so genial, wie Wagners Beschreibung des Kunstwerkes der Zukunft, es dürfte aber um so praktischer sein. Symptome, die unsere Ansicht zu bestätigen scheinen, glauben wir bereits in einzelnen neuern Werken solcher Dichter und Compositeure zu erkennen, an welchen, ohne sie zu blinden Nachahmern gemacht zu haben, der Wagner= Laube'sche Doppelkampf nicht unbeachtet vorübergeht.

Sonach liegt die Bedeutung sowohl Wagners als Laube's für die moderne Bühne in der, Beiden, wenn auch mit sehr verschiedenen Waffen, gemeinsamen Opposition gegen die vor= herrschende Formlosigkeit im Bereiche der dramatischen Kunst. Daraus erklärt sich nicht bloß, sondern rechtfertigt sich auch zum Theil der Einfluß, den jeder in seinem Fach auf das gegenwärtige Theater errungen hat. Im Uebrigen kennzeichnet schon der Gegensatz ihrer Bestrebungen den Abstand ihrer Talente. Laube's Gebilde entbehren der künstlerischen Originalität in demselben Grade, in welchem sie bei Wagner bis zur Phan= tasterie getrieben erscheinen. Dieser besitzt ein bis ins Schwär= merische gesteigertes Künstler=Naturell, jener eine zur Trocken= heit potenzirte Verstandesschärfe. Bei der allgemeinen Begriffs= losigkeit und Verwirrung, die hinsichtlich der theatralischen Zeitfragen im Publikum epidemisch geworden sind, konnte es nicht fehlen, daß Jeder von seinen Parteigängern zum Messias der dramatischen Kunst ausgerufen und mit Begeisterung als solcher vertheidigt wurde, während die tiefer Blickenden in Beiden die zwei Haupttriebfedern einer gegen den grassirenden Theaterunsinn gekehrten Reaction erblicken, aus welcher sich der

bleibende und wirkliche Gewinn für die Bühne erst heraus=
läutern muß.

Laube strebt das Theater auf eine Bahn abzulenken,
aus der es schon durch Altmeister Lessings geniale Verstandes=
klarheit glücklich emancipirt wurde. Wir verkennen zwar nicht,
daß seit Lessings Tagen auch die Franzosen in Handhabung
der dramatischen Kunstform große Fortschritte gemacht haben,
daß sie uns im Conversationsstück sogar entschieden überholten
und wir ihnen hierin gar Manches ablauschen könnten, vor=
ausgesetzt, daß es möglich wäre, die Vorzüge der französischen
Conversation im Deutschen einzubürgern, ohne zugleich auch
deren noch schwerer wiegende Verirrungen mit in den Kauf
nehmen zu müssen. Im ernsten Drama aber sind wir, sowohl
was die dichterische Kunstform als auch was die Darstellung
anlangt, den Franzosen weit voran. Erscheint schon die blinde
Aneignung ihres „Esprit" in Conversationsstücken als ein höchst
problematischer Gewinn, so liegt in dem Streben, die vom
Conversationsstück abstrahirte „Mache" zur vollendeten Kunst=
form für das gesammte Gebiet des recitirenden Drama's zu
stempeln, vollends ein gewaltiger Rückschritt. Damit langte
unser deutsches Theater auf einem Punkte an, bei dem die
Poesie und Kunst enden, und die Prosa und das Handwerk
beginnen. Das ist der große Irrthum Laube's und seiner
Schule. Statt an die nationalen Traditionen der klassischen
Theaterperiode Weimars anzuknüpfen, welche von Laube nur
oberflächlich gekannt zu sein scheinen und in seinem Buch über
das norddeutsche Theater allzu pedantisch gehofmeistert werden,
basirte er sein Reform=System auf die Angewöhnungen der
Pariser Theater und huldigte einem principiellen Naturalismus,
durch welchen der deutschen Schaubühne der zündende Stil
für die Darstellung unserer Klassiker, folglich für die theatra=
lische Verkörperung der höchsten Aufgaben der dramatischen

Kunst, verloren ging. Die Schule Laube's braucht, an Stelle
wirklicher Dichter, nur noch Virtuosen der „Mache", weil sie
zur Verkörperung poetischer Ideale keine Mimen heranzubilden
vermag.

Laube kann in seiner eigenen Vergangenheit Erlebnisse
finden, die geeignet zu sein scheinen, in ihm selbst einige
Zweifel gegen die Urwüchsigkeit seines Reform=Systems zu
wecken. Wir erinnern uns, daß er wenige Monate nach seinem
Rücktritt von der Leitung des Hofburgtheaters über dieses In=
stitut in der „Neuen freien Presse" Berichte veröffentlichte,
laut welchen damals die Leistungen desselben rasch bis fast
unter die Kritik herabgesunken waren! Nun fragen wir, worin
lag denn eigentlich der befruchtende Keim seines eigenen während
anderthalb Jahrzehnten dem Hofburgtheater gewidmeten Waltens,
wenn davon schon ein paar Wochen nach dem Verschwinden
des dirigirenden Meisters keine Spur mehr in den Darstellungen
des Personals ersichtlich war? Wir haben hierauf nur eine
Antwort: Die Dressur überdauerte die persönliche Anwesenheit
des Lehrers deßhalb nicht, weil der innere Gegensatz zwischen
realistischer Darstellung und poetischer Aufgabe dem Naturell
der Mimen widerstrebte und letztere sich vom bloß Angelernten
unwillkürlich wieder zu emancipiren strebten, sobald sie sich
unbewacht wußten; das Burgtheater schien mit dem Abgang
des Directors auch die Künstler deßhalb momentan verloren
zu haben, weil diese der bisherigen Dressur rasch den Rücken
zugekehrt, jedoch sich noch nicht wieder in einem andern Styl
zurecht gefunden hatten und vorläufig bloß lavirten. — Die=
selbe Erfahrung, die Laube in Wien an dem Personal des
Hofburgtheaters gemacht, machte er umgekehrt in Leipzig mit
dem Theaterpublikum. Er selbst deutet in seiner be=
kannten Leipziger Erklärung hierüber an, daß sein Wirkungs=
kreis in einer großen Stadt zu suchen sei, die für auftauchende

Picanterien einen hinlänglich zahlreichen Kreis zuströmender Bewunderer besitze. Nun bedürfen aber ohne Zweifel nur die mit der Aesthetik und ihren nationalen Traditionen auf etwas gespanntem Fuße lebenden Erkünstelungen der Habitué's einer großen Stadt: die dramatische Kunst selbst wird überall, wo überhaupt ein gutes Theater zu existiren vermag (und dies ist im intelligenten Leipzig vorzugsweise der Fall), sich heimisch fühlen und ausreichende Anerkennung finden können. Laube hatte sich mit den auch in ihren Kunstgenüssen echt deutsches Gefühl manifestirenden Leipzigern deßhalb so rasch überworfen, weil diese, bei aller Anerkennung seiner Virtuosität in Inscenirung der Conversationsstücke, die Meisterwerke unserer klassischen Heroen durch die realistische Darstellungsmethode allzu sehr entblütet und etwas verunstaltet fanden.

Man hat L a u b e hie und da schon, nicht sehr bezeichnend, den L e s s i n g der Gegenwart genannt. L e s s i n g verwendete seinen Scharfsinn auf die Läuterung der Kunst, L a u b e verwerthet seinen klaren Verstand im Solde dessen, was rasch und zündend in die Massen einschlägt: L e s s i n g brachte die unverbrüchlichen Gesetze der Dramatik zu klarem Verständniß, L a u b e klärt die theatrali= schen Kunstgriffe des Handwerks: L e s s i n g brach dem deutschen Geist freie Bahn, L a u b e cultivirt den französischen „Esprit": L e s s i n g kämpfte für das ewig Bleibende und für die gött= liche Würde der Kunst, L a u b e liefert für die Bühnenschrift= steller und Theaterleiter Zweckmäßigkeitsregeln zur Ausnützung des Tagesgeschmackes; L e s s i n g trat für die Ethik und für die Poesie auf der Bühne in die Schranken, L a u b e strebt der Convenienz und der Prosa den Sieg zu sichern; L e s s i n g zeigte den Dichtern und der Bühne den Weg zu g e i s t i g e r Größe, L a u b e den zu g l ü c k l i c h e r Speculation. Sohin ist letzterer ein echtes Kind seiner Zeit und sein Einfluß auf diese beschränkt, jener dagegen ein Reformator, der in seinen Werken fortleben und wohlthätig nachwirken wird, so lange eine deutsche Bühnenkunst besteht.

Dennoch schlagen wir Laube's Verdienste nicht gering an. Wie unsere socialen Zustände alle Merkmale eines Uebergangs= stadiums an sich tragen, so befindet sich auch die Kunst, und insbesondere die dramatische, in den Schwankungen eines Uebergangs. Daß da selbst die schroffsten Gegensätze aufeinander platzen und nach Geltung ringen, ist ebenso naturgemäß als förderlich. Aus dem Widerstreit der Meinungen und Bestre= bungen wird die Zeit herausläutern, was daran gut ist und dauernden Bestand erhalten soll. In einer Periode, in welcher die menschliche Gesellschaft nach neuen Stützen für das materielle Leben und die Kunst nach neuen Unterlagen für das Ideal ringt, ist kein Parteimann ohne Weiteres zu verurtheilen, auch wenn sein Streben unserm subjectiven Auge noch so verwerf= lich erschiene. Selbst die größte Verirrung scheint manchmal nöthig zu sein, um auf dem Umweg über die Folgen der Mißgriffe endlich das Richtige zu finden. Laube ist in der Kunst ein Parteimann, ja von allen zur Zeit amtirenden Theaterdirectoren wohl ohne Zweifel der charakterstärkste und tüchtigste. Und hier kommen wir nun auf einen Punkt, bei dem wir ihm persönlich das unbedingteste Lob zollen müssen. Laube liegt wie ein aufgeschlagenes Buch da, er hat Grund= sätze und steht ebenso offen als energisch für dieselben ein. Das muß gegenüber der schwächlichen Duckmäuserei und zerfah= renen Principienlosigkeit fast sämmtlicher übrigen Bühnenleiter Jedermann, der mit ihm in geschäftlichen oder geselligen Verkehr tritt, aufs angenehmste berühren. Schon das macht die große Zahl seiner persönlichen Anhänger und aufrichtigen Verehrer erklärlich. Laube ist über die Zwecke, die er verfolgt, in sich selbst vollkommen klar. Nicht dasselbe können wir von den übrigen Bühnenleitern behaupten, denn klar in sich

selbst ist der nicht, welcher ein Ziel anstrebt, ohne die Mittel,
die zu dessen Erreichung geeignet sind, zu ergründen und zu
ergreifen; klar ist der nicht, welcher sich bloß mit Worten
zum Reformator aufbläht und wähnt, die Reform werde ihm
wie ein Meteorstein vom Himmel in den Schoß fallen, wenn
er nur planlos in allen möglichen Geschmacksrichtungen herum
experimentire; klar ist der nicht, der heute das Publikum mit
einer Verhunzung Shakespeare's oder Schiller's mal=
traitirt, und dann morgen wegen bemerkbarer Börsenschwind=
sucht nach Offenbach und Langer greift. Laube kennt
und benützt klug die Mittel, durch welche die ihm vorschwe=
benden Zwecke zu fördern sind. Daraus erklären sich die
Erfolge seines Systems, obwohl das System selbst in seinem
innersten Wesen von der Gedankenbläffe der ephemeren Aus=
wüchse des Zeitgeistes angekränkelt ist und als exotische Treib=
hauspflanze einer nachwirkenden Urwüchsigkeit entbehrt.

Sonach erscheint uns Laube im Schauspiel, wie Wagner
in der Oper, als der ausgeprägteste Typus im Krystalli=
sationsproceß einer Uebergangsperiode. Der bleibende Gewinn
seiner Bestrebungen für die dramatische und theatralische Kunst
wird sich mehr aus dem Nachhall dessen entwickeln, was er
verneint, als aus der Befolgung dessen, was er affirmirt.
In die Klagelieder, welche von überschwänglichen Idealisten
über das vorgeblich durch Laube der deutschen Bühne
bereitete Verderbniß intonirt werden, können wir nur mit
einem die Melodie wesentlich alterirenden Vorbehalte einstimmen.
Dichter und Darsteller vermögen, wenn sie mit selbstständiger
Denkkraft prüfen und das Gold aus den Schlacken heraus=
fischen, von Laube recht viel zu lernen. Wer ihn blind als
Evangelium acceptirt, der stolpert über die Sandbank der Prosa
und zerknickt sich die Schwingen. Die bloße Dressur, besonders
wenn sie nicht an die nationalen Traditionen anknüpft, erzeugt

wohl einen blendenden Grad mechanischer Fertigkeit, vermag aber keinen künstlerischen Geist zu reisen, im Mimen so wenig als im Dichter.

Daß Laube den Irrthum seines Systems erkenne, glauben wir voraussetzen zu dürfen. Schwerlich sind die mit dem Burg=Theater=Personal und mit dem Publikum Leipzigs gemachten Erfahrungen ohne einige Selbstprüfung am scharfen Menschen=beobachter vorüber gegangen, obwohl er noch in seiner neuesten Schrift am alten Standpunkte festhält. Niemand wird erwarten, ihn mit Worten seine eigene Vergangenheit dementiren zu hören. Er hat — falls unsere Voraussetzung nicht täuscht — vollauf Gelegenheit, den sich selbst abgerungenen Fortschritt durch Thaten manifestiren zu können. Wenn er auf seine Directorialwirksamkeit seit 1849 bis zum Abschied von Leipzig zurückblickt, so wird sein eigenes Bewußtsein ihm sagen, daß er häufig das Kind mit dem Bade ausgeschüttet, häufig wegen Formfehlern das wahre poetische Talent verkannt, durch barsche Abfertigung manche brauchbare Kraft vom nähern Studium der Bühnentechnik abgeschreckt und dem Repertoir entfremdet hat. Wir führen ihm als Beispiel hier nur die Manen Friedrich Hebbels vor, der schwerlich ohne Hinterlassung einiger bühnen=praktischer Stücke geschieden wäre, würden demselben durch ihn die Pforten des Hofburgtheaters nicht fast grundsätzlich wieder verschlossen worden sein. Hätte Laube von jeher sein Theater=Ideal, statt es einseitig in der „Mache" nach französischem Vorbild zu erkennen, im harmonischen Einklang zwischen Form und Geist gesucht; hätte er, statt so viele Mühe auf die Ein=bürgerung überrheinischer Schalheiten zu verwenden, sich ernst=lich für die deutsche Kunst bemüht und den begabtern einheimischen Dramatikern öfter Gelegenheit zur Aneignung bühnenpraktischer Erfahrungen geboten, dann besäße das deutsche Theater schon heute ein erquicklicheres Repertoir und Laube

selbst würde nicht bloß von den kurzsichtigen Anhängern seiner
Schule, sondern vom Vaterland gefeiert. So aber steht er
vorläufig nur als derjenige Markstein da, über welchen die
Schaubühne aus den Nebeln einer träumerischen Nachtwandelei
auf die Fahrstraße der schablonenfesten Prosa herüber stolperte.
Wenn wir nicht in den Vorwurf seiner erbittertsten Gegner
einstimmen, welche ihm geradezu eine Hauptschuld an der
täglich sichtbarer werdenden Bühnenverflachung zuwälzen, so
geschieht es außer den bereits genannten Gründen auch
deßhalb nicht, weil der Anlässe hiezu gar manche sind und in
dieser Beziehung wohl nur bedauert werden kann, daß Laube
mit seiner erstaunlichen Arbeitskraft, seiner zähen Willensstärke,
seinem anregenden Naturell, seinen reichen Erfahrungen und
seinem scharfen Verstand nicht entschiedener gegen die Legion
jener Anlässe ankämpfte, sondern statt dessen auf der weniger
dornenvollen Bahn einer bloßen Scheinverbesserung Ruhm und
Einfluß erstrebte. Er könnte der deutschen Schauspielkunst
längst mehr geworden sein, als bloß für die Blätter der
Theatergeschichte ein klangvoller Name, der von der wandel=
baren Tageslaune als Träger einer pikanten Episode beklatscht
wird, um dann, ohne bleibenden Gewinn für die weitere
Entwickelung, einer raschen Vergessenheit anheim zu fallen.
Gerade er hätte, besäße er nur den Muth entschieden gegen
die herrschende Corruption Fronte zu machen, mehr als irgend
ein anderer Theaterdirector das Zeug zum wirklichen Bühnen=
Reformator. Hoffen wir, daß er in seiner neuen Stelle die
gute Meinung, die in diesen Worten über ihn ausgesprochen
ist, bewahrheiten möge! Vielleicht bestimmt ihn künftig der
Gedanke, daß, wenn er nicht im Stande wäre, noch am
Abend seines Lebens das Versäumte nachzuholen und einen
wirklich befruchtenden Keim zu künftigem Neuerblühen
der dramatischen Kunst zu legen, — daß dann seine zwei von

hoch ausgebildetem Selbstbewußtsein Zeugniß gebenden Schriften über „das Burgtheater" und über „das norddeutsche Theater" später nur als Beweise einer ungeheuerlichen Selbstüberschätzung gelten dürften. Indem wir dieß aussprechen und Laube seine eigene Photographie im Spiegel der Zukunft andeuten, glauben wir ehrlicher gegen ihn und gegen die Kunst zu handeln, als seine blinden Anbeter gegen beide handeln. Wem viel Talent verliehen ward, der wird, wenn er dennoch strauchelt, doppelt streng beurtheilt. Rectificirt er dessen ungeachtet sein Strauchelu nicht, nun — dann kann einst sein Epitaph nur lauten: Die Zeitgenossen erwarteten von ihm die Lösung eines Problems, das ihm selbst ein mit sieben Siegeln verschlossenes Buch geblieben war.

VI.

Hinter den Coulissen!

Wir haben im vorangehenden Abschnitt versucht, unsern Lesern ein objectives Bild von den artistischen Grundsätzen derjenigen hervorragenden Persönlichkeit zu entwerfen, deren Ansichten über den Sinn des Wortes „b ü h n e n g e r e c h t" für die Mehrzahl der heutigen Theaterleiter maßgebend geworden sind. Wir fanden das charakteristische Merkmal in der Ueberpflanzung des französischen, an Stelle der Idealität die nackte Wirklichkeit setzenden Naturalismus auf die deutsche Bühne, also in einer kunstfeindlichen Verirrung, in einer Degradation der Poesie zur maschinenmäßigen Photographie des realen Lebens. Hier müssen wir nun zur Vervollständigung dieses höchst sonderbaren Kunstbegriffs noch eine weitere Nebeneigenschaft betrachten, welche ihm — mit tiefem Schmerz sei's gestanden — aus echt deutschem Blute beigeimpft worden ist. Unter dem Wort „b ü h n e n g e r e c h t" versteht man in der Praxis nicht bloß die Correctheit der „Mache" im bereits erörterten Sinne, sondern zugleich auch die Schmiegsamkeit der Bühnenschriftsteller unter die willkürlichen Zumuthungen der geheimen Theater-Censur. Letztere vollends schachtelt den Dramatiker in einen Zwangskittel ein, für welchen die Berechtigung keinem ästhetischen Lexikon, sondern den geheimen Polizei-Archiven des weiland deutsch genannten Bundestages und seiner unter uns noch nicht ausgestorbenen Verehrer ent-

stammt. Obwohl wir diese Schattenseite schon in unserer 1867
veröffentlichten Reformschrift (dem I. Abschnitt des vorliegenden
Werkes) eingehend beleuchtet haben, müssen wir doch aus zwei
Gründen hier nochmal darauf zurückkommen, und zwar 1) um
den Einwand zu widerlegen, es bestehe im neuen deutschen
Reiche keine geheime Theater-Censur mehr; 2) um die seltsame
Metamorphose zu kennzeichnen, welche in diesem anomalischen
Geheim-Institut sich seit etwa zwölf Monaten bemerkbar macht.
Schwerlich hat das größere Publikum auch nur eine richtige
Ahnung von dem wahrhaft tyrannischen Mißbrauch der Gewalt,
zu welchem unsere Hofbühnenvorstände (mit sich täglich mindernden
Ausnahmen) in dem Bewußtsein, für ihr Willkürverfahren durch
kein öffentliches Staatsgesetz zur Rechenschaft gezogen werden zu
können, sich gegen die Producte lebender Dramatiker erdreisten.
Würde das Publikum die in dieser Beziehung hinter den Cou=
lissen bestehende vernunftarme und zügellose Anarchie kennen,
wahrlich — dann staunte es nicht mehr über die Geistlosigkeit
so mancher Novitäten, sondern über den Muth solcher Dichter,
die ihr Talent noch für die dramatische Kunst einzusetzen wagen.
Wer Sclavenbehandlung kennen lernen will, der braucht nicht
unter die Mohren auszuwandern. Er reiche nur den Bühnen
in seiner nächsten Nähe ein ethisches Product ein, dann kann
er ohne Reise an sich selbst und an seinem Werk erleben, wie
im Pfefferland mit der unterdrückten Menschen=Race ungefähr
verfahren werden mag.

Im nächsten Abschnitt wollen wir die schlimmen Folgen
betrachten, welche die Satrapenwirthschaften, deutsche Hofbühnen=
verwaltungen genannt, auch auf das sociale und Culturleben
äußern. Vorerst liegt uns ob, die so entschieden, namentlich
von den Bühnenleitern selbst und von ihren officiellen Journalisten,
bestrittene Thatsache zu beweisen, daß trotz aller Preß= und
literarischen Schutzgesetze das geheime Willkür=Censurverfahren

für die Theater in voller Ueppigkeit fortbesteht und seine Opfer
schonungslos erwürgt. Den Beweis liefern wir wohl am schlagend=
sten beispielsweise, d. h. durch Namhaftmachung einer Novität,
bei der zwei Dinge eclatant außer Zweifel gestellt werden können,
nämlich ihr bereits errungener Bühnenerfolg und das den=
noch über sie insgeheim verhängte Theaterverbot mittelst
des willkürlichen Censurverfahrens. Wenn selbst ein durch=
schlagender Succeß auf den Brettern die Krallen des demorali=
sirten und demoralisirenden Instituts der Geheim=Censur nicht
abzustumpfen vermag, so kann der Leser sich wohl leicht vor=
stellen, wie dieß anomalische Ungethüm erst mit solchen Novitäten
umspringt, welche noch nirgends zur Darstellung gelangten und
daher einfach mit der Note „nicht bühnengerecht" oder
„effectlos" dem Autor vor die Füße geschleudert werden
können, ohne daß es Letzterem möglich wird, das dahintersteckende
Verdict des Censors zu entdecken oder, falls er dessen bestimmenden
Einfluß argwöhnt, den Verdacht begründen zu können.

Unser eigenes fünfactiges Schauspiel „Max Emanuels
Brautfahrt" (welches im ersten Bande der soeben im gleichen
Verlage erscheinenden Gesammtausgabe unserer „dramatischen
Werke" abgedruckt und daher zur Beurtheilung des nachfolgend
erzählten Thatbestandes Jedermann zugänglich gemacht ist) be=
schritt am 20. September 1870 zum Erstenmal die Bretter
des bayerischen Hof= und Nationaltheaters zu München. Wir
wohnten der Aufführung persönlich bei. Ungeachtet der auf=
fälligen Gedächtnißschwächen eines Schauspielers, welcher den
Kaiser Leopold I. darstellte, und ungeachtet einer mißlichen
Nothbesetzung der ernsten Prinzessin Anna von Bayern durch
eine Lustspiel=Soubrette [1]) (Frau Dahn=Hausmann war

---

[1]) Herr Possart als Greis, Herr Rhode als Träger der Titel=
rolle und Frl. Johanna Mayer als Erzherzogin Antonia, sowie Frl.

erkrankt und Frl. Ziegler mit contractlichem Urlaub abwesend), fanden wir volle Ursache, mit der Aufnahme, die unsere Er=
wartungen weit übertraf, vollkommen zufrieden zu sein. Tags
nach der schon am 23. September stattgefundenen ersten Wieder=
holung reisten wir von München wieder ab, sahen also keine
der spätern Aufführungen. Ueber den Erfolg verweisen wir
auf die öffentlichen Stimmen der Presse [1]) und auf das sogleich

Weiß als Beatrice und Frl. Seebach als Gastgeberin, leisteten Vor=
zügliches, wodurch die anderweitig unterlaufenen Darstellungsschwächen
minder fühlbar wurden.

[1]) Die „Allgemeine Zeitung", Beilage Nro. 278 vom 5.
October 1870, erklärte in einem sehr anerkennenden Referat den geschicht=
lichen Stoff für „trefflich ausgebeutet" und schloß ihren Bericht mit den
Worten: „Dabei ist die Sprache einfach, aber edel, die Charaktere sind
gut gezeichnet, und der vierte und fünfte Act vor Allem üben durch ihre
echt dramatische Anlage eine großartige Wirkung." — Einem längeren
Bericht in der „Augsburger Abendzeitung", zweites Blatt Nro.
262 vom 23. September 1870, entnehmen wir, mit Weglassung der zum
Theil tadelnden Kritik über die Darsteller, wörtlich folgenden Hauptpassus:
„Die auf historischer Basis beruhende Handlung entbehrt einer weitver=
zweigten Intrigue, der Verlauf ist einfach und natürlich, die Spannung
aber deßhalb nicht geringer, sie wächst und steigt von Act zu Act und
äußert sich besonders in den drei letzten Acten sehr wirksam. Die Anlage
und Ausarbeitung des ganzen Stückes, die trefflichen Charakterzeichnungen,
das einheitliche Ferment, die liberale Haltung und der mit Ausnahme
einiger wenigen Stellen vortreffliche Dialog — alle diese Vorzüge verleihen
diesem dramatischen Werke einen Werth, der von dem zahlreichen Publikum
reichlich anerkannt wurde." — Die Münchener „Germania" schrieb in
ihrer Nummer vom 25. September 1870, also unmittelbar nach der
zweiten Aufführung: „Es ist vaterländischer Stoff, den der Dichter echt
künstlerisch zu einem von Act zu Act mehr spannenden Drama aufzu=
bauen verstand. Die Charaktere, die hier auf einander prallen, — der
bigotte Kaiser Leopold I. und der im frischen Morgenhauch religiöser
Duldung, wie sie der dreißig Jahre vorher abgeschlossene westphälische
Friede für eine bessere Zukunft angebahnt, sich glücklich fühlende jugend=

mitzutheilende officielle Zeugniß des General=Intendanten. Das Schauspiel wurde während der Monate September und October 1870 noch öfter gegeben. Dann trat in den Wiederholungen eine Pause ein, über deren Veranlassung Herr General=Intendant von Perfall uns auf unsere deßfallsige Anfrage in einem längern Schreiben aufzuklären die Gewogenheit hatte. Der Schluß seines eigenhändigen Briefes vom 11. Februar 1871 lautet wörtlich:

„Fassen wir das Gesagte zusammen, so ist das Resumé folgendes: Das Stück wurde zur rechten Zeit gegeben, hat trotz einer theilweis nicht correcten Be= setzung durchgeschlagen, es wäre vom Repertoir nicht verschwunden, sondern vielmehr mit einer theilweis

liche Kurfürst Max Emanuel — sowie jene Charaktere, denen die Vermitt= lung anvertraut ist — wie die edel und deutsch gesinnte Prinzessin Anna von Bayern — sind ebenso bestimmt wie feinfühlig gezeichnet, und wenn solche nicht zur Anerkennung kämen, würde es der Schauspieler nur seinem eigenen Unvermögen zuschreiben können. Die Liebesintrigue 'ist reizend durchgeführt und erreicht ihre Höhe im vierten Acte, wo die echt drama= tische Einführung des tragischen Elements durch die greise Gestalt des landflüchtigen Ungarn mitten in die sprudelnde Komik des Lebens hinein eine wunderbar befriedigende Wirkung hervorbringt. Daß trotzdem der fünfte Act noch seine Berechtigung und Spannung hat, liegt in den vorge= führten Charakteren selber, von deren Kampf und Sieg wir in der Zukunft eine dauernde geistige Verjumpfung oder ein frischeres regeres Völkerleben unter der Fahne der Duldung und Gewissensfreiheit erwarten dürfen. Das bigotte Element stürzt vor der Allgewalt der Liebe und des freien Geistes gänzlich gebrochen in sich zusammen; das aber ist gerade des Drama's höchste Versöhnung, welche bei der ersten Aufführung — doch sicherlich nicht mit des Dichters Willen?! — ganz und gar nicht zum Ausdruck kam." (Hier folgen einige scharfe Bemerkungen über den Dar= steller des Kaisers Leopold und über einige andere Verstöße der ersten Aufführung). Der Schluß der Kritik lautet: „Daß das Stück doch gefiel und sehr gefiel, ist gewiß ein triftiger Beweis für den Werth desselben."

andern Besetzung im Laufe des Winters wieder gegeben
worden, wenn nicht die ganz ungewöhnlichen Zeitverhältnisse
(nämlich der Krieg und die in Folge dessen auch in
München wie allenthalben momentan vorgeherrschte Theil=
nahmslosigkeit an allen objectiven Kunstleistungen ohne
irgend eine Ausnahme) zu einer Sistirung dieser sowie
so manch anderer Aufführung gerathen hätten. Uebrigens
gestatten Sie mir zur Vermeidung künftiger Vorwürfe
die Bemerkung, daß unser Publikum und hierunter namentlich
die vielköpfigen Abonnenten von jeher sehr viel Abwechs=
lung im Repertoir fordern und daß die Zahl des Theater=
Publikums durchaus keine so große in München ist, daß
eine vielfache Wiederholung selbst der beliebtesten Stücke,
Opern nicht ausgenommen, ohne bedeutenden Cassanach=
theil möglich ist. Zum Belege hiefür theile ich Ihnen
mit, daß z. B. innerhalb von zwei Jahren von neuern,
vom Publikum entschieden günstig aufgenommenen Werken
die „Harfenschule" sechsmal, „Katharina Howard"
dreimal, „Nibelungen" dreimal, „Maria Magdalena"
dreimal, „Marfa" dreimal, „Böse Zungen" siebenmal,
„Stammschloß" achtmal, „Isabella Orsini" viermal,
„Geächtet oder Otto der Große" fünfmal, „Maria
von Schottland" (von Schneegans) dreimal, „Maske
für Maske" sechsmal, „Trahomira" dreimal gegeben
wurde. Nach diesem Ausweise steht „Mar Emanuel"
entschieden nicht nach. Haben Sie nun die Güte, mir
mitzutheilen, ob Sie sich bezüglich der Rolle der Prin=
zessin Anna mit Frau Dahn begnügen wollen oder ob
Sie Frln. Ziegler hiefür wünschen. In letzterem Fall
müßten Sie sich freilich mit einer wiederholten Aufführung
bis zum Herbst gedulden, da das Fräulein am 16. März
schon ihren contractlichen Urlaub antritt. In ersterem

Falle werde ich Max Emanuel, wie es längst beschlossen ist, noch in der Zeit vor Ostern geben. Schließlich erlaube ich mich noch eines Allerhöchsten Auftrages zu er= ledigen. Se. Maj. der König haben das Allerhöchstdemselben durch mich überreichte Exemplar gelesen und lassen Ihnen für Vorlage desselben freundlichst danken. Der Vorstellung am 29. October haben Se. Maj. beigewohnt und soll Allerhöchstderselbe, soviel ich in Erfahrung gebracht, voll= kommen befriedigt gewesen sein. Mit der Versicherung vorzüglichster Hochachtung" u. s. w.

So weit Se. Excellenz Herr Frhr. von Perfall! Was für eine Ueberraschung uns, anstatt des Fortbezuges der Tantième, bescheert war, auf welche wir laut vorstehender officiellen Situations=Schilderung doch wohl die vollwichtigste Anwartschaft besitzen, — das soll der Leser sogleich erfahren.

Am 10. Februar 1871 wurde „Max Emanuels Braut= fahrt" auch auf der Stuttgarter Hofbühne gegeben; die erste Wiederholung fand, ebenfalls vor sehr zahlreichem Publikum und unter steigendem Beifall, schon am 15. desselben Monats statt. Ueber den Erfolg, der jenem von München ebenbürtig sich anreihte, haben sämmtliche in Stuttgart erscheinenden Journale übereinstimmend berichtet,[1] mit einziger Ausnahme des officiösen

[1] Hier daraus eine kleine Blumenlese! Die „Schwäbische Chronik, des Schwäbischen Merkurs zweite Abtheilung, zweites Blatt" Nro. 37 schrieb bei diesem Anlaß: „G. Köberle hat uns schon früher in einem Vortrage gezeigt, wie ernst er die Aufgabe nimmt, welche das Theater sich zu stellen hat. Es läßt sich von einem solchen Mann erwarten, daß er die ausgesprochenen Ansichten vor Allem bei seinen dramatischen Arbeiten zu Grunde legt und streng gegen sich selbst ist. Und das beweisen denn auch seine neuerdings ans Licht getretenen Dramen: „„Die Judith der neuen Welt"" und „„Max Emanuels Brautfahrt"". Ein gediegener Idealismus waltet vor. Der Dichter gibt dem edelsten Ringen der Völker nach Recht, Fortschritt und Freiheit einen einfachen und in

Referenten der artistischen Hoftheater=Direction in der fast nirgends gehaltenen „Bürgerzeitung", welcher höchst ungeschickt die geheimen Absichten der Verwaltung verrieth, indem er mit cynischer Rohheit nicht unser Stück, sondern den von ihm augen=

seiner Einfachheit wahren Ausdruck" u. s. w. — In „Ueber Land und Meer, allgemeine illustrirte Zeitung, herausgegeben von J. W. Hack=länder", Nro. 25, stand zu lesen: „Das Schauspiel Max Emanuels Brautfahrt ist nun auch in Stuttgart vor gedrängt vollem Hause mit Beifall gegeben worden. Löwe hatte das Stück mit großem Geschmack in Scene gesetzt. Das von echtem Patriotismus getragene, durch Einfach=heit und Klarheit der Composition, wie durch maßvolle, allen bloß blen=denden Effect vermeidende Diction sich auszeichnende, an fesselnden Scenen reiche Stück" u. s. w. — „wurde gut gespielt und verdient die Beachtung der Bühnenvorstände". — Die „Allgemeine Familien=Zeitung, Chronik der Gegenwart", Nro. 21 schrieb: „Georg Köberle's Schauspiel Max Emanuels Brautfahrt wurde auch am Stuttgarter Hoftheater einer äußerst beifälligen Aufnahme gewürdigt. Gut und correct aufgebaut, voll feiner und geistreicher Pointen und historischer Momente, die gerade in unserer Zeit eine Menge analoger Bezüge darbieten und begeisterten Anklang finden, von sicherer und scharfer Charakterzeichnung und trefflicher Schilderung damaliger Zustände im deutschen Reich und am Wiener Hofe, zeigt das Stück eine Menge poetischer Schönheiten, wirkt im dritten und vierten Act außerordentlich ergreifend, namentlich durch die geschickt einge=flochtene Episode mit dem landsflüchtigen Grafen Nadasdy, und bringt durch eine Steigerung effectvoller Conflicte einen spannenden und doch wieder versöhnenden Ausklang am Schlusse hervor. Die Hauptrollen sind äußerst dankbare Rahmen für denkende schöpferische Künstler, und das Drama wird sich rasch Bahn brechen. Die Aufführung war sehr gelungen" u.s.w. (Wir stimmen diesem Lobe der Darstellung vollkommen bei. Dr. Löwe's Inscenirung stand hoch über der Leistung des Münchener Hof=Theater=Oberregisseurs Herrn Carl Jenke, von dessen Fähigkeiten uns die Münchener Aufführung keinen sonderlich günstigen Begriff zu geben vermocht hatte. Auch hatte man uns in Stuttgart nach Maßgabe der Personalverhältnisse durchgehends die besten Kräfte zur Disposition gestellt. Die tadellos correcte Besetzung war folgende: Kaiser Leopold I. — Herr

ſcheinlich nur im Converſationslexikon ſtudirten hiſtoriſchen Stoff
kritiſirte und das Publikum bewunderte, daß ſich einen derartigen
Charakter als deutſchen Helden octroyiren laſſe. Der Aerger
des Referenten über den Bühnenerfolg ſtand deutlich zwiſchen
den Zeilen ſeines bubenhaften Referates.

Es iſt Jedermann bekannt, kann wenigſtens täglich in den
Berichten der officiellen Theaterkritiker geleſen werden, daß die
Bühnenvorſtände ſich gewiſſenhaft nach brauchbaren Novitäten
umſchauen und daß nur der gänzliche Mangel an ſolchen ſchuld
iſt, wenn ſie mit ihren Griffen ſo häufig Fiasco machen. Hiernach
zu ſchließen, ſollte man wohl wähnen, eine Novität, die bereits
an zwei hervorragenden Hoftheatern mit Glück die Feuerprobe
beſtand und zugleich von echtem „Patriotismus“, von „edelſtem
Ringen der Völker nach Recht, Fortſchritt und Freiheit“ durch=
haucht und mit einer „Menge poetiſcher Schönheiten“ (nicht unſere,
ſondern unſerer Kritiker Worte) geſchmückt iſt, könne bei den
Bühnenverwaltungen faſt unmöglich auf unbeſiegliche Hinderniſſe
ſtoßen und müſſe raſch die Runde über die deutſche Bretterwelt
machen. Ja, wenn die Behauptung, daß die Hofbühnenleiter
ſich redlich um das Brauchbare intereſſirten, keine Lüge wäre!
wenn das Vorgeben, daß ihre Mißgriffe einem Mangel an
durchſchlagenden Stücken entſprängen, nicht auf eine Heuchelei

Pauli; Erzherzogin Antonia — Frl. Frauenthal; Kurfürſt Max
Emanuel — Herr Wentzel; Prinzeſſin Anna — Frau Wahlmann;
Feldmarſchall v. Degenfeld — Herr Schmitt; Hofmeiſterin Beatrice —
Frau Fricker; kaiſerlicher Geſandte von Loblowitz — Herr Rosner;
franzöſiſcher Geſandte Colbert — Herr v. Prosky; Oberhofmeiſter Rech=
berg — Herr Auguſti; Kanzler Schmid — Herr Rüthling; Page
Carl von Preiſing — Frl. Glenk; General Caraſa — Herr Lehr;
Greis — Herr Keller; Gaſtgeberin — Frau Kiedaiſch; Stallknecht
— Herr König; Herold — Herr Rößler.)

hinausliefe! Eine traurige Erfahrung hat uns aufs gründlichste
belehrt, daß gerade die Unzweifelhaftigkeit der Bühnenerfolge,
welche „Max Emanuels Brautfahrt" in München und Stuttgart
errang, dem Stück übermächtige geheime Gegner zuzog und
nicht nur dessen Unterdrückung für die übrigen Bühnen, sondern
auch dessen rasche Beseitigung vom Repertoir der zwei genannten
Hoftheater herbeiführte. „Max Emanuels Brautfahrt" gelangte,
entgegen den vielfach laut gewordenen Wünschen des Stuttgarter
Theaterpublikums, in Stuttgart nach dem 15. Februar 1871
zu keiner weitern Aufführung; und auch die Münchener Hof=
bühne ließ, ungeachtet der oben wörtlich citirten, in der Zeit
zwischen der ersten und der zweiten Stuttgarter Aufführung
geschriebenen Erklärungen ihres Chefs, des Herrn von Perfall,
das Stück für München spurlos verschwunden sein.

Als wir ein halbes Jahr später uns auf dem Stuttgarter
Intendanz=Bureau nach der Ursache erkundigten, ertheilte
uns Se. Excellenz der Intendanturverweser Herr Hofdomänen=
kammer=Präsident von Gunzert mündlich den an ein delphi=
sches Orakel gemahnenden Bescheid: „Zwar liege weder ein
Cabinetsverbot noch ein politisches Hinderniß gegen das Stück
vor, dennoch habe er die weitern Aufführungen untersagen
müssen." Auf unsere Bitte, uns nicht mit unverständlichen
Worten abzuspeisen, erklärte sodann Herr v. Gunzert: „Den
Grund dürfe er nicht sagen, er ersuche uns jedoch, ihm auf
sein Ehrenwort zu glauben, daß er nicht anders habe handeln
können." Zu einer deutlicheren Erklärung verstand sich Se.
Excellenz nicht und verabschiedete uns artig mit der Versicherung,
„daß das Verbot vielleicht nicht für immer in Kraft erhalten
würde und wir daher unsere Hoffnung auf die Zukunft setzen
möchten!" (Wir thun das, erwarten jedoch, wie aus den spätern
Kapiteln dieses Buches ersichtlich ist, die Zukunft der deutschen
Bühne nicht von Persönlichkeiten, welche, obwohl sie Juristen

ſind, vom geiſtigen Eigenthumsrecht noch erſtaunlich primäre
Begriffe haben.)

Von der Münchener General-Intendantur vermochten
wir nicht einmal ſolch einen ausweichenden Beſcheid zu erwirken,
da Se. Excellenz der Herr v. Perfall vorzog, unſere ſchriftlich
an ihn gerichteten Anfragen bis zur Stunde gänzlich unbeant-
wortet zu laſſen. (Daß das unmotivirte Zurücklegen eines gegen
Tantième acceptirten Stückes eine mittelſt Vertragsbruch be-
werkſtelligte Eigenthumsbeſchädigung iſt, über welche der Autor
mindeſtens Aufſchluß erwarten darf, ſcheint alſo Seiner Excellenz
entweder nicht bekannt oder von ihr nicht anerkannt zu ſein.)

Die Mehrzahl der Stadttheater, darunter ſämmtliche
bayeriſche Provinzbühnen, ließen uns auf die frankirte Zuſendung des Werkes ohne alle und jede Antwort. Laut einer
uns indiscreterweiſe verrathenen Mittheilung ſcheinen ſie von
Perſonen, welche wir vorläufig nicht nennen wollen, in ver-
traulichen Zuſchriften und durch „fahrende Künſtler" dringend
erſucht worden zu ſein, das Opus zu ignoriren.

Hätten wir inzwiſchen nicht von einigen andern Hoftheater-
Directionen über „Max Emanuels Brautfahrt" Zuſchriften erhalten, welche uns das Motiv dieſer Vorfälle wenigſtens ahnen
laſſen, ſo ſtänden wir vor einem uns ſelbſt völlig unlösbaren Räthſel,
da wir im Text unſeres Schauſpiels vergebens nach irgend einem
offenen oder verſteckten Gedanken ſuchen, durch welchen ſich
Jemand im deutſchen Reiche empfindlich berührt fühlen könnte,
ausgenommen — die mit den Jeſuiten Hand in Hand
gehende Partei der Römlinge und der Particulariſten.
Mehrere Hoftheater-Directionen haben uns, in ihren Antworten
auf die Zuſendung des Schauſpiels, das Stück als „vorbehalten"
bezeichnet und weitere Kenntnißgabe in Ausſicht geſtellt, falls
ein „günſtiger Zeitpunkt" die Aufführung „geſtatte". Wir
theilen eine dieſer Antworten, mit welcher dem Sinn nach die

andern übereinstimmen, nachstehend mit. Sie stammt aus der Feder des Chefs einer unserer ersten Hofbühnen, ist vom 22. April 1871 datirt und lautet wörtlich:

„Geehrter Herr! Ihr Schauspiel Max Emanuels Brautfahrt hat in der Lectüre einen so angenehmen Eindruck gemacht, daß ich mich zu seiner Aufführung sehr gern entschließen würde, wenn nicht ein für jetzt nicht zu be= seitigendes Hinderniß delicater Natur vorläge, welches mich zwingt, zu meinem eigenen Bedauern hievon noch abzusehen. Fällt jedoch dieß Bedenken nach einem längern Zeitraume hinweg, so werde ich das jetzt Unthunliche nachholen, und Ihnen alsdann weitere Nach= richten in dieser Sache geben.

Hochachtungsvoll" u. s. w.

Hiernach logisch zu urtheilen, ist also den deutschen Hof= bühnen nach dem 15. Februar 1871 aus einem Motiv, welches klar zu bezeichnen die Hoftheatervorstände sich scheuen, und von einer geheimen Stelle, die auch nur anzudeuten sie nicht wagen, die Aufführung Max Emanuels widerrathen worden. Die das Stück auf solche Art beseitigende Macht aber war einflußreich genug, um sich sämmtliche Intendanzen und Hoftheater=Directoren ohne Weiteres als gefügige Werkzeuge zu unterwerfen. Das deutsche Reich besitzt also unter seinen Errungenschaften für die dramatische Kunst auch eine in mittelalterlichem Styl organisirte Abart von Vehme, welche ein eigenthümliches Licht auf die wie= derholten Conferenzen der Hoftheaterleiter wirft, auf Conferenzen, aus denen vorgeblich eine Reform der verrosteten Bühnenzustände hervorgehen soll! Zwar haben noch alle Directoren, denen wir über das Kunstwidrige und Unzeitgemäße eines preßpolizeilichen wechsel= weisen Geheim= und Willkürrapportes Vorstellungen machten, die Existenz eines solchen entschieden in Abrede gestellt; allein eine Folgerung, die sich mit zwingender Logik aus constatirten Thatsachen

ergibt, iſt mit der vagen Behauptung des Gegentheils weder wider=
legt, noch auch nur abgeſchwächt. Ob die Herren Directoren und
Intendanten einer dem andern nach, wie Schulknaben beim
Gänſemarſch, aus eigenem Antrieb und im Gefühle perſönlicher
Unmündigkeit oder in Folge einer formell geſchloſſenen Ueberein=
kunft in die gleichen Fußſtapfen einlenken, kann uns ziemlich
gleichgiltig ſein, da die Wirkung in beiden Fällen ganz dieſelbe
bleibt. Wir haben nur noch die Verſicherung beizufügen, daß
es nicht unſere Sache iſt, Behauptungen aufzuſtellen, für welche
wir hintenher den ernſteren Beweis ſchuldig bleiben müßten.
Die Originale der Briefe und Acten, welche wir bisher citirten
und im weitern Verlauf dieſer Schrift noch zu citiren haben
werden, befinden ſich ſammt noch andern Documenten in unſern
Händen und wir werden jedem Zweifel gegen die Richtigkeit
unſerer Angaben zu begegnen wiſſen.

Was wir jüngſt mit „Max Emanuels Brautfahrt“ erlebt,
juſt daſſelbe begegnete uns ſchon früher mit ſechs andern Stücken.
So errang z. B., wie wir ſchon in einer Note kurz erwähnt,
unſere Tragödie „Heinrich IV. von Frankreich“ im Jahre 1849
und 1850 auf dem Stadttheater zu Leipzig einen ſehr nachhaltigen
Caſſa=Erfolg. Die fünf erſten raſch auf einander folgenden
Aufführungen fanden vor ausverkauften Häuſern ſtatt und noch
bei der ſiebten Wiederholung betrug die Baareinnahme an der
Tageskaſſe ohne Abonnement weit über 300 Thaler. Dennoch
bekam außer Leipzig kein deutſches Theaterpublikum die Tragödie
in ihrer urſprünglichen Geſtalt zu Geſichte, ſie wurde von der
damaligen noch offen wirkenden bundestäglichen Cenſur überall
unterdrückt. Später verſuchten wir, in vollem Bewußtſein, daß
wir unſere eigene Arbeit verſchlechterten, die Tragödie dem vor=
herrſchenden Geiſtesdruck anzupaſſen, indem wir den Bühnen
eine ſehr abgeſchwächte Neueinrichtung unter dem Titel „der
erſte Bourbon auf Frankreichs Throne“, und dann noch

eine zweite unter dem Titel „der Bearner" einreichten. Letztere brachten wir zu Anfang der sechsziger Jahre an zwei Hof= bühnen und an acht Stadttheatern endlich durch, ärgerten uns jedoch, als wir die kaum eine freiwillige zu nennende Abschwächung auf den Brettern sahen, über uns selbst so sehr, daß wir beide nachträglichen Bearbeitungen rasch wieder zurückzogen und lieber gänzlich auf eine weitere Darstellung der Tragödie verzichteten. Diejenigen unserer Leser, welche zum Zweck der eigenen Prüfung der bestehenden Theatergeheimcensur=Misère den Text des noch heute überall für unzuläßig befundenen „Heinrich IV." kennen lernen wollen, finden ihn im vierten Bande der bereits erwähnten Gesammtausgabe unserer „dramatischen Werke". Vielleicht ge= winnen sie bei der Lectüre die Ueberzeugung, daß Repertoir= beiträge, wie „Heinrich IV.," unmöglich seit zweiundzwanzig Jahren hätten ignorirt werden können, wenn die Bühnen bei ihren Dispositionen nicht von geheimpolizeilichen Willkürrücksichten ausgingen. Im zweiten und dritten Band der oben genannten Gesammtausgabe finden die Leser auch noch zwei neuere Dramen aus unserer Feder, das Schauspiel „George Washington" und die Tragödie „die Heldin von Yorktown", über welche wir hier nur flüchtig bemerken wollen, daß wir dieselben, ob= gleich sie mit Beachtung der modernen Repertoirbedürfnisse ge= schrieben sind, den Bühnen (eine einzige ausgenommen) gar nicht mehr einreichten, in der gewiß untrüglichen Voraussetzung, uns durch dieß Säumniß keine erzielbare Darstellung verscherzt, sondern nur die Kosten der Versendung und den Aerger der Empfangnahme alberner Rückantworten erspart zu haben. Dieß ist eine Voraussetzung, zu welcher nicht bloß wir, sondern durch erlittene Mißhandlungen bereits mehr oder minder alle diejenigen lebenden Dramatiker gedrängt worden sind, welche von der Kunst noch zu ehrlich denken, um sich dem Unsinn der durch die Geheimcensur vollends zur Carricatur verzerrten Schablone an=

bequemen und dadurch zu noch größerer Versumpfung des Neuigkeits=Repertoirs beitragen zu mögen. So weit haben es unsere Hofbühnenvorstände mit ihrem, schwere Summen ver= schlingenden Verwaltungsapparat und ihren auf Regiments=unkosten veranstalteten Conferenzen (eigentlich mehr Zech= und Trinkgelagen als sachlichen Besprechungen) gebracht, daß die Dramatiker in Aufführung ihrer eigenen Werke wohl noch eine erwünschte Geldquelle, aber eine Ehre so eigentlich gar nicht mehr ersehen können. Ueberblickt man die Namen derjenigen Neuigkeiten, welche in den letzten Jahren rasch die Runde über die Bretter machten, so findet man darunter keine einzige von tieferm Gehalt. Novitäten, welche sich noch durch ein ethisches Ringen bemerklich machten, erschienen höchstens auf einzelnen Theatern und kommen er= staunlich langsam voran, weil sie trotz errungener Erfolge an jeder neuen Bühne den Kampf gegen die locale Verknöche= rung hinter den Coulissen wieder von vorne zu beginnen haben, — einen Kampf, der in der heutigen Bühnenpraxis für seichte Machwerke gar nicht besteht. Dieß ist so sehr die Regel, daß es den Bühnenleitern unmöglich sein wird, auch nur eine einzige Ausnahme zu ihren Gunsten constatiren zu können.

In wie hohem Grade die Mehrzahl der Hofbühnenleiter, gänzlich abgesehen von ihrer unbesieglichen Scheu vor den mit der gesunden Luftströmung des Zeitgeistes wahlverwandten Producten, auch sonst noch vollkommen urtheilsunfähig sind, zeigt sich am deutlichsten bei ihren sich in die tollsten Widersprüche verwickelnden Ansichten über solche neue Dramen, welche weder schon irgendwo gegeben noch im Buchhandel erschienen sind und über welche demzufolge eine öffentliche Meinung, an die sie sich anlehnen könnten, noch gar nicht besteht. Wir kennen ein vor etwa zwei Jahren geschriebenes Stück ernster Gattung, welches von einigen hervorragenden Bühnen in dem Glauben, dasselbe gehe in Kürze

an einem ihnen namhaft gemachten Hoftheater in Scene, zur
Darstellung angenommen worden war. Das gemeinte Hoftheater
scheute sich nachträglich, die Initiative thatsächlich zu ergreifen;
es hielt einfach dem betreffenden Verfasser nicht Wort, was
zur Folge hatte, daß auch die andern acceptirenden Bühnen
die Novität wieder zurücklegten. Ueber dieses Stück nun wollen
wir unsern Lesern eine Musterkarte von gefällten Urtheilen vor=
legen, müssen jedoch vorher noch bemerken, daß es sich um eine
mit ihrem Gedankengang vollständig auf der Höhe des Jahr=
hunderts stehende Dichtung, also um ein Drama handelt, welches
inzwischen von den Krallen der schon früher geschilderten Vehme
erfaßt worden ist. Bereits hat der hierin tonangebende General=
Intendant Herr v. Hülsen in Berlin sich ohne Angabe von
Gründen mittelst seines berüchtigten lithographirten Brief=
Formulars gegen die Aufführung ausgesprochen, und kurz
nachher erhielt der betreffende Autor, unterm 18. December 1871,
auch vom Chef einer andern Hofbühne ersten Ranges folgende
Zuschrift: „Nur mit Bedauern kann ich Sie davon benach=
richtigen, daß ich mich für die Aufführung Ihrer in vieler
Beziehung sehr interessanten und gediegenen Tragödie, die anbei
zurückfolgt, nicht zu entschließen vermocht habe." Wir unter=
lassen, hier unsere eigene Ansicht über den Werth des betreffenden
Stückes niederzulegen, sind aber in der Lage, die Charakteristik
mittheilen zu können, welche eine in Deutschland vielgefeierte
Kunstgröße ersten Ranges von dem Werke entwarf. Dieselbe
schrieb unterm 15. Juni 1871 an den betreffenden Dichter:
„Es freut mich herzlich, Ihnen mittheilen zu können, daß der
Eindruck, welchen Ihre Tragödie auf mich machte, ein außer=
ordentlich erhebender, begeisternder war. Die Handlung selbst,
ein glücklicher Griff in die neuere Weltgeschichte, ist gerade in
unserer Zeit von großem Interesse, spannend bis zum letzten
Moment, würdig und großartig abschließend; die Sprache durchaus

charakteristisch, edel und schwungvoll, und muß das Ganze bei
gebiegener Inscenirung von hinreißender Wirkung sein."

Nun die versprochene Musterkarte aus den Urtheilen, die
über diese Leistung officiell gefällt werden sind, bevor die Vehme
gegen dieselbe reagirend in Activität trat! Wir wählen nicht
etwa Urtheile obscurer Persönlichkeiten aus, sondern halten uns
nur an die Aussprüche vielgenannter und von der officiösen
Theaterkritik wegen ihrer Verdienste hochgepriesener Männer.

Erstes Urtheil, vom 2. April 1871, aus der Feder
eines artistischen Hoftheater=Directors: „Ich habe Ihr Stück
mit lebhafter Theilnahme gelesen und bin sehr gespannt auf
das Urtheil von Herrn (folgt der Name eines 100 Stunden
vom Wohnort des Schreibers activen Directors), und ob er
rasch an eine Vorstellung gehen wird. Glück auf! Hochachtungsvoll
ergebener" u. s. w. (Der Mann getraute sich offenbar gar
keine eigene Meinung zu, gleichwohl laborirt er, nebenbei bemerkt,
an der Manie, fast bei jedem neuen Mondwechsel die Theater=
freunde durch irgend einen selbstverfaßten Journal=Artikel über
Bühnenreformfragen zu überraschen.)

Zweites Urtheil, vom 15. Juli 1871, aus der Feder
des im ersten Urtheile erwähnten Bühnenvorstandes: „Nachdem
ich Ihre mir gütigst zugesendete Tragödie gelesen, gestehe ich mit
Vergnügen die Vorzüge der sehr gelungenen Arbeit ein und gebe
zugleich der Hoffnung Ausdruck, daß eine Aufführung der
Novität auch dem Publikum dahier ein nachhaltiges Interesse
abgewinne. Gewiß wird bis zur hiesigen Darstellung Ihr
Drama bereits die Feuerprobe auf den Brettern der . . . . . .
Hofbühne bestanden haben und mein Vertrauen zu der Wirkung
des Stückes durch Thatsachen erwiesen sein. Mit ausgezeichneter
Hochachtung" u. s. w. (Dieser Bühnenvorstand wollte sich ohne
Zweifel für alle Fälle ein Hinterpförtchen zur späteren Ab=

änderung seines eigenen Ausspruches offen halten, je nach den etwa nachhinkenden Zweckmäßigkeitsrücksichten.)

Drittes Urtheil, ohne Datum, im Auftrage eines Hof= theater=Lesecomité's von der expedirenden Kanzlei: „Wir beehren uns Ihnen zu melden, daß Ihr Stück vom Lesecomité als vorbehalten bezeichnet wurde. Näheres seiner Zeit!" (Dieß deutet wohl unverblümt darauf hin, daß die Hofbühnenver= waltung das Stichwort von Außen erst abwarten wollte.)

Viertes Urtheil, vom 20. Mai 1870, aus der Feder eines Hoftheater=Directors: „Mit großem Interesse habe ich Ihr schwungvolles Drama gelesen. Trotzdem es ein liberales Trauer= spiel ist, würde ich das Stück geben, wenn mir nicht von .... Seite ein für allemal der stricte Befehl geworden wäre, große Dramen nur dann aufzuführen, wenn dieselben auf den drei ersten Bühnen (folgen die Namen unserer drei reactionärsten Hoftheater) die Feuerprobe bestanden hätten." (Das ist ein offenes Eingeständniß der indirecten Unterordnung unter die Dispositionen der Berliner Hofbühne, obgleich das be= treffende Institut nicht zu den 1866 annectirten Hoftheatern gehört.)

Fünftes Urtheil, vom 16. Juli 1871, aus der Feder eines Hoftheater=Intendanten: „Da das eingesandte Manuscript sich zur Aufführung auf hiesiger Hofbühne nicht eignet, so er= folgt dasselbe anbei mit bestem Dank zurück." (Dieser Inten= dant ist als grundsätzlicher Widersacher der neueren Poesie renommirt, und hat rücksichtlich des ernsten Drama's schon früher einmal den eigenthümlich berühmt gewordenen Ausspruch drucken lassen: Nur die Werke unserer Klassiker hätten, wenn sie erst in eine andere Form umgegossen wären, noch eine Berechtigung auf der Bühne erscheinen zu dürfen.)

Sechstes Urtheil, vom 5. September 1871, also aus der Zeit der von der Geheimcensur bereits beschlossenen Acht, von einem Hoftheater=Regisseur, welcher nicht von deutscher Herkunft,

aber das Factotum ſeines deutſchen Chefs iſt und in kißeligen
Fällen für dieſen die Kaſtanien aus dem Feuer zu holen pflegt:
„Ich bedaure lebhaft, Ihnen anzeigen zu müſſen, daß ich Ihr
Stück an die Direction mit der Bezeichnung „„unbrauchbar““
abgeben mußte, indem ich weder von dichteriſchen Eigenſchaften,
noch von bühnengemäßen, äußerlich theatraliſchen Wirkungen
ſoviel darin gefunden habe, als nöthig iſt, um dem Stücke
einigen Halt zu geben, geſchweige um ihm einen bedeutenden
Erfolg zumeſſen zu können.“

Wir müſſen, ehe wir aus vorſtehenden ſechs Urtheilen den
Schluß ziehen, bei letzterem Urtheile einen Augenblick verweilen.
Es iſt in jüngſter Zeit bei ein paar ſolchen Directoren, die
öffentlich mit dem Fortſchritt liebäugeln und heimlich für die
Reaction thätig ſind, Mode geworden, den Autoren von ihnen
unbequemen Novitäten direct gar nicht zu antworten. Sie wähnen
ſich den Schein einer gewiſſen Freiſinnigkeit, den ſie nicht gern
verlieren möchten, am zuverläſſigſten dadurch wahren zu können,
daß ſie durch irgend eines ihrer untergeordneten Werkzeuge,
welches für dieſen extraordinären Nebendienſt wohl mit einigen
Louisd'ors abgefunden werden mag, dem mißliebigen Autor
einen ſein Werk in den Staub tretenden Schmähbrief ſchreiben
laſſen. Das zuletzt citirte Urtheil zählt zu dieſer Gattung
von Couliſſen-Manövern. Wir können eine ſolche Bereicherung
der modern dramaturgiſchen Kunſtgriffe füglich der öffentlichen
Verachtung überantworten. Eine noch ſchärfere Brandmarkung
beider Herren mittelſt vollſtändiger Nennung ihrer Namen unter-
laſſen wir hier nur deßhalb, weil wir, ſelbſt gegenüber einer
Niederträchtigkeit, für die kein Milderungsgrund erſichtlich iſt,
unſern reinen Kampf im Dienſte der Intereſſen der dramatiſchen Kunſt nicht durch Perſönlichkeiten entweihen mögen
und daher durchgängig, ſofern nicht die Rückſicht auf die benöthigte Klärung der Sache ſelbſt zu einigen Indiscretionen

nöthigte, uns der Namensnennungen enthalten. Im Uebrigen
brauchen wir wohl kaum erst auf den unvereinbaren Wider=
spruch hinzudeuten, in welchem sich die citirten acht Urtheile zu
einander befinden. Ein und dasselbe Stück kann unmöglich
alle „Vorzüge" einer „sehr gelungenen Arbeit" besitzen und
zugleich aller „dichterischen Eigenschaften" und „bühnengemäßen
äußerlich theatralischen Wirkungen" völlig bar sein; es kann
unmöglich für ein „schwungvolles Drama" und zugleich für
„nicht geeignet" zur Darstellung erklärt werden; es kann un=
möglich alle Vorbedingungen für eine „hinreißende Wirkung"
und zugleich gar keinen „Halt" in sich tragen u. s. w. Folglich
hat jedenfalls die eine Hälfte der Urtheilenden verstandlos ins
Blaue hineingefaselt und nur die Leichtfertigkeit manifestirt,
mit der sie über die Schöpfungen neuerer Dichter hinweg hüpft.
Leider ist diese Art von officieller Kritikasterie keine Ausnahme,
sondern bildet so ziemlich die allgemeine Regel, nach der in
den Hoftheater=Bureaux vorgegangen wird. Dem betreffenden
Dichter aber, der mit einer jedenfalls würdigen und in nicht
gewöhnlichem Grade imponirenden Schöpfung sich den Bühnen=
vorständen vertrauensvoll genaht hatte, wird es schwerlich
Jemand verübeln können, daß er nach solcher Behandlung und
Erfahrung der Bretterwelt mit Ekel den Rücken zukehrte und
jeder näheren Berührung mit dem Theater auf immer ent=
sagte. Gegenüber solchen schreienden Thatsachen, die wir noch
durch Dutzende von Beispielen vermehren könnten, nehmen sich
wahrlich die täglich in den Zeitungen zu lesenden Versicherungen,
daß die Bühnenvorstände ernstlich nach brauchbaren Novitäten
suchten und alles ihnen Zugehende gewissenhaft prüften, gar
seltsam aus. Die bühnenunerfahrenen Journalisten, welche
derlei Unwahrheiten geschäftig colportiren, sollten sich doch wohl
etwas genauer um die wirklich bestehenden Verhältnisse erkundigen,
wenn sie sich nicht dem Verdachte aussetzen wollen, daß sie für

die journalistische Colportage ihrer Illusionen mit Geld abge=
funden würden.

Als ein besonders zu betonendes Zeit=Symptom, auf
welches wir im nächsten Abschnitt sachlich eingehen werden, sei
hier die Wahrnehmung hervorgehoben, daß seit der letzten
Casseler Zusammenkunft der Mitglieder des sogenannten deutschen
Bühnen=Vereins die Fälle, in welchen einzelne Theatervorstände
ihre früher eingegangenen Verpflichtungen gegen lebende Dramatiker
ohne Weiteres ignoriren, sich zu mehren scheinen. Ob dieß
auf einem bloßen Zufall oder auf andern Gründen beruhe,
mag vorerst unerörtert bleiben. Hier sei nur erwähnt, daß
uns persönlich aus der eben zu Ende gehenden Saison drei
zweifellos zu constatirende Fälle von Wortbruch vorliegen, wo=
von zwei auf die Hoftheater, und der dritte auf ein Stadt=
theater ersten Ranges kommt. In einem dieser Fälle handelte
es sich um eine Novität, welche schon im Juni 1869 zur erst=
maligen Aufführung im November desselben Jahres fest ange=
nommen worden war, jedoch bis zur Stunde ohne Angabe
irgend eines stichhaltigen Verhinderungsgrundes noch nicht ge=
geben ist. Vor einigen Monaten nun wagten wir, unter Bei=
fügung eines ergebensten Promemoria und unter entschiedener
Betonung der aus solch schlaffem Geschäftsgange für die Bühne
selbst erwachsenden Demoralisation, an die frühere Annahme zu
erinnern und um Angabe der Zeit zu bitten, innerhalb welcher
endlich die gegen uns übernommene Verpflichtung eingelöst werden
sollte. Daraufhin erhielten wir aus dem betreffenden Hoftheater=
intendanz=Bureau brieflich folgenden ebenso charakteristischen als
sich durch dictatorische Kürze auszeichnenden Bescheid: „Eine
Antwort auf Ihre Eingabe werden und können Sie
unmöglich von uns erwarten." Wir reclamirten umgehend
in einer zweiten, dem Ton solcher Rechtsverhöhnung ange=
paßten Eingabe gegen dieses uncharakterisirbare Verfahren, sehen

aber noch bis zur Stunde vergebens irgend einem Lebenszeichen auf unsere Reclamation entgegen: — der betreffende Inten=dant hat im Gefühle seiner persönlichen Unerreichbarkeit sich gegen uns in ein olympisches Schweigen gehüllt. Offen bekennen wir, daß dieser Vorfall den letzten Anstoß zur endlichen Aus=führung unseres schon längst gehegten Entschlusses gab, durch Vervollständigung unserer Reformschrift vom Jahre 1867 dem Publikum das Verhältniß zwischen Bühne und Autoren unter Weglassung aller beschönigenden Phrasen in seiner grassen Wirklichkeit darzulegen und mit allen uns zu Gebot stehenden Hebeln mittelst Berufung auf die gesetzgebenden Factoren des neuen deutschen Reiches die Beseitigung der anomalischen und in ganz unerträglicher Geistestyrannei versumpften Hofbühnen=zustände anzuregen. Wenn wir hier den Namen des betreffen=den Intendanten unterdrücken, so geschieht es aus demselben Motiv, aus welchem wir schon oben bei den mitgetheilten sechs Urtheilen den Namen eines Geisteshenkers und seines saubern Chefs verschwiegen haben. Jedoch behalten wir uns vor, ihn sammt dem Wortlaut unsers Promemoria und unserer Recla=mation zu publiciren, sobald die Rücksicht auf ein allgemeines Interesse der dramatischen Kunst uns dazu veranlassen sollte. Dieß dürfte erst dann der Fall sein, wenn es sich einmal um Festsetzung einer zeitgemäßen Geschäftsordnung für die Hof=theater handelt. Heute hätte die Publication nur die Bedeu=tung einer persönlichen Rache, und diese liegt unsern edlern Bestrebungen gänzlich fern.

Diejenigen Leser, welchen das Leben und Treiben der Hoftheater=Coulissenwelt unbekannt ist, werden über den zuletzt erzählten Vorfall ohne Zweifel ausrufen: „Da wäre dem Dra=matiker die Erwirkung seiner Rechtsansprüche denn doch erreich=bar; würde er beim zuständigen Gerichte klagen, so hätte der Intendant einen zweifellos verlorenen Proceß auf dem Hals."

Mit nichten! Der Intendant würde der Klage einfach die in einer früheren Zeit erlassene Hoftheater-Geschäftsordnung entgegenstellen, gegen welche es, solange dieselbe nicht aufge= hoben ist, keinen richterlichen Einspruch gibt. In dieser Ge= schäftsordnung heißt es unter Anderem:

„Die Zeit der Aufführung angenommener Stücke, sowie deren Besetzung, hängt einzig und allein vom Ermessen des Intendanten ab; auch steht diesem jederzeit das Recht zu, ihm zweckmäßig scheinende Aenderungen vom Autor zu verlangen und von der Fügsamkeit des Letztern die wirklich erfolgende Darstellung oder, falls das Stück bereits gegeben wurde, die weitern Wiederholungen ab= hängig zu machen."

Sohin hätte die Klage nicht die geringste Aussicht auf Erfolg und dem Autor bleibt — würde er auch von Pontius zu Pilatus appelliren — nur die Alternative offen, entweder das olympische Schweigen des Intendanten als den ihm zugefallenen Tantièmen=Antheil einzustreichen oder auf Concessionen zu sinnen, die in ihren Consequenzen nicht nur sein Werk in entstellender Castration auf die Bretter befördern, sondern überdieß noch ihn persönlich der eigenen Selbstachtung berauben müßten. Daß er, wenn auch mit blutendem Herzen, das erste vorzieht und sich des weitern Kampfes gegen die brutale Gewalt resignirend begibt, ist wohl klar. Das den Schutz des geistigen Eigenthums betreffende Reichsgesetz würde ihm nur in einer einzigen der vielen zu seinem Schaden erdenkbaren Eventualitäten Schutz gewähren, nämlich in dem an Hofbühnen ohnehin nicht vor= kommenden Fall, daß ein Stück ohne Honorarberichtigung auf= geführt oder ohne Zustimmung und Bezahlung des Autors durch den Druck vervielfältigt würde. Gegen die gewaltsame Ver= schließung des Marktes mittelst der, die Willkürcensur sanctioniren= den Hoftheater=Geschäftsordnung oder, bezeichnender aus=

gedrückt, Geschäftsunordnung, bietet jenes Gesetz auch nicht
den entferntesten das Recht wahrenden Anhaltspunkt. Der
Hoftheaterintendant mit seiner Geschäftsunordnung steht
über dem neu gegebenen Reichsgesetz und ist demselben gegen=
über vollkommen selbstherrlicher Autokrat; der Dramatiker
mit seinen Rechtsansprüchen steht außerhalb jenem Gesetz und
ist dem Hoftheaterintendanten gegenüber vollkommen schutzloser
Sclave! Das macht den durch die Reichsgesetze dem geistigen
Eigenthum zugesicherten Schutz, so werthvoll und so ausreichend
derselbe auch für alle andern Zweige der Kunst und Literatur
sein mag, für die dramatische Poesie fast vollständig illusorisch.
Wir kommen weiter rückwärts, bei Aufstellung unserer Gesetz=
ergänzungs=Vorschläge noch gründlicher auf diese Sache zurück. Vor=
her haben wir die Situations=Zeichnung noch durch einige wesent=
liche Charakter=Markirungen zu ergänzen.

Aus dem Inhalt der bisherigen Abschnitte ist dem Leser
wohl klar geworden, daß auf dem deutschen Theater gegen=
wärtig zwei heterogene Kunstrichtungen ersichtlich sind und beide
um die Oberherrschaft ringen. Die eine betrachtet das Theater
als bloße Unterhaltungsanstalt und nimmt es, nach dem
Vorbilde der Franzosen, mit der Ethik nicht sehr genau, indem
sie dieselbe als einen den Launen der Mode unterworfenen
Handelsartikel verarbeitet und auf der abschüssigen Bahn des
Esprit der nackten Lebens=Prosa entgegentreibt; die andere
Richtung, welche in der gewaltigen Erhebung der deutschen
Nation einen neuen Impuls fand, betrachtet das Theater als
eine zugleich angenehm unterhaltende Culturanstalt und strebt
auf dem zuerst durch Lessing in Hamburg klar vorgezeichneten,
später durch Göthe und Schiller in Weimar praktisch erweiterten
Wege, auf der Bühne das deutsche Kunst=Ideal zu ver=
wirklichen. Der Kampf für beide Richtungen wird zur Zeit
noch hinter den Coulissen ohne Zuschauer weit heftiger und

hartnäckiger geführt, als vor den Coulissen angesichts des Publi=
kums. Und da zeigt sich denn hinter den Coulissen eine den
politischen Debatten auf der parlamentarischen Schaubühne
vollkommen analoge Erscheinung. Wie wir im politischen Partei=
kampfe die Demokraten und sogar die Junker des preußischen
Herrenhauses im Bunde mit den Ultramontanen Fronte gegen
das deutsche Reich machen sehen, so finden wir im ausgebrochenen
Kunststreit die Mehrzahl der Hofbühnen=Verwaltungen brüder=
lich neben den Stammhaltern der versumpftesten Vorstadt= und
Provinzial=Boutiquen auf Seiten des Esprit als Gegner des
deutschen Kunst=Ideals. Der Grund dieser interessanten Partei=
stellung ist sehr durchsichtig. Ein von der Amme Esprit großgesäugtes
Theater leistet Culturverirrungen Vorschub, welche langsam
auch der Reaction auf socialem, politischem und religiösem Gebiete
Thür und Thor wieder erschließen müßten; ein in Lessing=
Göthe = Schiller'scher Richtung weiter ausgebildetes Theater
wäre ein gewaltiger Damm gegen eventuelle reactionäre
Gelüste, indem ein solches Theater mehr als irgend eine andere
öffentliche Institution die Cultur der Gegenwart selbst unter
den größern Volksmassen reifte und das ethische Banner des
Jahrhunderts hoch hielte. Daher die auffällige Erscheinung,
daß sich die Kunstpflege an den ersten Hofbühnen und das
Kunsthandwerk an den untergeordnetsten Vorstadttheatern schon
jetzt fast nicht mehr stofflich, sondern nur noch durch eine mehr
oder minder glatte Verarbeitung desselben rohen Stoffes von
einander unterscheiden. [1])

---

[1]) Daß die Fürsten am seltsamen Gebahren der geheimen und will=
kürlichen Theater=Censur unschuldig sind und in der Regel schwerlich auch
nur Kenntniß davon erhalten, wissen wir und haben es auch bereits in
dem früher mitgetheilten Citat aus Herrn v. Perfalls Briefe durch ein
eclatantes Beispiel constatirt. Wenn übrigens die Hofbühnenvorstände
ihr autokratisches Willkürverfahren mit der Hindeutung rechtfertigen wollen,

Ein berühmter Theaterdirector gab uns persönlich unlängst mit subjectiv wohlmeinender Absicht den Rath: „Lassen Sie doch den Larifari vom culturtragenden Beruf der Bühne und liefern Sie uns Stücke für das bloße Amüsement mit einiger

daß die Hoftheater eben Hof-Institute und nicht National-Theater seien, so sollten sie consequent zu Werke gehen und die Hoftheater auch zu wirklichen Hof-Instituten machen, d. h. sie sollten (wie das noch im vorigen Jahrhundert am Wiener Hofburgtheater Sitte war) den bezahlten Eintritt für das größere Publikum aufheben und zu den Vorstellungen gratis nur noch solche Personen eintreten lassen, welche hofballfähig sind! Obwohl unter dieser Voraussetzung das Volk für den ihm erwachsenden Verlust an dramatischen Genüssen sich durch Errichtung eigener Schauspielhäuser Ersatz zu verschaffen wüßte, könnten doch die Hoftheater selbst, ohne die größere Hälfte ihrer Subsistenzmittel zu verlieren und sich dadurch unmöglich zu machen, heutzutage auf eine solche Metamorphose nicht mehr eingehen. Schon dieß läßt die Berechtigung zur prätendirten Geheim-Censur problematisch erscheinen, gänzlich abgesehen von der Frage, ob es der Höfe würdig sei, durch Ausübung eines mindestens zweifelhaften Rechtes den erreichbaren Nutzen der Theater abzuschwächen. Hinter den Coulissen Hof-Institut sein und vor den Coulissen National-Anstalt vorstellen wollen, heißt den Witz des Reiters nachahmen, welcher sein Pferd in der Mitte spaltete und auf den zwei getrennten Hälften sich als Kunstreiter produciren zu können hoffte. Unsere Hofbühnen befinden sich in einer Hermaphroditenstellung und die hievon unzertrennliche Natur-widrigkeit der Vermählung mit der Poesie, wie mit der Kunstpflege, mußte bisher nothwendig auch das Repertoir und die für das tägliche Bedürfniß schreibenden Bühnen-Autoren zwerg- und zwitterartig verkrüppeln. Einen Ausweg zum Bessern deuteten wir bereits in dem Abschnitt „die drama-tische Kunst in Stuttgart" an; ein anderer Ausweg, der sowohl den Höfen als dem kunstsinnigen Publikum gerecht werden dürfte, scheint uns in den Vorschlägen zu liegen, welche wir weiter rückwärts im Text uns zu machen erlauben ; ein dritter Ausweg sei hier nur flüchtig angedeutet: Offenbar gehört aus sachlichen und aus Zweckmäßigkeitsgründen in einem wahrhaft constitutionellen Staat die Theaterverwaltung nicht in den Ressort der unverantwortlichen Hof-Canzlei, sondern in jenen des verantwortlichen Cultus-Ministeriums. Eine Ausnahme hievon

Würze geistreicher Frivolität; dann stehe ich Ihnen dafür, daß
Sie bald ein vielgegebener Poet und reicher Mann werden
sollen." Wir antworteten ihm, „daß wir es zu den Pflichten
eines geschichtlichen Dramatikers zählen, eher ehrenhaft unter=
zugehen, als durch eine solche Concession an die Brutalität uns
eine unehrenhafte Carriere zu sichern." — „Dann können Sie,"
fuhr jener fort, „sich getrost zu den Märtyrern zählen;
gewiß locken Sie mit all Ihrer Aesthetik keinen Fuchs aus dem
Loch. Es ist wahr, diese Hoftheaterwirthschaft ist brutal, kunst=
mörderisch und widersinnig. Aber — die solche Wirthschaft ändern
könnten, mögen nicht, und die sie ändern möchten, können
nicht. Die Herren haben eben die Gewalt in den Händen und
wollen auf der Bühne keine Wahrheit, nein, sie wollen an=
genehm einschläfernde Täuschungen sehen. Mein Verehrtester,
Sie schwimmen gegen den Strom — nicht des Zeitgeistes,
sondern des officiellen Spiritus: Sie treiben geschichtliche
Dramatik und wissen nicht, daß von jeher Gewalt über Recht
ging und wäre ihr Inhaber manchmal auch weiter nichts ge=
wesen, als ein gemeiner Henkersknecht."

scheint uns nur da gerechtfertigt zu sein, wo, wie das z. B. in München
der Fall ist, die Kunstliebe des Monarchen dem Theater außerordentliche
Summen opfert. Und selbst in München kam dessenungeachtet der hoch=
herzige Sinn des Monarchen aus Höchsteigenem Antriebe den Wünschen
aller Kunstfreunde in zweifacher Beziehung entgegen, indem dort nicht
nur beliebte ethische Schauspiele zeitweilig im Hoftheater bei sehr
ermäßigten Eintrittspreisen gegeben werden, sondern daneben auch noch
ein eigenes durch Allerhöchste Munificenz erhaltenes Volkstheater
besteht, in welchem unter Beiziehung des Hoftheaterpersonals ein
von keinen Hofrücksichten beeinflußtes Repertoir an der
Tagesordnung ist. Solche von Allerhöchster Seite ausgehende Förderung
der Culturmission des Theaters, die S. M. den König Ludwig von
Bayern aufs höchste ehrt, steht so einzig in ihrer Art da, daß wir
nicht unterlassen können, sie in unserm sonst so düstern Zeitbilde als hell=
strahlenden Glanzpunkt hervorzuheben.

Ja, excellente und nichtexcellente Beherrscher des Hof=
bühnenreiches: wir treiben geschichtliche Dramatik neben ernster
Kritik, und eben weil wir beide treiben, wissen wir auch um
diesen in der Geschichte nur allzu oft zur Herrschaft gelangten
Auswurf. Wir haben das ja schon 1867 eingehend erörtert.
Wenn wir dennoch unsere Grundsätze nicht abschwuren, so
geschah es theils, weil wir sie für die einzig sachgemäßen
halten, theils in der Hoffnung, daß in einer Zeit, in welcher
das Aufräumen der Anomalien bereits tüchtig begonnen hat,
auch die Anomalie Eures kunstmörderischen Satrapenthums
nicht von ewiger Dauer bleiben könne; daß im neu begründeten
deutschen Rechtsstaat auch Eurer despotischen Willkür endlich
eine gesetzliche Schranke gezogen werde; daß auch Ihr endlich
die Helotenmaxime, „Gewalt geht über Recht", mit dem menschen=
würdigeren Grundsatz werdet vertauschen müssen: „Recht geht
über Gewalt und Wahrheit über Lüge"; daß unter dem deutschen
Culturvolke endlich auch die an die verpestende Zelosis einer
mittelalterlichen Raubritterzeit gemahnende Zuchtruthe zerbrechen
müsse, durch welche Ihr die Entfaltung der Krone aller Künste,
der dramatischen Poesie, in schmachvoller Verkümmerung bisher
darnieder hieltet; daß endlich auch der Dramatiker vom Banne
Eurer geheimen Willkürmachtvollkommenheit erlöst und unter
dem Schutz öffentlicher Staatsgesetze desjenigen Segens einer
geregelten Freiheit theilhaft werden müsse, deren sich unter uns
bereits der geringste der Handarbeiter glücklich erfreuen darf!
Und sollte diese Hoffnung uns auch täuschen, sollte selbst das
Vertrauen verfrüht sein, welches wir in dieser Beziehung zu den
höchsten Würdenträgern des deutschen Reiches und zu den ge=
setzgebenden Körperschaften hegen, — sei's! Dennoch besitzen wir
einen Grund, gegen das Geheim=Institut der willkürlichen Hof=
theater=Censur und gegen die anarchische Mißverwaltung der
Hofbühnen anzukämpfen, — anzukämpfen gegen eine heillos=

verſimpelte Praxis, durch welche die erſten und einflußreichſten
Culturanſtalten der Nation zu Pflanzſtätten leichtfertiger Sitten
und zu gedankenträgen Unterhaltungshäuſern für den vornehmen
und für den gemeinen Geiſtespöbel entwürdigt werden, — anzu=
kämpfen gegen die Degradation der himmelhoch über dem pro=
ſaiſchen Getriebe des menſchlichen Egoismus thronenden Kunſt
zum ſchlepptragenden Ungethüm der hohlen Tagesphraſe, zur
ſclaviſchen Sachwalterin der ſchlimmſten aller Tendenzeleien!
Nie haben wir die Feder geführt, um uns glänzende Ordens=
bänder, Rang und Titel zu erringen; nie haben wir, wie ſo
Mancher von Euch, Ihr excellenten und nichtexcellenten Be=
herrſcher des Hofbühnenreiches, ein Intereſſe an der dramatiſchen
Kunſt nur geheuchelt und nebenbei mit verſtecktem Achſelzucken
kunſtwidrigen Launen gefröhnt. Nein! ſtets nahmen wir die
Kunſt für „die hohe, himmliſche Göttin", und verachteten die=
jenigen, denen ſie nur „melkende Kuh" ward, von welcher ſie
ihre „Butter" beziehen.

Und dann noch Eins, Ihr hochgebornen und hochwohl=
gebornen und überhaupt gebornen Herren mit oder ohne Ex=
cellenz, mit erſtem Hof= oder mit Bedienten=Rang, mit oder
ohne Stern und Ordensbänder! Ihr haltet Euch ohne Zweifel
für große Patrioten, und ein „Hinderniß delicater Natur"
— denn auch wir achten „delicate" Rückſichten — hält uns
ab, Euch geradezu ins Geſicht zu ſagen, daß Ihr Eurer eigenen
Selbſttäuſchung unbewußt patriotiſche Geſinnungen nur heuchelt.
Dennoch fürchten wir, es möchten in Wirkung unſers vorliegen=
den Buches hie und da Zweifel gegen die Echtheit Eures poli=
tiſchen Glaubensbekenntniſſes aufſteigen! Weil wir nun vermöge
unſers poetiſchen Naturells ſehr zartfühlend ſind, ſo können
wir Euch unmöglich öffentlich anklagen, ohne Euch zugleich eine
Gelegenheit zu ſchaffen, durch deren Benützung Ihr auf eine
uns ſelbſt gründlichſt verdonnernde Art Euren Patriotismus draſtiſch

zu beweisen vermögt. Wie wir aus Euern eigenhändigen uns
im Original vorliegenden Briefen nachgewiesen, habt Ihr neben
andern neuen Stücken auch unsern Max Emanuel als anrüchig
in aller Stille vom Repertoir hinweg escamotirt. Gut! In
Beantwortung dieser Escamotage erlassen wir hiemit öffentlich
folgendes **Preisausschreiben**:

Wir setzen zwanzig Ducaten für denjenigen von Euch aus,
welcher aus dem Texte von „Max Emanuels Braut=
fahrt" (gänzlich abgesehen von dem literarischen Werth
oder Unwerth des als bühnenwirksam erprobten Stückes)
den Beweis liefert, daß die geheime Macht, welche das
Theaterverbot dieses Schauspiels für die deutschen Hofbühnen
veranlaßte, kein verkappter Gegner des deutschen Kaisers,
des deutschen Reiches, der deutschen Fürsten und der
deutschen Nation sei; und daß folglich diejenigen Hoftheater=
Chefs, welch dem geheimen Winke jener mit ihrer höchsten
Spitze schwerlich innerhalb der jetzigen Reichsgrenze
thronenden Macht sich wie blind willfährige Diener unter=
ordneten, nicht als mindestens unvernünftig handelnde
Freunde des deutschen Kaisers, des deutschen Reiches, der
deutschen Fürsten und der deutschen Nation zu erachten
seien!

Niemand wird sagen können, daß wir durch vorstehendes Preis=
ausschreiben Euch die Reinigung vom erhobenen Verdachte allzu
schwer machen oder sie an eine ungeneröse Bedingung knüpfen.
Ihr habt durch die Escamotage Max Emanuels und einiger
andern Dramen aus unserer Feder uns seit zwanzig Jahren
um manches Tausend von Einnahmen verkürzt, dennoch knüpfen
wir die moralische Legitimirung Eurer Handstreiche an eine
Offerte, durch die Ihr für gehabte Mühe anständig entschädigt
seid. Heraus nun aus Eurem Hinterhalt, Ihr „Füchse", er=
probt öffentlich Eure Schlauheit oder — blamirt öffentlich

Eure Jesuitenlogik! Bei Gott, wir werden — obgleich unser
ganzer Reichthum im Ertrage unserer Feder besteht und wir
den Ausfall der Tantièmen und Honorare bitter empfinden —
wir werden dem Sieger unter Euch den Preis gewissenhaft
ausbezahlen und in dieser Selbstbelastung unserer Kasse eine
Sühne für das Verbrechen erkennen, welches wir dann gegen
Kaiser und Reich begangen hätten. Wir werden dem scharf=
sinnigen Beweisführer keinen Heller an der versprochenen Summe
abmarkten, sollten wir auch zu deren Complettirung unsern
Rock verschachern müssen und bei unserem dereinstigen Tode einen
Sarg nur noch von der Gnade der „Schillerstiftung" erhoffen
können. Uns sei dann die Ehre genug, gezeigt zu haben, wo=
hin ein Dramatiker kommt, welcher dem Wahne zu huldigen
wagt, daß neben dem dermaligen Treiben hinter den Coulissen
der Hoftheater die Bühne vor denselben noch ethischen Zwecken
redlich dienen dürfe oder wolle oder könne!

Weil wir wissen, daß ein großer Theil der Hoftheater=
Chefs die über die dramatische Kunst erscheinenden Reform=
schriften grundsätzlich gar nicht liest, so ersuchen wir alle deutsch=
patriotischen und ehrenhaften Journale, namentlich die in den
Residenzstädten erscheinenden oder dort verbreiteten, von unserem
vorstehenden Preisausschreiben und den dasselbe begründenden
Anlässen in ihren Spalten freundliche Notiz zu nehmen.

VII.

Der General - Intendant Herr von Hülsen, die Tendenz-
Dramatiker jüngsten Datums, die Acht über die ungefälschte
Pflege der Ethik auf den Hofbühnen, und eine Interpel-
lation an Deutschlands Staatsmänner und Gesetzgeber.

In den weiland bundestäglichen Zeiten gehörte nicht so
viel Combination, wie heutigen Tages, dazu, um das thatsäch=
lich über ein Drama verhängte Theaterverbot auch formell für
das Verständniß des größern Publikums zu constatiren. In
patriarchalischer Geistesbeschränktheit ließ damals noch die
Bundespolizei durch einen fungirenden Strohmann auf das
Titelblatt jedes ihr mißliebigen Bühnenmanuscriptes die Worte
niederschreiben: „Non admittitur. Dr. Thomas, Censor.“
Das war barbarisch, aber wenigstens noch ehrlich. Der offene
Bannstrahl verwandelte das betroffene Werk in einen guten
Buchhändler=Artikel, ließ folglich dem Autor die literarische Ehre
und wenigstens einen Theil der Erträgnisse seiner Arbeit un=
angetastet. Einer solchen Empfehlung kann sich gegenwärtig
der zurückgewiesene Dramatiker nur in höchst seltenen Ausnahms=
fällen noch erfreuen. Ja selbst Sonderbarkeiten, wie wir bei=

spielsweise oben eine solche in der Coulissengeschichte unsers
eigenen Schauspiels „Max Emanuels Brautfahrt" nachgewiesen,
werden künftig schwerlich mehr vorkommen. Schon jetzt scheint
die Mehrzahl der Hoftheater=Directoren ziemlich rasch einen Wink
zu erhalten, wenn der Chef des ersten kaiserlichen Hoftheaters sich
für die Darstellung irgend einer eben versendeten Novität „nicht
auszusprechen vermag". Es mag das — wir sind kein
Schwarzseher und wollen über eine Organisation, die wir selbst
nicht näher kennen, uns auch nicht weiter äußern — es mag das
vielleicht nur ein Zufall, oder Folge von Indiscretion eines
Unterbeamten, oder auch das unwillkürliche Ergebniß der be=
freundeten Privatbeziehungen sein, in welche die Hofbühnen=
vorstände durch ihre wiederholten Conferenzen zu einander
gekommen sind. Wir unterstellen also einer Thatsache, die un=
läugbar besteht, gerade keine mit ausgesprochener Absicht ver=
folgten büreaukratischen Centralisationsgelüste. Das aber alterirt
die Nachwirkungen der Thatsache nicht. Künftig wird es kaum
mehr geschehen, daß ein nachträglich von den Krallen der ge=
heimen Vehme erfaßtes Stück auch nur vorübergehend an einer
oder zwei Hofbühnen bis ans Lampenlicht vordringt. Jedes
derartige Stück wird der Gelegenheit, sich an einem Hoftheater
als bühnenwirksam zu erproben, völlig beraubt sein. Die per=
sönliche Verlegenheit des Bühnenvorstandes gegenüber dem
Autor ist ja weit geringer, wenn er ein noch nirgends dar=
gestelltes Stück einfach liegen lassen kann, als wenn er ein be=
reits anderwärts mit Erfolg zur Aufführung gelangtes Drama
abweisen muß oder gar in die Lage kommt, ein auf seiner
eigenen Bühne schon glücklich eingebürgertes Product plötzlich
wieder beseitigen zu müssen, ohne dem kopfschüttelnden Autor
irgend einen rechtfertigenden Grund seines Verfahrens nennen
·zu „können" oder zu „dürfen". Sohin sind die Dramatiker
nach 1866 noch weit schlimmer gestellt, als vor diesem Jahre,

und nach 1871 noch schlimmer, als während und vor dem großen Nationalkriege von 1870/71.

Im Allgemeinen drücken sich die jetzigen Hofbühnenleiter nicht mehr so drastisch aus, wie der ehemalige Frankfurter Thomas mit seinem non admittitur, oder jener unter dem Prätext eines Kunstinstituts=Vorstandes sachwaltende Geheimpolizei= Chef mit seinen Auslassungen über Göthe, Shakespeare und Schiller, die wir auf Seite 52 citirt haben. Die Hofbühnen= vorstände und Prüfungsbehörden sind in ihren Worten manier= licher geworden, um in sachlicher Beziehung desto vernichtender zu wirken. Das weiland bundestägliche non admittitur würde gegenwärtig, wenigstens in der Regel, nicht mehr den unter= drückten, sondern den unterdrückenden Theil in der öffentlichen Meinung erniedrigen. Daher verbieten sie jetzt nichts mehr. Nur etwa drei oder vier Vorstände machen hievon noch in so fern eine subjectiv sehr anzuerkennende Ausnahme, als sie bei dramatisch gelungenen, jedoch auf Censuranstände gestoßenen Novitäten die Vorzüge der Leistung anerkennen und das ob= waltende Hinderniß leise andeuten. Alle andern erklären mittelst diplomatischer Floskeln die ihnen nicht convenirenden Zusendungen einfach als für ihr Theater — unbrauchbar! Diese aus einer sonderbaren Convenienz entstandene Ausdrucksweise ist, sofern man damit das Walten der Geheim=Censur bemäntelt, ebenso despotisch als unehrlich. Daß man sich für unbrauchbare Leistungen an einer fürstlichen Bühne „nicht auszusprechen ver= mag", muß Jedem einleuchten. Der Ausdruck, gleichviel ob er wörtlich gebraucht oder in eine diplomatische Floskel eingehüllt werde, charakterisirt den Autor sammt seinem Werk als talent= los. So trifft denn auch der Dolchstoß sicher und mitten ins Herz dessen, auf den er gezielt wurde —: der beabsichtigte Geistesmord ist geglückt, und der Bühne ging mit solcher Ab= fertigung nicht bloß ein einzelnes Werk, sondern die Kraft

eines Dichters verloren, denn gerade begabte Schriftsteller
werden in der Regel nicht Lust haben, sich der Gefahr solch
schnöder Behandlung wiederholt auszusetzen.

Neben dieser Unehrlichkeit in Angabe der die Theater-Chefs
bestimmenden Motive nimmt sich die weitere Thatsache, daß
dieselben in Auswahl der ihnen convenirenden Novitäten ge=
wöhnlich Mißgriff auf Mißgriff begehen, doppelt drastisch aus.
Man kann annehmen, daß fast durchgängig auf einen glück=
lichen Griff vier Fiasco's und vier Succès d'estime zu
stehen kommen. Wer in dieser Beziehung eine statistische Zu=
sammenstellung der Leistungen an den verschiedenen Hofbühnen
veranstalten will, wird unsere Angabe nicht übertrieben finden.
Um Niemanden unrecht zu thun, geben wir gern zu, daß die
Mehrzahl der Hofbühnenvorstände weder die Befolgung auswärts
kommender Winke, noch überhaupt die Repertoir-Böcke vermeiden
könnte. Wer sein Geschäft nicht versteht, der sucht eben Rath,
wo er ihn finden zu können hofft; und wer überhaupt wenig
gelernt hat, der duckt sich vor jedem Windstoß, durch welchen
er aus dem Amt weggeblasen zu werden fürchtet. Da kann
denn freilich auch von Selbstständigkeit und eigenen Grundsätzen
keine Rede mehr sein. Nach Principien und Ueberzeugungen handeln
können nur Männer, durch welche das Amt gehoben wird, nicht
die, welche ohne die ihnen zugefallene Sinecure nur Nullen
wären. In letzterer Lage aber befinden sich, mit Ausnahme
einer verschwindend kleinen Fraction, fast die sämmtlichen
Chefs unserer Hofbühnen. Man darf nur die Antecedenzien
der meisten Persönlichkeiten, denen diese wichtigsten Cultur=
anstalten von jeher anvertraut wurden und größerentheils noch
anvertraut sind, prüfend ins Auge fassen, dann wird man sich
über den entstandenen Wirrwarr schwerlich mehr wundern.
Arbeitsscheue Höflinge, denen Kunst und Literatur von jeher
spanische Dörfer geblieben waren; verknöcherte Verwaltungs=

beamte, die nur am bureaukratischen Schreibpult heimisch sind; gewesene Militärs, deren Gesichtskreis nicht über den Horizont einer Wachtstube hinausreicht; außer Cours gerathene Literaten und verblaßte Schauspieler, die selbst ehemals mit ihren poesie= losen Producten und mimischen Versuchen auf den Brettern durchgefallen sind und deßhalb eine instinktmäßige Scheu vor jeder künstlerisch gesunden Lebensäußerung in sich fühlen; und (an den Stadt= und Pachttheatern) materielle Speculanten, deren Aesthetik in der Geldbörse besteht, — das ist mit sehr vereinzelten Ausnahmen das Contingent, aus welchem man die Vorstände für die Tempel recrutirt, deren jeder einzelne der Nation eine alma mater sein sollte und werden könnte. Wir kommen hier nur deßhalb nochmal flüchtig auf diese bereits 1867 erörterte Schattenseite zurück, um auszusprechen, daß unter so bewandten Umständen für die Mehrzahl der Bühnen die Nachahmung eines von Oben gegebenen Vorbildes an und für sich nicht sehr zu tadeln wäre, würde nur das Vorbild selbst etwas taugen. Um mit Nachfolgendem nicht mißverstanden zu werden, müssen wir zunächst ein paar Worte über unsere Ansichten bezüglich Deutschlands staatsrechtlicher Reorganisation hier einschalten.

Wir sind gewiß nicht bloß ein aufrichtiger Anhänger, sondern sogar ein begeisterter Verehrer der politischen, durch Preußen für Deutschland endlich errungenen Neugestaltung. Wir erkennen in dem Siege von des Fürsten Bismarck genialem Programm das größte Glück unseres Vaterlandes und die vollwichtigste Bürgschaft für eine beneidenswerthe Fortentwicke= lung des bereits zur höchsten Stufe der Macht emporgetragenen Reiches. Wir brauchen dieß nicht erst heute zu versichern, sondern können uns einfach auf das berufen, was wir in unserer Schrift „Deutsche Antwort auf wälsche Projecte" (dritte Auflage, Stuttgart, 1870, bei Vogler und Beinhauer)

hierüber ausgesprochen, sowie auf den unserem Schauspiel
„Max Emanuels Brautfahrt" unterlegten staatspolitischen
Grundgedanken, also auf ein Werk, welches wir (vgl.
die Vorrede zum ersten Bande unserer gesammelten „dramatischen
Werke") schon im Jahre 1864 zu München öffentlich vorgelesen
haben. Um so inniger haben wir zu bedauern, daß wir uns
als entschiedener Gegner der officiellen Auffassung bekennen
müssen, die in Preußen bezüglich der dramatischen Kunst
noch bis zur Stunde vorherrschend geblieben ist. Würde der
preußische Staat in seinen politischen, socialen und religiösen
Elementen nicht besser bedient sein als in seiner dramatischen
Kunstpflege, so hätte er, statt seine glänzenden Triumphe zu
feiern, zuverlässig 1866 das Schicksal Oesterreichs, und 1870
das Schicksal Frankreichs über sich ergehen sehen. Dem ersten
Hoftheater fehlt bezüglich des recitirenden Drama's alle und
jede fachgemäße Initiative. Nur langsam [1]) und widerstrebend

---

[1]) So lautet z. B. das Novitäten-Repertoir des k. Schauspiels vom
zuletzt abgelaufenen Jahre: Landfrieden; des Kriegers Frau; ein Engel;
Isabella Orsini; eine Comödie um ein Herz; Strafrecht; Landwehrmanns
Christfest; der Gefangene von Metz; die Gräfin: eine moderne Million;
nach 56 Jahren; Jugendliebe. Außerdem weist das Verzeichniß als
Novitäten noch Timon von Athen und Antonius und Cleopatra auf;
an neu einstudirten Stücken: Hans und Grethe; Gottsched und Gellert;
Werner; Camoëns; Krisen; Vicomte von Letorière; die Eifersüchtigen;
eine Tasse Thee. Wahrlich, wenn einst unsere spätern Enkel diese ebenso
patriarchalische als magere Repertoir-Auswahl lesen, so hat Herr v. Hülsen
nicht zu fürchten, daß er von ihnen den Geistern beigezählt werde, die
im glorreichsten Jahre der deutschen Nationalerhebung Weltgeschichte mit-
machen halfen! Selbst in einem Moment, in welchem die germanische
Cultur den Riesenkampf um Sein und Nichtsein kämpfte, von ihm keine
einzige seiner mannigfachen frühern Unterlassungssünden gesühnt! Nur
aus einer neueren That können wir schwach vermuthen, daß er, falls ihm
die bekanntlich nicht bloß unter den Hellenen blind umhertastende Fortuna
noch für ein weiteres Vierteljahrhundert das Kunst-Scepter beläßt, vielleicht

läßt es manchmal einen schwachen Funken der gesunden ethischen
Regungen des Zeitgeistes in seinem Novitäten-Repertoir durch-
schimmern. Der General-Intendant Herr v. Hülsen ist — wir
können nicht umhin dieß offen auszusprechen — ein Kunst-Chef,
der unter einer soldatesten Knutenwirthschaft des vorigen Jahrhunderts eine minder anomalische Celebrität gewesen wäre, als
am reformatorischen Kaiserhof des neuerstandenen Deutschland.
So leistet denn das von Obenher manifestirte Beispiel —
und dieß ist die traurigste Wahrnehmung an der ausgebrochenen
Theaterkrisis — derjenigen Kunstverirrung, die wir bereits
früher als eine unnationale und abschüssige charakterisirten, den
nachdrücklichsten Vorschub.

Ehe wir unsere Anklage gegen Herrn v. Hülsen tiefer
begründen, müssen wir noch ein paar Fragen aufwerfen.

Wer kann ein Interesse daran haben, daß die Bühne
ihrem ursprünglichen Berufe entfremdet und zum geistlos
amüsirenden Sinnenkitzel für die wandelbaren Launen des

ein paar Versäumnisse langsam ausbessern dürfte. Er hat nämlich
Rudolf Gottschall's längst an verschiedenen Bühnen gegebene
Katharina Howard endlich zur Darstellung zugelassen — ein Ent-
schluß, der ihn vor fünf Jahren geehrt hätte, jetzt aber nur noch als
ein weiterer Beleg dienen kann, wie unmöglich diesem Herrn Concessionen
an den Geist der Zeit a tempo selbst da abzuringen sind, wo es sich um
die Entrichtung des Ehrentributs an einen als Literator und Dichter
klangvollen deutschen Schriftsteller-Namen handelte. Wir citiren dieß Stück
nur deßhalb, weil die jetzt erfolgte Zulassung unumstößlich beweist, daß
die frühere Abweisung ein Unrecht gewesen war. Und derlei Unrechte
lasten gar manche auf Herrn v. Hülsen's ästhetischem Gewissen. Schwerlich
aber werden sie alle gesühnt werden, denn nicht in allen Fällen handelt
es sich darum, im Entgegenkommen gegen einen lebenden Dramatiker
zugleich auch einem zu Einfluß gelangten Publicisten ein entgegen-
kommendes Compliment machen zu können, wie dieß bei den Verfassern der
„Katharina Howard" und der „Gräfin" der Fall war!

vornehmen und des gemeinen Plebs mißbraucht wird? Etwa
die Fürsten? Die deutsche Bühne in ihrer dermaligen Verflachung ist eine Nachahmung des französischen Theaters, —
die politischen und socialen Zustände Frankreichs, an denen die
Versumpfung der Pariser Bühnen und ihres Repertoirs nicht
die kleinste Schuld trägt, können den Fürsten Deutschlands auf
diese Frage Antwort geben! Hat das Volk ein Interesse an
der Fälschung der Kunsttempel, in denen es neben der Unterhaltung so gern auch Nahrung für Geist und Herz suchen und
finden möchte? Vergebens sehen wir uns im großen deutschen
Vaterlande nach einer Stadt um, in welcher nicht gerade der
Kern des Bürgerstandes am lautesten über die heillose Theater-
wirthschaft klagen und eine radicale Reform im edelsten Sinne
des Wortes herbeisehnen würde. Selbst in Berlin, wo durch
den hohen Ernst von 1866 und 1870 auch unter den größern
Volksmassen wieder ein ethischer Kunst-Ernst Platz griff, ringen
sogar einige der Vorstadtbühnen, die wegen ihrer trink- und
speisewirthschaftlichen Einrichtungen nicht ganz mit Unrecht auf
Hülsen's Antrag aus der Liste der Kunst-Institute gestrichen
wurden, nach einem idealeren Repertoir-Aufschwung, welcher hoch
über dem kirchthurmniedern Horizont des vier Hofbühnen
regierenden General-Intendanten steht, — die aus Hülsen's
Tempeln verjagte Poesie sucht in Boutiquen ein trauriges Asyl
und das Volk strömt ihr schaarenweis nach. So bleibt denn
nur noch eine einzige gesellschaftliche Schichte übrig, deren un-
ausgesprochenen Zwecke durch die Niederhaltung der dramatischen
Kunst gefördert werden. Es ist dieß eben dieselbe Schichte, zu
welcher mit sehr vereinzelten Ausnahmen unsere Hoftheater-
Directionen und Intendanzen gehören, nämlich die zwischen Volk
und Fürsten sich immer wieder neu eindrängende Hof-Camarilla,
an die sich Alles anklammert, was von feudalem Junkerthum.
kirchlich reactionären Elementen, Kirchthurmpolitikern und wie

die Egoisten der sogenannten historischen Machtvollkommenheit
sonst heißen mögen, in Deutschland noch vorhanden ist und ins=
geheim so eifrig für die Kirchhofsruhe einer mittelalterlichen
Geistesumnachtung wirkt. Das gedruckte Wort ist der Bot=
mäßigkeit dieser Camarilla entzogen und steht unter der Controle
zeitgemäßer Staatsgesetze. Aber das von den Brettern unserer
Hofbühnen herab gesprochene Wort ist noch ihre Domäne
geblieben, über welche sie eigenmächtig, nicht nach Regeln der
Kunst oder nach sonst ersichtlich normirter Satzung, sondern nach
Gutdünken im Interesse ihrer Anhänger und Parteigänger ver=
fügt. Darum ist es für den wahren Volksfreund und für den
denkenden Politiker in hohem Grade interessant, den innern
Vorgängen des Hoftheaterlebens nähere Aufmerksamkeit zu wid=
men. Die Bühne hat, selbst in ihrer Verirrung, nicht auf=
gehört, ein getreuer Barometer der geistigen Luftströmungen
ihres Zeitalters zu bleiben. Man darf nur, um den Zeiger
des Barometers richtig zu deuten, neben ihrer positiven Seite
die negative nicht übersehen, d. h. man muß nicht bloß das an
ihr betrachten, was sie leistet, sondern auch das, was sie nicht
leistet und warum sie es nicht leistet! So lange sie aus den
zur Zeit vorwaltenden Motiven ihrem wahren Berufe entfremdet
bleibt, wird man schwerlich irre gehen, wenn man ihre Ver=
sumpfung als ein untrügliches Zeichen betrachtet, daß auch im
neuen deutschen Reiche gar Manches noch faul geblieben ist.
Wer auf der fast einzigen noch seiner Privatwillkür preisgege=
benen Domäne anarchisch waltet, der beweist dadurch, daß ihm
auch die endlich für das Volk errungenen öffentlichen Gesetze
nicht mehr länger heilig wären, sobald er die Macht besäße,
sie wieder aufzuheben.

Ob die mit der reactionären Camarilla alliirten Hofbühnen=
vorstände den vom frischen Morgenhauche der Neuzeit ange=
fächelten dramatischen Novitäten den Zutritt auf die Bretter

aus Furcht vor dem Volke oder aus Furcht vor den Fürsten
verrammeln, ist eine schwer zu beantwortende Frage. Denn
weder die eine noch die andere dieser Voraussetzungen entbehrt
aller Wahrscheinlichkeit, obgleich andererseits gewiß ist, daß die
Furcht vor jenem eben sowohl als die Furcht vor diesen nur
als Beleg für die ungeheuerliche Thorheit der Camarilla gelten
kann. Wer von einem Volke, welches soeben die riesigen Lasten
des Krieges von 1870/71 mit freudigster Opferwilligkeit für Vater=
land und Fürsten getragen, — wer von einem solchen Volke
besorgt, daß es durch ein von den Brettern herab ertönendes
Wort in seiner Loyalität erschüttert werden könnte, der beleidigt
die ganze Nation, welche in ihren maßgebenden Schichten die ideale
Welt der Poesie haarscharf von der realen Wirklichkeit zu scheiden
weiß und gegenüber weit lockendern Verführungskünsten während
der letzten zwei Jahre eine bewundernswerthe Feuerprobe ab=
gelegt hat, wie sehr gerade sie ein geschworener Feind alles
Chimärischen und Utopischen ist. Wenn je etwas noch ihre von
sclavischer Kriecherei und von revolutionären Gelüsten gleichweit
entfernte Loyalität gegen Vaterland und angestammte Fürsten
unterwühlen könnte, so wäre es ohne Zweifel gerade das, was
die Camarilla in blinder Verachtung des Zeitgeistes thut, —
nämlich die unvernünftige Bevormundschaftung, welche dem
Volk, als ob es immer noch aus einem Haufen unerzogener
Schulknaben bestände, mittelst geheimer Censur sogar das Maß
und die Beschaffenheit dessen bestimmen will, was ihm an idealen
Geistesgenüssen künftig vergönnt sein soll. Der großgewachsene
Sohn, über welchen man in dem unter seiner mannhaftesten
Beihilfe neu erbauten Vaterhause gleichsam noch eine Säug=
und Hebamme als autokratische Wächterin stellt, wird nach einem
ununterdrückbaren Gesetze der Naturnothwendigkeit im eigenen
Vaterhause fremd. — Soll aber die Unterdrückung des sich aus
dem historischen Drama herauskristallisirenden Geistes der Zeit

den Zweck haben, die vollständige Aussöhnung der Fürsten mit
diesem Geiste zu hintertreiben, so machen sich unsere Hoftheater=
Verwaltungen durch ihre geheime Willkür=Censur eines noch
schwereren und ihnen bewußten Vergehens schuldig. Sie sind
dann nicht nur Frevler am ewigen Weltgesetz der Fortentwick=
lung, sondern auch pflichtvergessene Bediente ihrer eigenen Fürsten.
Nicht das nach den Regeln der Aesthetik aufgebaute Drama legt
ins Herz der Zuschauer Keime der Illoyalität gegen Vaterland
und bestehende Staatsordnung, sondern gerade jene von unsern
Hofbühnen mit besonderer Vorliebe gepflegten Zwittererscheinungen,
durch welche man die sich räuspelnde Schwäche des conventio=
nellen Lebens und seiner leidenschaftlichen Aufwallungen apotheosirt.
Das regelrichtig aufgebaute Drama kann, mögen die darin auf=
tretenden Helden sich auch noch so excentrisch geberden, in
seinem Einflusse auf die Denkweise der Zuschauer stets nur
conservirend wirken; denn in ihm manifestirt sich schließlich die
höhere Weltordnung als die Macht, welche alles ihr Wider=
strebende unnachsichtig zerschmettert. Die ethische Wirkung des
Drama's ist eine Verherrlichung des Segens der Gesetzlichkeit.
Darum galt auch von jeher insbesondere die geschichtliche Tragödie,
in welcher diese Wirkung klarer als in den dramatischen Unter=
gattungen hervortritt, als der Gipfel aller menschlichen Künste
und ihre bevormundete oder unbevormundete Entfaltung als der
Prüfstein für die Vollkommenheit oder Mangelhaftigkeit der
Staatsorganisation jedes Culturvolkes. Hellas kannte für seine
Dichtergenien keine Censur, weil seine Staatsmänner keinen
Volksdruck zu bemänteln hatten. Darum erhielt es in seinen
Tragikern auch die unsterblichen Propheten und Verkündiger
der höchsten politischen Staatsweisheit. Der freisinnigste aller
neuern Dramatiker, unser Friedrich von Schiller, hat zu
den glorreichen Errungenschaften der deutschen Nation mindestens
ebenso viel beigetragen, als unser ruhmgekröntes Heer in dem

jüngsten Kriege; denn ohne Schillers Einfluß auf die ganze
Nation wäre Deutschland kaum in der Lage gewesen, dem ge=
meinsamen Feind eine solche Schaar von Heldensöhnen entgegen
zu stellen. Mag man auch mit vollstem Rechte die Ausbildung
der preußischen Strategie noch so hoch stellen, so bleibt doch
nicht minder wahr, daß alle Strategie da, wo nicht die Literatur
schon vorher die Nation zur Begeisterung für Vaterland und
Recht groß gezogen hat, keine Soldaten einschulen könnte, mit
welchen die Heerführer nationale Siege zu erringen vermöchten.
Und gerade dasjenige der Werke Schillers, welches man wegen
seiner vorgeblich destruirenden Tendenz noch vor wenigen Jahren
an mancher Hofbühne für hofunfähig erklärt und unterdrückt
hatte, gerade sein unsterblicher „Wilhelm Tell" ist das patriotische
Wiegenlied geworden, unter dessen begeisternden Klängen der
neue Kaiserthron deutscher Nation aus der Taufe gehoben wurde.
Daher muß es doppelt befremden, daß der vernichtende Windstoß
gegen die historische Dramatik gerade von Berlin her so scharf
braust. Man rühmt am General=Intendanten Herrn v. Hülsen
die Pünktlichkeit seiner Amtsführung. Und es ist wahr, jeder
historische Dramatiker, der nicht in hohler Phraseologie Geschäfte
macht und ihm dennoch eine Novität zu übersenden wagt, erhält
binnen zwei Monaten pünktlich einen lithographirt abfertigenden
Bescheid, der wörtlich lautet: „Euer Wohlgeboren beehre ich
mich das unterm . . . . . . eingereichte Manuscript . . . .
mit bestem Danke für . . . . Mittheilung ergebenst zu remittiren,
da ich mich für die Darstellung auf der hiesigen königlichen
Bühne nicht auszusprechen vermag. Berlin, den . . . . .
General=Intendantur der königlichen Schauspiele: v. Hülsen."
Dieß aber ist die Pünktlichkeit eines Wachtmeisters vor einer
polizeilichen Correctionsanstalt, nicht die Gewissenhaftigkeit eines
Rectors der alma mater. Herr v. Hülsen hat unlängst bei
Gelegenheit seiner Amtsjubiläumsfeier von seinem erhabenen

Kriegsherrn einen Orden erhalten, — künftige Geschichtsschreiber des deutschen Theaters aber werden ihm nur das zweifelhafte Verdienst zuerkennen, daß er während eines fünfundzwanzig= jährigen Waltens verstanden habe, mit seinem Polizeistock die lebenden Dramatiker theils zum Schweigen zu bringen und theils zu schweifwedelnden Tendenz=Poeten nach dem Vorbilde der Dichterschule Ludwigs XIV. von Frankreich zu verkrüppeln. Seine Verurtheilung wird um so vernichtender lauten, je größer seit Neubegründung des deutschen Reiches sein Einfluß geworden ist. Herr v. Hülsen beherrscht, außer dem ersten Theater Deutschlands, noch drei andere Hofbühnen, welche direct unter seiner Oberleitung stehen. Dadurch und durch seine Stellung als Präsident des aus 57 Bühnen bestehenden deutschen Bühnen= vereins wird sein Verfahren für den Charakter des Theaters der Gegenwart geradezu maßgebend. Wir zweifeln nicht, daß Herr v. Hülsen den ihm hier vindicirten Umfang seines Ein= flusses bescheiden ablehnt. Dennoch besteht, wie wir schon oben nachgewiesen, dieser Einfluß, zwar vielleicht nicht auf Grund ausdrücklicher Bestimmungen und Verabredungen, jedenfalls aber durch die moralische Macht des Beispiels, welche das Hof= theater des deutschen Kaisers auf die andern Bühnen unwill= kürlich ausübt. Hülsen könnte, wäre er nur von wahrhaft künstlerischen Grundsätzen erfüllt, durch die Macht seines Beispiels ein Regenerator der dramatischen Kunst werden, doch er gerade ist's, der durch die engherzigste Censur dem Bühnenrepertoir Todesstoß auf Todesstoß versetzt. Noch nie ist mit dem sehr richtigen Ausspruche, daß die Bühne nicht zu politischen Partei= zwecken mißbraucht werden dürfe, ein schlimmerer Unfug getrieben worden, als seit den letzten zwei Decennien. Unter dem Vorwande, die Tendenz=Politik von den Brettern fern zu halten, ächtete man an den lebenden und strebenden Dichtern die Ethik und degradirte dagegen die Bühne zu einem Tummelplatz für die

schlimmste aller Tendenzeleien, nämlich für die Lügen der soge=
nannten Convenienz, — mutatis mutandis ganz so, wie
unter dem höfischen Schmeichlerregiment Ludwigs des Vierzehnten.
Die Politik im Allgemeinen, d. h. jede sich auf das Staats=
wesen im Großen und Ganzen beziehende objective Aeußerung
von den Brettern verbannen wollen, ist gleichbedeutend mit
einem vollständigen Verbot der historisch = dramatischen Poesie.
Wie sollte der Dichter z. B. den Charakter eines Königs, eines
Feldherrn oder eines Ministers anders als schablonenhaft
zeichnen können, wenn er ihnen über Fürstenbefugniß, Heerwesen,
Staatsverwaltung keine Meinung oder nur solche Meinungen
in den Mund legen dürfte, welche dem engherzigsten Schädel
ad usum Delphini et populi für den Augenblick geeignet
erscheinen? Welche Zwittergestalten kämen da an Stelle historischer
Bilder zum Vorschein! Welche Zwittergestalten tischen unsere
Hofpoeten jüngsten Gepräges dem Publikum bereits auf! Ist
die Poesie überhaupt — wie unmöglich bestritten werden kann —
der tiefste und innigste Ausdruck der Empfindungen und Be=
wegungen des menschlichen Gefühlslebens, so wird man ihr die
Betheiligungsbefugniß an den großen Kämpfen und Anliegen des
öffentlichen Lebens nicht bestreiten können, insbesondere nicht der
geschichtlichen Dramatik, welche ja gerade die großen Cultur-
katastrophen der Volks= und Staatenentwicklung zum Thema
hat. Wo in unserer gesammten klassischen Literatur fände sich
ein historisches Drama, welches nicht von politischen Gedanken
durchwebt wäre? Schiller in seinen Trauerspielen ist durch
und durch der Sänger und Verkündiger der politischen Freiheit.
Shakespeare's Dramen aus der englischen Geschichte sind die
dichterische Darstellung des Wesens und des Verfalles des
mittelalterlichen Feudalstaats und die Verherrlichung der unter
Elisabeth geschichtliche Thatsache gewordenen Staatsidee. Auch
in Aeschylos, Sophokles und Aristophanes läßt sich der

große politische Zug leicht nachweisen. Oder spiegelt sich, um
hier nur die bekannteste der griechischen Tragödien zu nennen,
in Sophokles' „Antigone" nicht ein Conflict zwischen dem
Gesetz des Staates und zwischen religiösem Glauben ab? Man
hat seiner Zeit, und zwar mit vollem Recht, am Berliner Hof=
theater die Antigone als mustergiltige Tragödie ins Repertoir
aufgenommen. Wenn man dadurch den der höchsten Gattung
der dramatischen Poesie zukommenden Geistesbereich anerkannte
und dennoch den lebenden Dramatikern alle und jede objective
Politik, sogar die historische, rundweg verwehrt, so heißt dieß
eben so viel als: ihnen das nachahmenswertheste Beispiel zeigen,
und zugleich die Nachahmung unmöglich machen. Der Nonsens,
der hierin liegt, tritt wohl schreiend genug zu Tage; denn es
kann schwerlich Jemand darüber in Zweifel sein, daß der moderne
Bühnendichter, falls er der Bühne der Gegenwart ein Sophokles
werden wollte, nicht mehr den Staat Kreon's und die helle=
nischen Religionsbegriffe, sondern den christlichen Staat und
die christliche Religion ins Auge fassen müßte und sich auf
die Zinnen der heutigen Weltanschauung zu stellen hätte, so wie
Sophokles auf den Zinnen der hellenischen Weltanschauung stand.
Auch wir sind, obgleich wir aufs entschiedenste für das Recht der
politischen Poesie im Drama einstehen, ein Gegner der Tendenz=
Dichtung, d. h. derjenigen Dichtung, welche, statt sich rein und
unbefangen von ihrem Inhalte zu erfüllen und denselben künst=
lerisch zu gestalten, auf ganz unmittelbare specifische politische
Wirkung speculirt. Der Unterschied zwischen beiden ist leicht
zu erkennen. In letzterer Gattung überwächst der Eifer der
Propaganda die innere Nothwendigkeit und Folgerichtigkeit des
Motivs: „Die Poesie wird Rhetorik." Die heutige Hoftheater=
Praxis kennt diesen Unterschied nicht, indem sie an den lebenden
Dichtern beide Gattungen gleichmäßig ächtet. Vor ihrem Forum
würde sogar Schiller, pochte er als Neuling und ohne das

Ansehen seines jetzigen Namens z. B. mit seiner Rütli=Scene oder mit was immer für einem seiner unsterblichen Dramen an, als Tendenz=Poet unwiderruflich aus Thaliens Tempeln ausgewiesen. Kürnberger hatte vollkommen recht, als er in seinem bekannten Briefe an Herrn Baron v. Perfall die beflügelten Worte niederschrieb: „Hinaus mit Schillers Büsten aus un= sern Foyers und schreibt es mit ellenlanger Inschrift auf alle deutschen Theaterpaläste: der größte Dramatiker Deutschlands wäre im neunzehnten Jahrhundert — nicht! Ich läugne die Gegenrede, daß ein heutiger Schiller auch das heutige Theater eroberte, denn das eben sei das Genie, daß es unter allen Umständen sich Bahn breche. Ich läugne sie. Es gibt eine Grenze, bis wohin das Genie nicht mehr geht, sondern nur die Handlanger gehen läßt." Schiller fände als Neuling heute seinen Platz nicht mehr in den von Herrn v. Hülsen direct geleiteten oder in den sein Beispiel nachäffenden Hoftheatern, sondern nur noch in den von Hülsen so tief verhaßten Aushilfs= Instituten im Style des Berliner Belle=Alliance= Theaters [1]). Daß, statt gegen den Mißbrauch der Bühne

---

[1]) Auch hiefür schustert man unter dem an und für sich ganz richtigen Prätext, daß die moderne Bühne vor Allem „bühnengerechte" Stücke be= dürfe, bereits eine Theorie zurecht und findet für diese jüngste Sonderbarkeit sogar gewandte rabulistische Sachwalter. Erst unlängst lasen wir in einem officiellen Fach=Organ z. B. eine Definition von „bühnengerecht", die unbedingt für die Zukunft die Theaterverwaltungen ermächtigt, jede ihnen nicht convenirende Novität schon deßhalb als „nicht bühnengerecht" abzuweisen, weil zufällig ein vom Autor vorgeschriebenes Kleid nicht schon früher vom Schneider angefertigt wurde oder für die Aufführung irgend eine Coulisse neu zu überpinseln wäre! Der Verfasser jenes Artikels vindicirt das Recht, eine „neue Bühnenerfindung" ins Leben zu rufen, einseitig der zur Zeit herrschenden Schablone, welche er euphenistisch „Theatermechanismus" nennt. Nach ihm würde ein dramatisches Genie, welches eine solche Er= findung aus „gewissen unveränderlichen Gesetzen des Drama's" folgern

feierlich zu protestiren und laut und offen die Stimme für die über dem Parteigetriebe des Augenblickes thronende Kunst zu erheben, sich unter unsern Dichter=Epigonen charakterschwache Persönlichkeiten genug fanden, welche federschwänzelnd den zu=

wollte, mit seinem Stück zwar vielleicht „künftig einmal bühnengerecht werden", aber zur Zeit hätte es „jedenfalls kein bühnengerechtes Stück ge= schrieben" und die Ablehnung wäre vollkommen gerechtfertigt. Dieß heißt denn doch allzu pünktlich nach Schalk Mephisto's Recept verfahren:

„Wer will was Lebendigs erkennen und beschreiben,
    Sucht erst den Geist heraus zu treiben,
    Dann hat er die Theile in seiner Hand,
    Fehlt, leider! nur das geistige Band."

Ob wir mit diesem Citat dem Verfasser des betreffenden Artikels unrecht thun, mag der Leser aus Folgendem entscheiden: Der Verfasser, dessen Elaborat in den Fachkreisen ein peinliches Aufsehen erregte, stellt, ohne irgend welchen Vorbehalt, unsern Schiller als Bühnendichter auf gleiche Rangesstufe mit dem Theater der „Indier" oder mit demjenigen „der Deutschen zur Zeit des Hans Sachs" und verweist ihn in dieser Gesell= schaft kurzweg als der „Vergangenheitsbühne" angehörend in die theatra= lische Rumpelkammer. Auch spricht er ziemlich unverblümt aus, daß ein Schiller des neunzehnten Jahrhunderts (unglücklicherweise ist dem deutschen Theater bis zur Stunde ein solcher noch nicht erstanden) zwar vielleicht „höchst lesenswerthe Arbeiten liefern" könnte, aber durchaus „keinen Grund" hätte, „sich über Zurücksetzung Seitens der gegenwärtigen Bühne zu beklagen". Das ist offen gesprochen und verdient in so fern Dank, als man aus dieser recht ostensiv zur Schau getragenen Pietätlosigkeit gegen die Geistes= schätze unserer nationalen Dichter=Heroen (mit Schillers unbedingter Ver= werfung fällt auch Lessings Dramaturgie sammt dem ganzen bisher für classisch gehaltenen Repertoir in die Rumpelkammer) unwiderleglich ersieht, wohin der Cynismus der heutigen Wortführer den Thespiskarren lenken will! Der betreffende Artikel ist in höchst sprachgewandter Form abgefaßt und ergeht sich in Wendungen, die für unerfahrene Dramatiker manches Plausible enthalten. Daher wollen wir unsere gegentheilige Ansicht hier in kurzen Worten niederlegen. Der Artikel fußt auf den zwei Voraus= setzungen, 1) daß es für das Drama zwar gewisse unveränderliche Gesetze gebe, daß jedoch 2) ein Dramatiker der Gegenwart die Ver=

gemutheten Handlangerdienst verrichten, — dieß wird von einer
nicht fernen Zukunft schonungsloser verurtheilt werden, als die
literarischen Zeitgenossen des großen Königs von Frankreich
verurtheilt worden sind. Jene hatten zu ihren Vorgängern

werthung dieser Gesetze hauptsächlich aus dem augenblicklich herrschenden
Theatermechanismus abstrahiren, respective sie dem letztern unterordnen müsse. Wären diese zwei Voraussetzungen vorbehaltslos richtig,
so ließe sich freilich gegen die weitern Schlüsse des Artikels nichts einwenden,
logisch würde dann daraus zu folgern sein: Hinaus mit Schiller sammt
aller Classicität, und tüchtig nach Schalk Mephisto's Recept gewirthschaftet!
Die Sophistik des Artikels beruht darin, daß der Verfasser schon in seinen
beiden Voraussetzungen Wahres mit Falschem täuschend durcheinander mengt.
Der Geist, Zweck und Sinn gewisser dramatischer Gesetze „in Bezug auf Expo-
sition, Steigerung, Höhepunkt, Umkehr, Katastrophe" u.s.w. sind allerdings „un-
veränderlich"; dagegen unterliegt die formelle Anwendung und Manifestation
derselben den Begriffen und dem Vorstellungsvermögen desjenigen Zeitalters,
für welches das Drama geschrieben wird und vor welchem es von den
Brettern herab wirken soll. Die Tragödien eines Sophokles, auf welche
sich der Artikel beruft, sind nicht bloß deßhalb, weil die „Gegenwartsbühne"
einen ganz andern Theatermechanismus besitzt, undarstellbar geworden,
sondern weit mehr noch deßhalb, weil sich seit der Griechen Zeit auch der
Begriff des „dramatisch" (unbeschadet des Geists und Zwecks der wandel-
losen Gesetze) modificirt hat. Das altgriechische Drama manifestirte formell
die „unwandelbaren" Gesetze in einer mehr zur plastischen Epik hinneigenden
Breite und Detailmalerei, als sich in einem bühnenpraktischen Werk mit
dem allgemeinen Bildungsgange unseres Jahrhunderts vertrüge. Ein Epoche
machendes dramatisches Genie würde den Begriff des „bühnengerecht",
unter genauer Würdigung der sein Zeitalter bewegenden ästhetischen und
ethischen Motive, immerhin nur aus dem Wesen des Drama's, freilich
mit Beachtung des aus dem zufällig bestehenden Theatermechanismus hiezu
Förderlichen, für sich eruiren dürfen, aber nicht (wie der Artikel ver-
schlägt) hauptsächlich oder wenigstens ebenmäßig auch aus einer ephemerisch
zur Mode gelangten Schablone, nenne man sie „Theatermechanismus" oder
Theaterevangelium! Nicht der todte Körper der Theatermaschine hat dem
Dichter, sondern das lebendige Genie des dramatischen Productionsquells
hat dem Theater die einzuschlagende Bahn vorzuzeichnen. In diesem Sinne

keinen Lessing, Göthe und Schiller, welche ihnen die Bahn weisen konnten, die am Scheidewege einzuschlagen des Dichters allein würdig ist. Wir müssen sogar stark bezweifeln, ob schon jetzt die Kriecherei der Tendenz=Poeten selbst denen, welchen sie schmeicheln will, auch nur vorübergehend mehr als ein stilles Lächeln der Verachtung abringen kann. Nicht die Verrenkung des Sclaven, sondern die freie Sprache des freien Mannes ist's, was Achtung erzeugt. Man setzt ein schwaches Fundament für die bestehende Ordnung voraus, wenn man wähnt, daß sie zu ihrer Aufrechterhaltung der Schmeichelei bedürfe, daß der läu= ternd aus dem Gang der Weltgeschichte aufsteigende Geist der Wahrheit sich mit ihrem Ansehen nicht vertrüge! Nein, wir hegen zu der Stärke des glänzend wieder errichteten deutschen Kaiserthrons und der ihn umrankenden Fürstengeschlechter ein besseres, auf tiefere Gründe gestütztes Vertrauen. Die Funda= mente, auf denen beide ruhen, und der Born, aus welchem sie ihre Lebenskraft schöpfen, werden selbst durch die Waffen eines principiellen Republikaners nicht zu schwächen und nicht zu trüben sein und er wird anerkennen müssen, daß hier ein für die Volksstämme der Germanen passender, in seinem wesentlichen Gehalte kerngesunder Staatsorganismus sich zu entwickeln be= gann. Wird er auch noch gar Manches vermissen, was sein Herz mit ungestillter Sehnsucht nach den Freiheiten der „neuen Welt" erfüllt, so blieb ihm dagegen auch gar Vieles erspart,

---

erklärten wir schon in unserer Einleitung die Ausdrücke „echt dramatisch" und „bühnengerecht" für identische Begriffe und halten dafür, daß sie bei der praktischen Lösung der Bühnenreformfrage als identisch behandelt werden müssen. Dieß läuft in den weiter daraus zu folgernden Deductionen auf kein leeres Wortgefecht hinaus, sondern bedingt wesentlich den künftigen Charakter der deutschen Bühne. Die in erwähntem Elaborat aufgegriffene Frage lautet, genau besehen, nicht: „bühnengerecht?" oder „nicht bühnen= gerecht?" sie lautet: „französischer Esprit?" oder „deutsche Cultur?"

was in jenem westlichen, auf eigenartigen und mit keinem euro=
päischen Lande vergleichbaren Voraussetzungen groß gewordenen
Erdtheile schwer auf jedem einzelnen Staatsbürger lastet. Wir
nennen von jenem Vielen hier nur Eins, aus welchem sich der
schlagendste von uns hier zu führende Beweis ergibt: Die nord=
amerikanische Republik hat die höchsten Spitzen ihrer staatlichen
Repräsentation zeitweilig immer wieder neu zu wählen und
daher in jedem vierten Jahre immer wieder neu die Aufregungen
eines hartnäckigen Wahlkampfes zu überwinden, durch welchen
periodisch auch Handel, Wandel und Verkehr empfindliche Störungen
erleiden, — Störungen, die jene Republik als der prädomi=
nirende Staat des Erdtheils zwar zu ertragen vermag, die aber
für eine im Herzen Europa's liegende Nation nichts Geringeres
als geradezu all ihre Errungenschaften in Frage stellen könnte.
Das deutsche Reich ist den Schattenseiten eines solchen perenni=
renden Wahlkampfes enthoben, während es dennoch in seinen
verantwortlichen Ministerien und in seinen wählbaren Volks=
vertretern die Vortheile republikanischer Institutionen theils schon
genießt, theils zuversichtlich in ruhiger Fortentwickelung noch so
viele davon wird erringen können, als zur wahren Volkswohl=
fahrt unerläßlich sind. Hierin liegt für das Kaiser=, König= und
Fürstenthum eine schwerer wiegende Anerkennung, als je in der
Verschwendung kriechender Schmeicheleien an ein überlebtes Auto=
kratenthum erkannt werden möchte. Diese Anerkennung stützt
wahrhaft die Fürstenthrone; denn sie fundirt nicht in einer bloß
auf ihren eigenen augenblicklichen Gewinn speculirenden Selbst=
sucht der Hofpoeten, sondern auf einem wirklichen Interesse der
Nation und auf einer sich aus deren geschichtlicher Entwickelung
und geographischer Lage ergebenden Nothwendigkeit: sie be=
weist die Institution der Vererblichkeit königlicher Vorrechte als
eine Wohlthat für die Gesammtheit und verleiht ihr da=
durch auch für künftige Zeiten die Kraft einer höheren Weihe.

Schmach und ewige Schande den Federn, welche, um nur sich selbst eine behagliche Stellung zu erschleichen, autokratische Gelüste vergöttern und den in oben beschriebenem Sinne mündig ge=wordenen Geist des Jahrhunderts aus der Welt hinaus singen wollen [1]). Sie fälschen die öffentliche Meinung, und legen durch ihre Unkrautkörner auf einen eben frisch besäten Acker, der ohne ihr Zuthun in ruhigem Wachsthum zum segensreichsten Frucht=lande gedeihen könnte, die Keime künftigen Mißwachses und künf=tiger Mißernten. Der loyalste Mann ist der nicht, der sich vor den gewaltigen Launen des flüchtigen Augenblicks sclavisch duckt, sondern der, welcher unerschrocken einsteht für die Wahrheit und für die höchsten Bestimmungen des Menschengeschlechtes. Histo=rischer Dramatiker ist der nicht, der das geschichtliche Material zur phrasenhaften Dirne des Eigennutzes herausputzt, sondern der, der aus der Weltgeschichte heraus die über dem niedern Getriebe des Zeitalters ewig waltenden Weltgesetze enträthselt und sich — nach Schillers Ausspruche — die Aufgabe stellt, „das Jahrhundert, furchtbar wie Agamemnon's Sohn, zu reinigen".

Wir erklären die allgemeine Versunkenheit des Theaters, wegen der Hauptursache, aus der sie entstand, und im Hinblick auf die Culturmission des deutschen Volkes, für einen barbarischen Zu=stand, dessen längere Duldung nicht nur einem Preisgeben des noch schwach flackernden letzten Fünkchens von Poesie in unsern Kunsttempeln gliche, sondern im neuen deutschen Reiche geradezu

---

[1]) Ausdrücklich sei bemerkt, daß wir hiemit nicht auch die patriotischen Ergüsse verurtheilen wollen, welche von der hochfluthenden Begeisterung der Kriegsperiode 1870/71 erzeugt wurden. Gleichwohl findet sich selbst unter diesen Weniges von dauerndem Werth. Jene Kriegslyrik mit Einschluß der Gelegenheitsstücke hatte als politische Demonstration ihre berechtigten Verdienste. Jetzt ist sie, mit verschwindend kleinen Ausnahmen, nur noch für spätere Geschichtsschreiber ein Material, woran sich die correcte Stimmung der deutschen Nation während des Riesenkampfes klar erkennen läßt.

eine Schmach für die gesammte Nation wäre. Fast schamloser, als
vor dem Kriege mit Frankreich, welcher zu einem bis zur Stunde
noch nicht vollständig ausgeführten, also immerhin noch unbe=
festigten Friedensschluß führte, wälzen mehrere Hofbühnen sich
bereits wieder aufs leichtfertigste im Schmuß des Pariser Farcen=
Repertoirs und seiner undeutschen Nachäffereien; dem deutschen
Publikum wird zugemuthet, sich an lasciven Tändeleien zu er=
gößen, die nicht zum unbedeutendsten Theil die Mitschuld trugen,
daß unsere Nation unlängst mehr als einmalhunderttausend
ihrer edelsten Heldensöhne auf den französischen Schlachtfeldern
hinopfern lassen mußte! [1] Man scheut sich — aus vollster
Ueberzeugung fügen wir bei: mit Recht — einen Militäretat
unmittelbar vor dem Jahre 1874 im Reichstage zu discutiren;
aber auf den Hoftheatern läßt man, nicht minder öffentlich,
Dinge geschehen, welche fast mehr noch als eine ohne Zweifel
gepanzerte Reichstags=Discussion den Dünkel von civilisatorischen
Missionen Frankreichs bestärken müssen: man stellt dort die hohlen
Machwerke des Pariser „Esprit" vor Aller Augen keck zur Bewun=
derung aus, indeß man den deutschen Geist und seine ethischen
Erzeugnisse mundtodt macht und geheim=polizeilich erwürgt! Das
heißt ebensoviel, als: den Gelüsten des rachedürstenden Gegners
principiell schmeicheln und die heimische Schöpferkraft entbornen,
die jene Gelüste zähmen half. Nur wer aus vorhergehenden
Ursachen die nachhinkenden Wirkungen nicht zu abstrahiren vermag,
wird diese Schlußfolgerung bestreiten wollen! Die Spitze der
Culturkrone eines Volkes liegt in elende Scherben zerbrochen dar=
nieder, so lange die höchste Gattung aller Künste, das historische

---

[1] Selbstverständlich ist obige Bemerkung nur gegen die Auswüchse
des modernen „Esprit" gerichtet. Wir denken objectiv und universell genug,
um wegen des frivolen Zierpuppenthums, zu welchem die Schöngeister des
heutigen Frankreich herabgesunken sind, nicht auch Frankreichs frühere
Geistesgröße zu unterschätzen oder gar zu verurtheilen.

Drama, sich unter ihm nicht frei entfalten darf. Wir charakterisiren die geheime Hoftheater-Censur als eine schreiende Verhöhnung der vom Staat zum Schutze aller Geistesthätigkeit gegebenen und überwachten Gesetze, als eine Versündigung am Geist des Jahrhunderts, als eine anarchische Institution, der jede aus Gründen der öffentlichen Sicherheit oder aus moralischen Motiven herzuleitende Berechtigung fehlt. Wir brandmarken sie als eine nur der Reaction für unsittliche Zwecke dienende Handhabe, indem man mittelst derselben die ethischen Dichter beseitigt, während man die Bühnen, welche dennoch ohne Novitäten nicht existiren können, dadurch nöthigt, zu jenen jetzt fast überall den Grund-stock des Repertoirs bildenden, den Geist der Zuschauer verflachenden und ihre Moral untergrabenden Zwitterproducten zu greifen, welche von der geheimen Censur aus macchiavellistischen Gründen verschont bleiben. Dichter, welche sich nicht zu ver-ächtlichen Werkzeugen dieses jüngsten Theater-Macchiavellismus erniedrigen wollen, müssen auf Ausübung der dramatischen Kunst resigniren und ihren Beruf in einen andern Zweig der Literatur ver-legen, bis unsere Hofbühnen sich vom Doppeldruck solcher Geheim-willkürwirthschaft und Mißverwaltung emancipirt haben werden.

Diese Emancipation steht nicht zu hoffen, wenn sie nicht durch ein vom hohen Bundesrath und deutschen Reichstag zu creirendes Gesetz ermöglicht und angebahnt wird, — durch ein Gesetz, welches die theatralische Behandlung der Bühnenliteratur und die Theaterleitungen festen Normen und einer öffentlichen Controle unterstellt. Hiemit beantragen wir nur Etwas, was in einem Culturstaat eigentlich so selbstverständlich ist, daß man meinen sollte, es brauche nur angeregt zu werden, um sofort auch von Seiten der Staatsmänner und Gesetzgeber als eine unabweisbare Nothwendigkeit erkannt zu sein. Wir verlangen nur Abschaffung der Anarchie in Behandlung eines gegenwärtig zu den verwerflichsten Zwecken mißbrauchten Cultur-Elements,

welches nächst Kirche und Schule wohl den tiefsten und nach=
haltigsten Einfluß auf die Entwickelung der in den größern
Volksmassen schlummernden Kräfte und Anlagen ausübt. Wir
beantragen und verlangen also nur, was zu gewähren einer
gerechten, einer aufrichtig für den geistigen Aufschwung der
Nation sorgenden Reichsregierung in höchstem Grade würdig
ist. Namentlich plaidiren wir durchaus für kein den Drama=
tikern etwa zu schaffendes Privilegium; wir sehen gänzlich ab
von dem antiken Glauben, daß der wahre Dichter manchmal
ein Seher sei und ihm daher verstattet sein müsse, Manches
auszusprechen, worüber den gewöhnlichen Menschenkindern Schwei=
gen auferlegt blieb. Um so entschiedener aber dürfen wir verur=
theilen, daß man ihn, unter allen Berufsklassen ihn allein,
noch bis zur Stunde außerhalb der Segnungen regelnder Gesetze
stehen ließ; daß man gerade ihn, der unter einem Culturvolk
eine so hohe Mission zu erfüllen hat, der geheimen Willkür einer
in ästhetischen Fragen unwissenden und geradezu rohen Camarilla
überantwortet lassen zu können wähnt. Um so fester müssen
wir für die Ansicht einstehen, daß die zum Schutz gegen etwaige
Ausschreitungen in allen andern Literaturzweigen für ausreichend
erkannten öffentlichen Preßgesetze ohne Zweifel auch aus=
reichen, das Theater auf loyalen Bahnen zu erhalten. Ja
wir gehen sogar noch weiter, indem wir, sachgemäß urtheilend,
aussprechen: Gerade die dramatische Kunst bedarf unter allen
Literaturzweigen am wenigsten einer Ausnahme=Censur, denn sie
besitzt in ihren eigenen, nie straflos zu verletzenden ästhetischen
Gesetzen einen undurchdringlichen Wall gegen gemeinschädliche
Ausschreitungen[1]). Daß zur Wahrung der ästhetischen und ethischen

---

[1]) Sollte man obigen Ausspruch durch den Hinweis auf die mannig=
fachen Ausschreitungen der sogenannten Volks=, Vorstadt= und Sommer=
Theater entkräften zu können wähnen, so beriefe man sich eben auf eine
dramatische Verirrung, welche von der Aesthetik selbst verpönt wird und

Kunstgesetze die geheime Hoftheater-Censur eine sehr ungeeignete Präventiv-Maßregel ist, daß vielmehr gerade diese sachwidrige Geheimwirthschaft das Bühnen-Repertoir immer tiefer in eine sittenuntergrabende Richtung hineinjagt und daher der Schutz der ethischen Würde der Bühne durch eine zugleich der Würde der deutschen Nation entsprechendere Vorkehrung angestrebt werden muß, haben wir oben wohl schon genugsam nach= gewiesen. Auch wird Niemand uns einzuwenden wagen: die Sache sei nicht wichtig genug, um sich für die Reichsregierung und den deutschen Reichstag als Gegenstand der Berathung und Beschlußfassung zu eignen. Es handelt sich um eine vor= zugsweise nationale Angelegenheit, die selbst Jenen nicht gleichgiltig sein darf, welche im modernen Theater nur noch eine Anstalt für geistesträge Unterhaltung erkennen und gegen die Wirkungen des demoralisirten Repertoirs eventuell in den Polizei= und Criminalgesetzen ein zuverläßiges Gegenmittel bereits in Bereitschaft zu haben wähnen. Die Bühne hört, selbst in ihrer dermaligen Degradation, nicht auf, ihren tief= greifenden Einfluß auf das praktische Leben zu äußern. Daher wäre es — um unser Thema auch vom Gesichtskreise des Staatspolitikers aus zu beleuchten — nicht wohlgethan, wenn man ihr den Pfad zur geistigen Wiedergeburt deßhalb verrammelt halten wollte, weil schließlich der Staat sich doch mächtig genug fühlte, die von ihr auf das Publikum übertragene Corruption durch die Justiz wieder niederzuschmettern. Diese Methode von Staatsräson — die Methode Metternich's — sollte sich, meinen wir, für Deutschland mit dem Jahre 1870

folglich unsern Ausspruch noch verstärkt. Die Ausnahme-Censur kann einzelne Producte unterdrücken, nicht die Gattung verbessern. Ein wirk= sameres Mittel, auch die Theater untergeordneten Ranges etwas würdiger zu gestalten, glauben wir im nächstfolgenden Abschnitt in Anregung gebracht zu haben.

überlebt haben und dagegen jene untrüglichere Staatsweisheit adoptirt worden sein, welche wohlbegreift, daß die höchste Bildungsstufe der größern Volksmassen zugleich auch die höchste Garantie für geordnete sociale Zustände und für Beachtung der Gesetze gewährt. Um nichts Geringeres aber, als gerade um diesen Satz, handelt es sich bei dem von uns aufgeworfenen Thema. Auf der Kunst mehr noch, als auf den strengen Fach=wissenschaften, beruht für die allgemeine Menschenentwickelung das culturtreibende Element; und ohne allen Vergleich mehr als irgend ein anderer Zweig der Kunst wirkt heutzutage die Bühne auf alle Stände und Schichten der Gesellschaft. Die Bühne ist, je nachdem man ihre culturhistorische Mission stützt oder durch Repertoir=Verflachung zerstören läßt, entweder eine große Wohlthat oder ein gemeinschädliches Uebel; in beiden Fällen aber bleibt sie bestehen und wirkt fort, denn sie ist zugleich eine der modernen Gesellschaft unentbehrlich gewordene Institution, die in ihrer Eigenschaft als öffentliche Unterhaltungsanstalt von keiner Staatsgewalt beseitigt werden kann. Die unläugbare und offenkundige Thatsache, daß gerade von Berlin her, aus dem Amtsbureau des Herrn v. Hülsen, der kurzsichtigste Druck gegen die dramatischen Erzeugnisse der lebenden Autoren geübt wird, wollen wir vorläufig als eine Zufälligkeit hin=nehmen, dabei dem Umstande Rechnung tragend, daß Herr v. Hülsen längst vor dem Jahre 1870, noch zur Zeit des in Preußen üppig waltenden Junkerthums, zum General=Intendanten avancirte. Ihm steckt vielleicht der Garde=Lieute=nant, der er vor seiner Ernennung zum Chef der k. Hoftheater war, noch allzu sehr im Kopf und er verwechselt die soldateske mit der ästhetischen Gewissenhaftigkeit. Diesem Umstande wollen wir das Hauptmotiv des geübten Druckes beimessen und auf einen baldigen Systemwechsel hoffen. Sonst könnte ein seit fast dritthalbtausend Jahren für wahr gehaltener Ausspruch,

laut welchem sich in Handhabung der Bühne das getreue Ab=
bild der Zeit reflectirt, im denkenden Beobachter leicht die Be=
fürchtung erwecken, daß nach der Meinung der Gewaltinhaber
Deutschland nicht den in den Tagen seines Riesenkampfes er=
warteten Segnungen, sondern dem strammen Regiment eines
Militärstaates entgegen treiben soll. Jedenfalls sind die Hof=
theater der Barometer, an dem man die Symptome der staats=
wirthschaftlichen Zukunft ungefähr so, wie an der Börse die
Symptome der Friedenssicherung oder Friedensgefährdung, zuerst
wahrzunehmen pflegt. Ihre gegenwärtige Haltung im All=
gemeinen scheint hie und da bereits Ahnungen zu wecken, welche
den wahren Freund der Nation und des Reiches schmerzlich
berühren. Halten wir dennoch an der Zuversicht fest, daß der
Schein dießmal trüge!

Aus dem bisher Gesagten ergibt sich, daß vom aufrichtigen
Freunde der deutschen Nation nicht minder als vom aufrichtigen
Freunde der Kunst eine Endschaft der anarchischen Bühnenzu=
stände dringend gewünscht werden muß. Ja, uns will sogar
bedünken, eine gewissenhafte Gesetzgebung könne solch gemein=
schädlichem Anachronismus gegenüber sich nicht länger passiv
verhalten, ohne daß weit mehr als bloß die Kunst im engern
Sinne zu Schaden käme. Zwar vermag man durch gesetzliche
Vorschriften weder große Dichter zu wecken noch geniale Di=
rectionen zu decretiren; Eines aber vermag man zuverläßig: das
absolut Schlechte kann man beseitigen, das relativ Gute kann
man stützen, künstigem Bessern kann man die Bahn erschließen.
Da wir endlich gesetzgebende Gewalten haben, welche in allen
ein gemeinsames Nationalinteresse berührenden Angelegenheiten
competent sind, so scheint uns die Abhilfe nicht unerreichbar
fern zu liegen. Schon vor Jahren, als wir die Ermöglichung
einer Bühnen=Regeneration in einige Beziehungen zur Er=
kämpfung der deutschen Einheit stellten, schwebte uns im Stillen

der Gedanke vor, daß die Vorbedingung zu ersterer nur durch ein Reichsgesetz gewonnen werden könnte. Die deutsche Ein=heit kam nicht ohne einige Gewaltacte zu Stande, und auch die deutsche Bühnen=Regeneration erheischt einen etwas gewaltsamen Kaiserschnitt. Versuchen wir, im nächsten Abschnitt die Lineamente zu solchem Kaiserschnitt zu entwerfen. [1]

[1] Der in den letzten zwanzig Jahren schon dutzendmal ausgesprochene und immer wieder neu auftauchende Vorschlag, den Intendanten der Hof=bühnen einen wissenschaftlich gebildeten Theoretiker als Richter über die ästhetischen Qualificationen der einlaufenden Novitäten zur Seite zu stellen, scheint uns ein problematisches Palliativ zu sein, wenn wir auch gern zugeben, daß in diesem Palliativ wenigstens eine regelmäßig wieder=kehrende Mahnung an gewissenlose Bühnenleiter läge, sich zu bessern. Es setzt jedoch, als Grundbedingung seiner Wirksamkeit, eine durch keine äußer=liche Vorsichtsmaßregel zu erzielende principielle Uebereinstimmung zwischen dem Theoretiker und zwischen dem Bühnenvorstande voraus, und gestaltet sich folglich in der Praxis je nach den zufälligen Privat=Eigenschaften der zwei neben einander amtirenden Persönlichkeiten gar leicht zu einer bloßen zweck= und nutzlosen Form. Der Vorschlag ist schon öfter (unsers Dafür=haltens nirgends häufiger als an der Berliner Hofbühne selbst, officiell und privatim) zu realisiren versucht worden, erwies sich jedoch sogar an solchen Theatern wirkungslos, deren Repertoir=Auswahl durch keine allzu strenge Censurengherzigkeit beeinträchtigt war (wie z. B. unter der milden Regierung des Königs Max II. in München). Die Gründe der Unzweck=mäßigkeit liegen, wie uns bedünken will, in der innersten Natur des thea=tralischen Organismus selbst, in welchem sich ein= für allemal Theorie und Praxis nicht als zwei getrennt nebeneinander wirkende und durch verschiedene Persönlichkeiten repräsentirte Kräfte einschachteln lassen, ohne daß die Theorie der Praxis und die Praxis der Theorie Prügel in den Weg wirft, so daß nur allzu bald beide lahm liegen und sich gegenseitig die erwachsenden Fiasco's vorwerfen, statt wechselseitig deren Vermeidung anzustreben. In welche Sackgasse eine beabsichtigte Reform, die bloß theoretisch angefangen wird, sich gar leicht verirrt, darüber könnte wohl Se. Excellenz der Herr Freiherr v. Perfall in München interessante Aufschlüsse liefern, falls er die Erfahrungen seines nunmehr sechsjährigen Amtirens publiciren wollte. Wir fürchten nicht, von ihm eines Irrthums überwiesen zu werden, wenn wir die Behauptung aufstellen, daß er die Mehrzahl der ihm bisher er=

wachsenen Verlegenheiten sowie die schließliche Erfolglosigkeit seines zu weit ausholenden October-Circulars hauptsächlich dem Umstande zuschreiben muß, sich wohlmeinend an die Einflüsterungen bloßer Theoretiker angeklammert zu haben. Dennoch war der Hauptvertrauensmann, auf welchen er sich anfänglich stützte, in ästhetischen Fragen nicht unbelehrt und gilt noch heute, sofern es sich bei einem literarischen Product nur um ein rein t h e o r e t i s c h e s Urtheil handelt, mit Recht in der Tagesliteratur als ein äußerst scharf= sinniger Kopf. Im Allgemeinen dürfte wohl Folgendes richtig sein: Wo ein seinem Amte gewachsener Bühnenvorstand waltet, da erweist sich der bloße Theoretiker als überflüssig und der Vorstand wird für Novitäten, die er selbst zu lesen nicht Zeit findet, je nach dem zu beurtheilenden K u n st= Ge n r e den Berichterstatter leicht zu finden wissen. Wo aber der Bühnen= vorstand nichts taugt, da bleibt der bloße Theoretiker ipso facto mundtodt und der Vorstand hält sich, trotz aller Abmahnungen, an die herkömmliche Schablone der Empiriker, sofern nicht eine höhere Macht ihn zwingt, ent= weder ästhetisch zu wirthschaften oder abzudanken.

VIII.

Drei Reichsgesetz - Ergänzungsvorschläge zum Zwecke der Wiederherstellung und künftigen Wahrung des ethischen Berufes der Bühne.

Das bisherige Resultat unserer Erörterungen läßt sich in den Satz zusammenfassen: zur Regeneration der Bühne sind drei Vorbedingungen unerläßlich, nämlich 1) Befreiung der dramatischen Kunst von unvernünftigen, geheimen und willkür= lichen Censurschranken; 2) Einführung sachkundiger, gewissen= hafter Bühnenleitungen (und Organisirung einer ausreichenden Vorbildungsanstalt für den ausübenden Künstlerstand); 3) Schutz der Theater gegen unlautere Ausbeutung mittelst der Privatspeculation oder zu Tendenz=Zwecken.

Dem gemäß haben wir in logischer Gedankenfolge, zur Vervollständigung der im ersten Abschnitte erörterten Reform= Mittel (und unter ausdrücklicher Hindeutung auf die Zweck= mäßigkeit der gleichzeitigen Gründung einer deutschen Theater= Akademie) einen Entwurf zu drei Reichsgesetz=Ergänzungen in Vorschlag zu bringen, und zwar zunächst, zum Reichsgesetz über den Schutz des geistigen Eigenthums, die Einschaltung folgender vierzehn Paragraphen:

§ 1. Die geheime Censur ist an allen Hof= und Stadt= Theatern im ganzen Umfang des deutschen Reiches gesetzlich aufgehoben.

§ 2. Ueber die Zulässigkeit oder Unzulässigkeit jeder Bühnen-Novität ist, vom Tage der Publication dieses Ergänzungs- gesetzes an, einzig und allein auf Grund der öffentlich bestehen- den Preßgesetze des deutschen Reiches Beschluß zu fassen. Eine Novität, welche nicht gegen die Bestimmungen des Preßgesetzes verstößt, darf künftig nur dann zurückgewiesen werden, wenn ihr die in § 4 (event. 6) vorgesehenen Qualificationen abgehen.

§ 3. Ob eine Bühnen-Novität preßgesetzwidrig sei, ent- scheidet in letzter Instanz nicht der einzelne Bühnenvorstand, sondern in streitigen Fällen ein aus dem unabhängigen Richter- stande mit dem Amtssitz Leipzig zu bildendes Fachcollegium. Dieß Colleg gibt sein Votum einfach durch Beantwortung der zwei Fragen ab: 1) verstößt das Werk gegen die Preßgesetze? und 2) auf welche Paragraphen des Preßgesetzes stützt sich die Beanstandung?

§ 4. Ebenso entscheidet über die poetischen und bühnen- technischen Qualificationen in letzter Instanz bei streitigen Fällen nicht mehr der einzelne Bühnenvorstand, sondern ein aus vier Räthen und einem Director zusammengesetztes Colleg mit dem Amtssitze Leipzig. Die Räthe dieses Collegs werden zur Hälfte aus den Reihen der dramatischen Schriftsteller und zur Hälfte aus den Reihen anderer bühnenerfahrener Fachmänner von den Betheiligten (d. h. den Dramatikern und den Theater- vorständen) frei gewählt und unterliegen nach je vier Jahren stets wieder einer Neuwahl. Der Director dagegen, der ebenfalls Fachmann sein muß, ist vom Reichskanzleramte dauernd zu ernennen und erhält den Rang eines Reichs- beamten. Letzterer besorgt unter Mithilfe eines ihm beige- gebenen Secretärs den Verkehr mit den Bühnen und den Autoren, und ermöglicht der Reichscentralgewalt eine regelmäßige Controle über den Gang des Ganzen, macht jedoch im Colleg selbst von seinem Stimmrechte nur dann Gebrauch, wenn sich

unter den Räthen Stimmengleichheit ergab. Ferner hat er die
Befugniß, jedes Stück, gleichviel ob es längst im deutschen
Repertoir eingebürgert sei oder an irgend einem Theater erst
neu auftauche, der Beschlußfassung des Collegs zu unterbreiten
und je nach dessen Urtheile entweder die Beibehaltung oder die
Wiederbeseitigung des betreffenden Opus zu veranlassen. Die
Räthe üben keine detaillirte Kritik, sondern geben nach Stimmen=
mehrheit nur kurz ihr Votum darüber ab, ob das betreffende
Werk sich zur Darstellung eigne oder nicht eigne. Dieß ge=
schieht einfach durch Beantwortung der einschlägigen von folgen=
den drei Fragen: 1) Ist die Aufführung des Werkes dem
ästhetisch=ethischen Beruf der Bühne zuträglich? 2) Verstößt
die Aufführung nicht gegen den ethischen Beruf der Bühne?
oder 3) Ist die Aufführung mit dem ethischen Beruf der
Bühne unvereinbar? [1]

§ 5. Gegen die Entscheidungen des juridischen Collegs
(§ 3) steht weder den Bühnenvorständen noch den Autoren ein
Appellationsrecht zu.

---

[1] Wem es auffallen sollte, daß wir oben die jetzt so vielfach, leider
aber meist nur sehr einseitig ventilirte Frage nach dem „bühnengerecht"
nicht ausdrücklich aufnahmen, den erinnern wir an die bereits früher (Seite
212 bis 215, Anmerkung) von uns formulirte Definition dieses Ausdruckes.
Selbstverständlich unterliegt jedes „nicht bühnengerechte" Stück an der
letzten der obigen drei Fragen, weil dasselbe als nicht „echt dramatisch" mit
dem Beruf der Bühne unvereinbar erscheint. Dagegen kann ein Product
dem einseitigen Empiriker als sehr bühnengerecht erscheinen, d. h. es kann
alle Eigenschaften der als „Mache" verherrlichten Schablone besitzen und
dennoch dem ästhetisch=ethischen Berufe des Theaters schnurstracks zuwider=
laufen. Unsere obige Formulirung ist daher wohl jedenfalls gründlicher
und zweckdienlicher als wenn wir sie an einen Ausdruck angelehnt hätten,
mit welchem von der heutigen Bühnenpraxis und von den auf der Ober=
fläche der Zeitphrasen mitschwimmenden Schriftstellern ein wahrhaft bar=
barischer Mißbrauch getrieben wird.

§ 6. Sowohl dem deutschen Bühnenverein als der Ge=
nossenschaft dramatischer Autoren ist gestattet, je einen Ver=
trauensmann zur Ueberwachung der Aussprüche des ästhetischen
Collegs (§ 4) aufzustellen. Gegen die Entscheidungen des
Collegs steht dem unterliegenden Theil eine Appellation nicht
zu und kann dieselbe nur auf Antrag des Vertrauensmannes
erwirkt werden. Dann geht die Streitfrage zu endgiltiger Ent=
scheidung an ein aus drei Universitätsprofessoren der Aesthetik
zu bildendes Schiedsgericht über, deren einer vom zurückge=
wiesenen Autor, deren zweiter vom zurückweisenden Bühnen=
vorstand und deren dritter von den zwei Gewählten nach
eigenem Ermessen beigezogen wird. Die diesem Schiedsgerichte
zu unterbreitenden Fragen lauten wie in § 4.

§ 7. Ueber die auf Grund der §§ 3, 4 und 6 er=
flossenen Gutachten sind sofort sämmtliche Bühnenvorstände zu
verständigen. Eine öffentliche Bekanntmachung darf jedoch nur
auf Verlangen des betroffenen Autors erfolgen und geht, sofern
sie Ausgaben verursacht, auf dessen eigene Rechnung. Der
Director des ästhetischen Collegs (§ 4) genießt für seine amt=
liche Correspondenz mit den Bühnen im Umfange des ganzen
Reiches Porto=Freiheit.

§ 8. So lange die Tageseinnahme bei Aufführung
eines Stückes zur günstigsten Theaterzeit die Hälfte der vollen
und in der übrigen Zeit den vierten Theil der vollen Einnahme
beträgt, bleibt das betreffende Theater verpflichtet, ein solches
Stück auf dem Repertoir zu erhalten.[1]

---

[1] Diese Bestimmung entnahmen wir fast wörtlich der „Verordnung
über die den Autoren und Bearbeitern dramatischer Producte, sowie den
Opern=Componisten bei Annahme ihrer Werke zur Aufführung auf den
kaiserlichen russischen Theatern zu zahlenden Entschädigungen", welche
am 13. November 1827 allerhöchst bestätigt wurde und seither in
Kraft blieb. Welche Willkür dagegen auch in dieser Beziehung bei unsern

§ 9. Bei Zurückweisung von Stücken, welche den beiden Collegien (§ 3 und 4) noch nicht vorlagen, hat der Bühnen= vorstand dem Autor die Gründe der Ablehnung namhaft zu machen.

§ 10. Alle Stücke, welche von den beiden Collegien (§ 3, 4 und event. 6) oder auch nur von einem derselben endgiltig beanstandet wurden, sind als mit der ethischen Würde des Theaters unvereinbar zu erachten und dürfen demzufolge an keinem Hof= und Stadttheater gegeben werden. Bühnen, welche dem zuwider handeln, sind bei der ersten Contravention auf die Dauer von sechs Monaten, und im Wiederholungsfall auf immer zu schließen. Der gewesene Vorstand einer unwider= ruflich geschlossenen Bühne darf innerhalb des deutschen Reiches nie mehr eine Theaterleitung übernehmen oder öffentliche Vor= stellungen irgend welcher Art veranstalten.

§ 11. Es sind a) die von beiden Collegien (§§ 3 und 4) begutachteten Stücke, falls sie vom ästhetischen durch Bejahung der ersten Frage erledigt worden sind und bereits an drei öffentlichen Bühnen einen zweifellos durchschlagenden Erfolg errungen haben, von allen übrigen Bühnen nach Ablauf von zwei Jahren selbst dann zu honoriren, wenn sie inzwischen an jenen Bühnen noch nicht zur Darstellung gelangt sein sollten; b) die Aufführung oder Nichtaufführung aller andern Stücke, welche zwar von beiden Collegien, jedoch vom ästhetischen durch Bejahung der zweiten Frage (§ 4), begutachtet sind, bleibt gänz=

---

deutschen Theatern herrscht und daß sogar noch die, volle Caise machenden, Stücke in Folge bloßer Launen manchmal spurlos wieder vom Repertoir verschwinden, weiß jeder Dramatiker, der schon Erfolge errungen hat und dennoch um den materiellen Lohn seiner Arbeit kam. Sogar das halb barbarische Rußland sorgt schon seit 44 Jahren für die Repräsentanten der dramatischen Kunst ohne Vergleich besser, als der so hoch gerühmte deutsche Culturstaat.

lich dem Ermessen der einzelnen Bühnen anheimgestellt und
dieselben haben im Fall der Nichtaufführung auch kein Honorar
an den Autor zu entrichten.

§ 12. Eine Ausnahme von der Bestimmung Lit. a des
§ 11 tritt zu Gunsten der Theaterkasse nur da ein, wo die
betreffende Bühne nachweist, daß sie wegen Unzulänglichkeit
der disponibeln Darstellungskräfte ein Werk nicht zu geben
vermochte.

§ 13. Dem Autor steht das Rollenbesetzungs-Vorschlags-
recht sowie das Recht zu, über Mißgriffe der Inscenirung oder
Textauffassung das technische und das darstellende Personal
bei den Proben maßgebend aufzuklären, falls er seine ab-
weichende Ansicht mit sachlichen Gründen zu belegen vermag.

§ 14. Die Kosten für den durch die §§ 3, 4 und 6
normirten Geschäftsgang (sowie für eine gleichzeitig zu gründende
„Theater-Akademie" [1]), werden aus Reichsmitteln gedeckt

---

[1] Rücksichtlich dieser letztern verweisen wir, ohne einen darauf bezüglichen
Gesetzvorschlag zu formuliren, einfach auf das, was wir schon 1867 (Seite
146 bis 154 dieses Buches) hierüber ausgesprochen. Hier sei nur noch
bemerkt, daß die in §. 4 des vorliegenden Gesetz-Ergänzungsvorschlags
amtirende Instanz sich wohl auch als Oberaufsichtsbehörde über die Akademie
am besten qualificiren und schon aus diesem Grunde Leipzig der geeignetste Ort zur Gründung einer deutschen Theater-Akademie sein dürfte.
Auch möchten für die Wahl gerade dieser Stadt noch andere gewichtige
Gründe sprechen. Leipzig liegt ziemlich in der Mitte von Deutschland und
gewährt überdieß sowohl von Seiten des theaterbesuchenden Publikums
als von Seiten der Presse mehr Chancen für die Handhabung einer un-
beeinflußten und tüchtigen Kritik, als wir in irgend einer andern Stadt
zu hoffen wagen. Faßten wir 1867 zunächst nur eine für das recitirende
Drama zu errichtende Akademie ins Auge, so wäre selbstverständlich jetzt
bei der gesetzlichen Regelung auch die Oper in deren Programm aufzunehmen.
Dieß ändert den Kostenpunkt wesentlich und es würde sich nicht mehr um
eine bloß vorübergehende, sondern um eine dauernde Subvention aus Reichsmitteln handeln.

und gibt hiedurch die Reichsregierung ihr ernstliches Streben zu
erkennen, die Theater, soweit dieß von ihrer Mitwirkung
abhängt, wieder zu wahren Culturanstalten der Nation zu
erheben.

Ferner empfehlen wir eine Ergänzung zu dem neuen
Reichs=Gewerbegesetz etwa folgenden Inhaltes:

§ 1. Zur Uebernahme einer Theaterleitung darf künftig
Niemand mehr zugelassen werden, der nicht entweder von seiner
wissenschaftlichen ästhetischen Bildung und von seinen praktischen
Bühnenkenntnissen bereits öffentliche Beweise geliefert oder sich
hierüber vor einem aus erprobten Fachmännern zu bildenden
Prüfungs=Collegium gründlich ausgewiesen hat. Sämmtliche
zur Zeit fungirende Bühnenleiter, welche dieser Anforderung
nicht zu genügen vermögen, sind an den Hoftheatern zu pensio=
niren (sofern sie pragmatische Rechte besitzen), und an den
Stadt= und den Privattheatern nach Ablauf ihrer gegenwärtigen
Contracte zu entlassen.

§ 2. Das Prüfungs=Collegium ist ermächtigt, jederzeit,
nach vorher eingeholtem Gutachten eines juridischen Collegs und
im Einverständniß mit demselben, auf Cassation solcher Bühnen=
vorstände anzutragen, welche sich durch die Art ihrer Geschäfts=
leitung in principielle Conflicte mit dem ethischen Beruf der
Bühne verwickeln. Kann der Cassations=Antrag sich auf § 10
des Ergänzungsgesetzes über den Schutz des geistigen Eigen=
thums stützen, so ist demselben sofort Folge zu geben.

§ 3. Die in § 1 und 2 dieses Nachtragsgesetzes vorge=
sehenen beiden Collegien sind ebendieselben, welche auf Grund
der §§ 3 und 4 des den Schutz des geistigen Eigenthums be=
treffenden Ergänzungsgesetzes fungiren.

Durch Durchführung vorstehender zwei Gesetzergänzungen
wäre schon sehr viel gebessert, wenn auch dem ästhetischen Colleg
(§ 4 und 6 des ersten Gesetzvorschlags) die streng consequente

Anwendung des rein künstlerischen Maßstabes für manche Fälle immerhin noch ziemlich erschwert bleiben dürfte. Wollte man radical oder, bezeichnender ausgedrückt, rein künstlerisch zu Werke gehen, so wären sodann vor Allem sämmtliche Bühnen ihres Charakters als Industrie-Institute zu entkleiden und in den Rang der Lehr- und Bildungsanstalten zu erheben. Daß aber dieser letztere Vorschlag, obgleich dessen Verwirklichung in hohem Grade des „Volkes" der Denker" würdig wäre, auf eine gewaltige Opposition stößt, ist uns bekannt. Dennoch können wir ihn um so weniger unterdrücken, als er sich ohne weitern Rückgriff auf die Reichskasse leicht verwirklichen ließe. Es dürften zu den zwei bereits mitgetheilten Gesetz-Ergänzungen nur noch folgende drei weitere Paragraphen zum Reichsgewerbegesetz creirt werden:

§ 1. Jede Stadt, die künftig ein ständiges Theater halten will, ist verpflichtet, zu Gunsten desselben eine Communalsteuer einzuführen, deren Höhe mindestens ⅓ Thlr. per Kopf be= tragen muß.

§ 2. Künftig darf kein Privatmann mehr ein Theater auf eigene Rechnung führen. Die Theater-Finanzverwaltung geht auf Rechnung der betreffenden Commune (bei Hoftheatern auf Rechnung der Staatskasse); der Director bezieht als städtischer (bei Hoftheatern als Staats=) Beamter einen festen Gehalt und etwaige Cassa-Deficite werden aus den Erträgnissen der Theater-Communal= steuer (bei Hoftheatern zur Hälfte aus der Staatskasse) gedeckt.

§ 3. Um auch den Unbemittelten den Theaterbesuch zu ermöglichen, sind nicht nur die Eintrittspreise für das Publikum nach Maßgabe der sich herausstellenden Bilanz zu ermäßigen, sondern es erhält auch der städtische Magistrat (bei Hoftheatern eine hiefür zu bestimmende Staatsbehörde) für jede Vorstellung 50 bis 100 Billete zu dem Zweck, dieselben an die ärmern Gemeindeangehörigen unentgeltlich zu vertheilen.

Einige der vorstehenden zwanzig Gesetz-Paragraphen scheinen

dem Leser auf den ersten Blick vielleicht unberechtigte Ueber=
griffe zu enthalten. Wir hoffen jedoch diesen Schein widerlegen,
sowie auch durch unsere Motive die Fassung sämmtlicher drei
Gesetze vollständig rechtfertigen zu können. Bleiben wir zunächst
einen Augenblick bei dem zuletzt gemachten Vorschlage stehen,
gegen welchen sich voraussichtlich die Opposition am hartnäckigsten
erheben dürfte!

Daß das Theater keine Privat=, sondern eine öffentliche
Angelegenheit ist, bedarf nicht erst bewiesen zu werden. Daß es
sogar eine vorzugsweise nationale Angelegenheit ist und als
solche zur Competenz des hohen Bundesrathes und deutschen
Reichstages gehört, haben wir schon früher nachgewiesen. Sonach
findet hier der allgemein anerkannte Rechtsgrundsatz Anwendung,
laut welchem jede zum Nachtheile des öffentlichen Wohles ge=
triebene Privatspeculation unstatthaft und die gesetzliche Ge=
walt berechtigt ist, zu Recht bestehende Privateigenthums=An=
sprüche nach den Normen des Expropriationsgesetzes abzufinden.
Wer sich der Erkenntniß nicht verschließt, daß die Bühne neben
Kirche und Schule den meisten Einfluß auf die Begriffe und
Gesinnungen eines zahlreichen Theils der Nation übt, der wird
den bisherigen Modus, Theater an den Meistbietenden zu ver=
pachten und zum Gegenstand der Privatspeculation werden zu
lassen, ebenso zweckwidrig finden, als man es zweckwidrig fände,
wenn z. B. Pfarrämter oder Professuren an den Meistbietenden
verpachtet würden und der erkorne Pfarrer oder Professor gegen
Erlegung des Pachtschillings die Befugniß erhielte, ohne Rück=
sichtsnahme auf Religion und Wissenschaft das zu dociren, was
ihm den meisten Zulauf und die größte Einnahme verschafft.
Gegenüber den Hofbühnen würde die gesetzliche Einführung
einer Theater=Communalsteuer (eventuell eines Zuschusses aus
der Staatskasse) noch eine andere Schwierigkeit beseitigen. Diese
Bühnen erhielten für den Verzicht auf ihre bisherige Willkür=

wirthschaft, die sie zu Gunsten geordneter Zustände aufzugeben
hätten, ein Aequivalent — : die mitunter sehr lästigen Zuschüsse
aus den Allerhöchsten Cabinetskassen würden auf ein Minimum
reducirt oder wohl gar unnöthig; und gegen diese Erleichterung
wäre, wie wir vorauszusetzen guten Grund haben, mehr als ein
Fürst in Deutschland gern bereit, auf seine (oder vielmehr,
wenigstens in den meisten Fällen, seiner Hofherren) Machts=
vollkommenheit über die Bühne zu verzichten. Daher scheint
der oft bewährte Erfahrungssatz, daß die Radicalmittel manch=
mal mit mindern Schwierigkeiten zu handhaben sind als die
bloßen Palliative, auch auf die Bühnenreformfrage anwendbar
zu sein. Wenden wir uns nun den zwei ersten Gesetzergänzungs=
Vorschlägen zu.

Handelte es sich beim Theater in seiner dermaligen Cor=
ruption bisher hauptsächlich um die Frage, wie etwas auf=
geführt werde (und häufig auch nicht einmal darum), so wird
es sich beim Streben nach Wiederherstellung der ethischen
Bühnen=Würde künftig neben dem „Wie" zunächst um das
handeln, was gegeben werden soll? Hiemit aber tritt der Dichter,
welcher in der bisherigen Bühnen=Praxis als eine für über=
flüssig gehaltene Person zur Seite geschoben war, als unent=
behrlichster Hauptfactor in den Vordergrund. Erst aus dem
Material, welches er zur Bühnenreform beisteuern soll, kann von
dem Bühnen=Personal der geistige Neubau errichtet werden.
Sohin ist eine gesicherte Rechtsstellung der Dramatiker das
erste Erforderniß für Anbahnung erfreulicherer Theaterzustände.
Nicht minder wichtig als dieß erste Erforderniß ist auch das
zweite, nämlich die sachkundige Leitung der Bühnen. Die Er=
gänzung der dießbezüglichen Lücken im literarischen Schutz=
und im Gewerbegesetz erscheint, im Hinblick auf den gewaltigen
Einfluß der Bühne selbst in ihren angekränkelten Leistungen,
als dringende Pflicht einer weisen Gesetzgebung. (Die Nothwen=

digkeit der Gründung einer Theater=Akademie wurde von
uns bereits im ersten Abschnitt dieses Buches nachgewiesen.)

Bei den einzelnen Höfen und städtischen Magistraten können
unsere Vorschläge kaum auf ernstlichen Widerstand stoßen. Oder
wo ist der Fürst und wo die Communalbehörde, die offen aus=
sprechen möchten: wir widerstreben einem Geschäftsgange, welcher
augenscheinlich die Wiederherstellung des verloren gegangenen Be=
rufes der Theater als culturstützenden Kunstanstalten zum
Zwecke hat?

Ebensowenig dürfte aus den Reihen der Bühnenverwaltungen
ein etwa durch selbstsüchtige Motive geweckter Widerstand offen
zu Tage treten. Den untauglichen Theatervorständen fehlt zur
Behauptung ihrer bisherigen Prätensionen und ihrer sogenannten
„Geschäftsordnung" jede Berechtigung; die subjectiv ehrlichen
Directionen und Intendanzen hätten allen Grund, sich über
eine Institution zu freuen, durch welche sie künftig die persön=
liche Verantwortlichkeit sowohl für Ablehnungen als auch für
die ihnen bedenklich erscheinenden Acceptationen von den eigenen
Schultern abwerfen könnten. Ueberdieß würde gerade für sie
die Gewinnung eines Ueberblicks über die disponibeln Reper=
toirstücke sich wesentlich vereinfachen und erleichtern, da alle mit
§ 3 oder 4 des literarischen Schutz=Ergänzungsgesetzes in Con=
flict gerathenen Producte von ihnen gar nicht mehr in Betracht
zu ziehen wären, sobald der Conflict auf Anregung eines ein=
zelnen Theaters oder des Autors selbst constatirt ist. Dadurch
wäre die Zahl der von ihnen persönlich ins Auge zu fassenden
Novitäten sehr verringert. In der Regel würde jedes untaug=
liche Stück schon an der Bühne des Ortes erliegen, in welchem
der Autor domicilirt, oder an einer der Bühnen, an welche
sich der Autor unter Benützung eines befreundeten Fürsprechers
zunächst gewendet hat. Die größern Bühnen würden also nicht
mehr, wie bisher, mit der fast unglaublichen und doch buch=

stäblich wahren Zahl von etwa 400 jährlich eingehenden Novi=
täten förmlich überschwemmt oder erhielten wenigstens einen auf
höchst bequeme Art zu handhabenden und zugleich sichern Weg=
weiser zur Herausfindung des Tauglichen aus dem vielen Un=
brauchbaren, in welchem sie gegenwärtig meist so plan= und
rathlos herumtappen, daß sie häufig gerade das Schlechteste
zur Darstellung befördern, während hart daneben manchmal
Besseres so unbeachtet bleibt, als ob es nie geschrieben oder
nie eingereicht worden wäre. Daß gegenwärtig, mit sehr ver=
einzelten Ausnahmen, auch in dieser Beziehung eine Bühne die
Mißgriffe der andern blindlings nachäfft und schließlich alle
nach einander wie Knaben beim Gänsemarsch in dieselben Pfützen
untertauchen, ersieht man recht klar, wenn man sich die Mühe
nehmen will, das Novitäten=Repertoir der verschiedenen Theater
aus dem Zeitraum von zwei Jahren miteinander zu vergleichen.
Niemand darf sich darüber wundern. Zur Führung eines
Hoftheaters genügt gegenwärtig noch (wenigstens an den meisten
Höfen), daß der Erkorne Alberti's Complimentirbuch kenne; und
an den übrigen Theatern hängt die Bestallung hauptsächlich
vom Cassastand des Aspiranten ab. Hiedurch kennzeichnet
sich die Hauptursache der vollständigen Verwahrlosung fast
sämmtlicher Theater sattsam. Selbst zur Uebernahme des letzten
Dorfschulmeisterdienstes verlangt man, mit vollem Recht, den
fachlichen Befähigungs=Beweis; nur zur Uebernahme der=
jenigen Institute, aus welchen Millionen von Staatsbürgern
täglich ihre fast einzige Geistesnahrung beziehen, — nur zur
Theaterleitung sei, wähnt man, jeder Ignorant oder wie immer
sonst verschrobene und speculative Kopf gut genug. Es wäre
nicht schwer, auf Grund schlagender Thatsachen den Beweis
herzustellen, daß es Dutzende von Theater=Directoren gibt,
deren einziges Interesse am „Kunst=Institut" und einziges Ver=
ständniß für die „Kunst" z. B. darin besteht, daß sie für sich
und für ihre Brodgeber auf unscheinbare Art ein nobles Bordell

zu organisiren trachten. Und von innerlich corrumpirten An=
stalten, hinter deren Coulissen solche und manchmal noch schlimmere
Hauptbestrebungen maßgebend sind, sollte man eine Förderung
der ethischen Zwecke eines Culturvolkes erwarten können?
Lit. a des 11. Paragraphs zum literarischen Schutzgesetz
haben wir weniger in der Absicht, dadurch die Einnahme=
Quellen der Dramatiker zu vermehren, in unsern Gesetz=
Ergänzungsvorschlag aufgenommen, als vielmehr in der Voraus=
setzung, daß dadurch der Geschmacklosigkeit mancher Theater=
Principale eine Grenze gezogen werden dürfte. Die Bühnen=
leiter werden künftig das Schlechte weniger eifrig cultiviren,
wenn sie Gefahr laufen, das Beste dennoch honoriren zu müssen.
Zudem ist die Bedingung, von der wir die Honorar=Verpflich=
tung in dem hier vorgesehenen Falle abhängig machen, an so
hohe Anforderungen geknüpft, daß daraus auch dem säumigsten
Theater eine große Belastung nicht erwächst. Novitäten, welche
den höhern Ansprüchen der Ethik vollkommen genügen und zu=
gleich von den Brettern herab auf den durch die bisherige
Theater=Corruption gesunkenen Geschmack des Publikums eine
magnetische Anziehungskraft zu äußern vermögen, sind wahr=
haft eine seltene Rarität geworden. Zur Schöpfung einer
solchen Novität gehört der Eifer eines Genie's. Das gewöhn=
liche Talent wird immer, während es die eine der zwei Be=
dingungen zu erfüllen strebt, gegen die andere verstoßen: ent=
weder arbeitet es mechanisch nach den Vorschriften der ästhetischen
Theorie und macht sich dadurch auf den Brettern langweilig:
oder es strebt ängstlich nach Aneignung der bühnentechnischen
„Mache" und zerwirft sich nebenher mit der Aesthetik. Man
darf also Werken, welche in Inhalt wie in Form gleich vollendet
sind, wohl eine Ehrenstellung einräumen, die zugleich für alle
lebenden Bühnenschriftsteller ein mächtiger Sporn werden könnte,
die höchsten Ziele der dramatischen Kunst wenigstens redlich
anzustreben. Für Hoftheater, die ohnehin manchmal als wahre

Geldverschwendungsinstitute vorgehen, sofern es sich nur um künstlerische Nebensächlichkeiten handelt, wäre die Beanstandung dieses Paragraphs gleichlautend mit dem offenen Bekenntniß, daß sie in der Hauptsache geldsparende Krämeranstalten bleiben wollen. Der etwaige Einwand, daß zwischen Bühne und lite= rarischer Production einfach das Verhältniß des Käufers zum Verkäufer bestehe und deßhalb Lit. a des Paragraphs eine un= zulässige Auflage decretire, scheint uns nicht zutreffend zu sein. Die Bühne, als Culturanstalt betrachtet, ist denn doch etwas Anderes, als bloß ein Handelsinstitut zum Zwecke des Geld= erwerbes. Hat man bisher kein Bedenken getragen, den Stadt= und Privattheatern Pacht= und andere Summen, z. B. für die Armenkasse, abzunehmen, so wird man gegen die Einführung einer Ehrentributpflichtigkeit an die Zierden der dramatischen Literatur principiell nichts einzuwenden vermögen. Vielmehr läge hierin die vielleicht einzig zu rechtfertigende und jedenfalls naturgemäßeste Art der Besteuerung, weil dadurch zugleich die wahre Bestimmung des Theaters gefördert würde.

Unser Motiv für den 13. Paragraph desselben Gesetzes liegt wohl für jeden Fachkundigen offen da. Ohne Zweifel muß der Autor sowohl über die Charaktere seiner Dichtung als auch über das, was er durch sein Werk veranschaulichen wollte, authentische Auskunft geben können. In der Theater= praxis wird sehr häufig hiegegen gesündigt und der Verfasser besitzt kein Mittel, eine offenbar verfehlte Besetzung und eine den Sinn seines Drama's entstellende Aufführung zu hindern. Kennt er das betreffende Personal nicht und sind zudem noch seine allgemeinen Bühnenkenntnisse mangelhaft, dann wird er freilich auch von unserm Paragraph wenig Nutzen ziehen und er vermag sich nicht einmal auf ihn zu stützen, weil er die darin aufgestellte Verpflichtung, seine Vorschläge „mit sachlichen Gründen zu belegen", nicht erfüllen kann. Allein ein Gesetz,

welches in diesem Fall Garantien gegen die Nachtheile eigener
Unkenntniß gewähren könnte, ist kaum aufzustellen.

Im 14. Paragraph desselben Gesetzes haben wir einen
schüchternen Anfang versucht, die Bühne unter den thatsächlichen
Schutz des Staates zu stellen, für welchen die Möglichkeit
einer öffentlichen Controle über ihre Leistungen in § 4 ange=
bahnt wurde. Wenn man erwägt, wie viel einst in Hellas
von Seiten des Staates für die Bühne geschah und wie viel
die hellenische Bühne dem Culturstaat als Gegengabe zu schenken
hiedurch fähig wurde, so wird man einräumen müssen, daß
unser Vorschlag sehr bescheiden klingt und die der Reichskasse
zugemuthete kleine Ausgabe im Vergleiche zu dem großen För=
derungsmittel, welches hiedurch für die Cultur gewonnen würde,
jedenfalls nicht als ein tadelnswerther Luxus im Budget des
deutschen Reiches erschiene.

Wer sämmtliche zwanzig Paragraphen in ihren sich gegen=
seitig ergänzenden Wechselwirkungen prüft, der wird nicht ver=
kennen, daß durch dieselben sowohl der universelle Charakter
der Bühne im Allgemeinen, als auch für jedes einzelne Theater
im Besondern die Freiheit gewahrt blieb, sich das Repertoir
je nach den localen Bedürfnissen auszuwählen und die con=
venirende Richtung selbstständig zu gestalten. § 4, zweite Frage,
im Zusammenhange mit § 11b, gewährleistet den einzelnen
Bühnen für den ganzen Bereich derjenigen Stücke, welche bei
täglich spielenden Instituten gleichsam zum Lebensbedürfniß ge=
hören, vollständige Ungebundenheit. § 4, erste Frage, im Zu=
sammenhange mit § 11a und mit § 12, verpflichtet nur solche
Bühnen, die ohnehin culturtreibende Kunstanstalten sein sollten,
zu einer eigentlich ganz selbstverständlichen (bisher verwahrlosten)
Obliegenheit, und enthebt zugleich alle untergeordneteren Theater
jedes mit deren Verhältnissen unvereinbaren Zwanges. § 3 und
§ 4, dritte Frage, im Zusammenhange mit § 10, thürmt eine

unübersteigliche Schranke nur gegen diejenigen constatirten Ver=
irrungen auf, deren Zulassung der Cultur nicht minder schäd=
lich ist, als der Kunst. Wer für letztere die Segnungen einer
vollkommenen Freiheit sichern will, der muß sie, indem er die
Freiheit gewährt, zugleich gegen die Möglichkeit ihres Mißbrauchs
zu zügellosen Extravaganzen panzern. Dieß, und nichts Weiteres,
geschieht durch den in unsern Vorschlägen proponirten Geschäfts=
gang, welcher sich in freiheitlichem Sinne gegen die Despotie
und unfähige Geheimwillkürwirthschaft der bisherigen Theater=
verwaltungen, zugleich aber auch in beschränkendem Sinne gegen
die vom neuen „Reichsgewerbegesetz" erschlossene Schranken=
losigkeit kehrt. Zur Zeit schaukelt die dramatische Kunst zwischen
den, der materiellen Speculation überantworteten, Privattheatern
und zwischen dem Drucke der hofbühnlichen Polizei=Anstalten
obdachlos herum, und müßte unter den zwingenden Einflüssen
dieses Schaukelns zwischen den beiden Extremen, falls ihr nicht
auf dem Wege der Gesetzgebung ein förderlicheres Asyl bereitet
würde, voraussichtlich in zwei extreme Verirrungen abgleiten,
von welchen für den deutschen Staat und für die deutsche Cultur
ebenso wenig, als für den Aesthetiker, etwas Ersprießliches oder
Erfreuliches zu hoffen stände.

Dem etwaigen Einwand, daß unsere Vorschläge vielleicht
schließlich doch wieder nur zu einer bureaukratisch centralisirenden
Bevormundungsanstalt führen könnten, ist wohl durch die §§ 3
und 4 (des literarischen Schutzgesetzes) die Begründung entzogen.
Wenn selbst der unabhängige Richterstand (§ 3) und die aus
unabhängigen Fachmännern der Kunst zu bildenden Entscheidungs=
Instanzen (§ 4 und event. 6) sich je zu willfährigen Werkzeugen
bureaukratischer Willtür herbeilassen könnten, dann wäre in
Deutschland noch weit mehr faul, als bloß unsere Bühnen
zustände und die hinter ihnen stehende Camarilla. Diese Vor=
aussetzung findet in dem kerngesunden Entwickelungsgang auf

ſtaatsrechtlichem und ſocialpolitiſchem Gebiet keine ſtichhaltigen
Anhaltspunkte. Durch unſere proponirten drei Geſetzergän=
zungen (und durch gleichzeitige Gründung einer, nur talentirte
Eleven aufnehmenden, deutſchen Theater = Akademie) wäre,
ſo glauben wir feſt, der Bühne die Möglichkeit zur Ein=
lenkung auf die ihr einzig zuſtehende Bahn eröffnet. Die
weitere Entwickelung dürfte dann vertrauensvoll dem „Rhyth=
mus der Zeit" anheimgeſtellt bleiben. Kann aber Jemand mit
Vorſchlägen hervortreten, die noch zweckentſprechender ſind, ſo
werden wir zu Gunſten des Beſſern gern auf unſere eigene
Anſicht verzichten und uns mit dem kleinen Verdienſt beſcheiden,
eine erſte unvollkommene Anregung in einer Sache gegeben zu
haben, welche ſich in eminentem Sinne des Wortes als eine
nationale Angelegenheit darſtellt.

Faſſen wir den leitenden Grundgedanken unſerer ſämmt=
lichen Vorſchläge nochmal in einen einzigen Satz zuſammen, ſo
lautet er: Wir beantragen, an Stelle der kunſtmörderiſchen
Anarchie eine geſetzlich normirte Ordnung treten zu laſſen:
wir verlangen alſo nur, was ein wahrer Culturſtaat nicht
von ſich abweiſen kann, ohne daß mit der Zeit in ihm mehr
als bloß die anomaliſche Theaterwirthſchaft morſch werden müßte.

IX.

Ein Antrag an die „Schillerstiftung".

Es wird nach unserer auf positive Thatsachen gestützten
Schilderung der gegenwärtigen Bühnenzustände sich wohl Niemand
mehr wundern können, daß so selten noch eine stichhaltige ernste
Novität auf den Brettern auftaucht. Es wird wohl Niemand
mehr befremdet fragen, warum in der Regel just die begabtesten
Schriftsteller sich apathisch gegen das Theater verhalten, warum
sie nicht mit ausdauerndem Eifer nach der zum Theaterdichter
benöthigten Uebung ringen und höchstens noch gelegentlich manch=
mal sich auch in einem Drama versuchen? So lang die Bühnen=
zustände bleiben wie bisher, bereichert jeder neue Versuch nur
das Arsenal ihrer bittern Enttäuschungen und es gehört für
diejenigen Schriftsteller, welche nicht zufällig durch einen hoch=
herzigen Mäcen gegen die mißlichen Eventualitäten einer Dichter=
laufbahn sicher gestellt sind, wahrlich ein großer Leichtsinn oder
eine auf alle Lebensgenüsse resignirende Herkules=Charakterstärke
dazu, um an ein Theaterstück noch so viel Zeit zu wagen, als
zur Schöpfung eines gediegenen Drama's unbedingt erfordert
wird. Da, weit mehr als in einem Mangel an vorhandenen
Talenten, ist der Grund der Unproductivität auf dramatischem
Gebiet zu suchen. Selbst die berufensten Federn bleiben
in diesem Literaturzweige zeitlebens Dilettanten, weil sie neben
dem Kampfe gegen die materiellen Sorgen unmöglich die

Zeit zum praktischen Studium der Technik eines Kunstfaches
erübrigen können, welches unter den obwaltenden Verhält=
nissen für sie dennoch ein ziemlich brodloses bleiben würde.
Dramen, die dem Publikum nicht von der Bühne herab bekannt
geworden sind, pflegen in der Regel auch keine guten Buchhändler=
Artikel zu werden. Eine Novelle, auf welche der Autor vielleicht
nur vier Wochen verwendete, trägt ihm beim Verleger das
Zwölffache des Honorars, welches er mit einem nirgends dar=
gestellten und mit einem Zeitaufwande von einem vollen halben
Jahre gedichteten Drama zu erzielen vermöchte. Daher zwingt
ihn die Macht der Verhältnisse, auf Letzteres entweder ganz zu
verzichten, oder sich darin eben nur als Dilettant zeigen zu können.

Dennoch bedürfte, mehr als irgend ein anderer Zweig der
Kunst, gerade der dramatische des Dichters vollster Kraftanfwendung
und des unausgesetzten, sich auf das Fach concentrirenden Ringens.
Wollte aber gegenwärtig ein Dichter, ohne gleich von Anfang
an sich auf einen zum eigenen Geistesbankerott führenden Com=
promiß mit der geheimen Censur einzulassen, seine ganze Zeit
und Kraft an die Wiederherstellung des ethischen Berufs der
Bühne wagen, so würde er — wir glauben dieß in unserem
vorliegenden Buche bewiesen zu haben und hätten es, müßten
wir nicht in mancher Hinsicht Discretion beachten, noch durch
weit stärkere Belege zu erhärten vermocht — so würde er zu=
verlässig auf der Straße verhungern können, ehe er durch die
sich vor ihm aufthürmende chinesische Mauer durchdränge. Die
Erträgnisse der paar Bühnen, die vielleicht seine Stücke gäben,
reichten gerade hin, um die Marter seines Ringens gegen die
Uebermacht der brutalen Mehrzahl nur erfolglos zu verlängern.
Kein einziges der ergiebigen Tantièmen=Hoftheater würde ihm
die Pforten eröffnen und er sähe sich, selbst in der kaiserlichen
Residenzstadt, auf eine privatim speculirende Vorstadtbühne an=
gewiesen, von deren Personal=Unzulänglichkeit ästhetische Triumphe

ohnehin nicht zu hoffen ständen. So hartnäckig auch der Satz: „Der Bühne geht kein wahrhaft dramatisches Talent verloren", gerade jetzt wieder auftaucht, er ist dennoch unwahr, denn er lautet in ehrliches Deutsch übersetzt: „Heutzutage kann jeder begabte Schriftsteller die Misère des Theaters für sich zu einer Goldgrube machen, falls er niedrig genug von sich selbst denkt, um als bloßer Handlanger der „Mache" die Kunst schänden und den Thespiskarren noch weiter in den Koth hinein schieben helfen zu können!"

Dieß lenkt unsere Aufmerksamkeit auf ein Institut, das weit abseits des in unserem Buch zu erörternden Thema's zu liegen scheint, und dennoch an dieser Stelle nicht übergangen werden darf.

Deutschland besitzt eine reich fundirte Schillerstiftung, deren Bestimmung — wenn wir nicht irren — darin besteht, theils den verdienten Vorkämpfern der Literatur für ihr Alter Ehrengehalte zu gewähren, theils strebende literarische Talente zu fördern und theils unverschuldete Dichternoth zu lindern. Die Lectüre der jüngsten Jahresberichte dieser Stiftung machte auf uns den Eindruck, als wäre der letztgenannten Bestimmung übermäßig viel von den disponibeln Geldern zugewendet, und zwar gerade nicht immer für Linderung einer wirklich vorhandenen Noth! Wir fanden nämlich unter dem Verzeichniß der zeit= weilig Dotirten auch Namen, deren Inhaber nachweisbar in ausreichend besoldeten Aemtern stehen und für die Literatur kaum schon hinlänglich Hervorragendes geleistet haben, um einen Ehrensold für ihre Luxusausgaben vollständig gerechtfertigt erachten zu können. Und in den Jahresberichten der Zweig= stiftungen begegneten uns wiederholt Namen, deren Inhaber zeitweilig in Deutschland herumreisen und diese Stiftungen in Anspruch zu nehmen scheinen, ohne sich einer ernsten literarischen Thätigkeit eifrig hinzugeben. Daher will uns bedünken, es

würde der stets hilfbereite Sinn der Verwaltungen hie und
da von zudringlichen Bittstellern mißbraucht und dadurch das
Institut seinem ursprünglichen und schönen Zwecke — in Wahrheit
die Literatur zu fördern — mehr und mehr entfremdet. Schon
jetzt machen die Jahresberichte den Eindruck, die Stiftung sei
mehr eine Almosen-Anstalt als ein Ehren-Institut: im Verzeichniß
der Dotirten überwiegt die Zahl klangloser Namen unverhältnißmäßig jene der hervorragenden Männer. Das muß selbst
auf diejenigen, welche für ihre wirklichen Verdienste Ehrengehalte
beziehen, höchst niederschlagend wirken und sie in ihrer geistigen
Schwungkraft eher hemmen als erheben. Denn gerade auf
einem poetisch angelegten Gemüthe lastet das Bewußtsein, sich
in öffentlichen Berichten alljährlich auf gleicher Rangesstufe mit
dem literarischen Bettler aufgeführt sehen zu müssen, wohl ohne
Zweifel doppelt schwer. Wir geben der nächsten General-
Versammlung zu bedenken, ob sie nicht eine formelle und
eine materielle Modification der Verwaltungsgrundsätze für
angezeigt finde. Die formelle bestände darin, künftig in den
öffentlichen Jahresberichten die Verdienst-Auszeichnungen
und die Bitt-Bewilligungen von einander zu trennen und
jene unter der Rubrik Ehren-Gehalte, diese dagegen unter
der Rubrik Unterstützungen aufzuführen. Dadurch würde
einem zweifachen Uebelstande gesteuert: Das wahre Verdienst
erhielte seine Ehre ohne die zweifelhafte Zugabe eines indirecten
Armuthszeugnisses; und Bittsteller, die nicht in Noth sind,
würden künftig weniger zudringlich, wenn sie im Voraus wüßten,
daß sie durch Annahme der „Unterstützung“ überall, wo man
ihre bürgerlichen Verhältnisse kennt, sich selbst in ein eigenthümliches Licht stellen. Zuverlässig würde die Stiftung weit
weniger zu unlautern Privatzwecken mißbraucht werden und zugleich ihrer eigentlichen Bestimmung besser genügen. Die
materielle Modification erlauben wir uns dahin zu definiren,

daß der Name, welchen das Institut trägt, auch für die Ver=
wendung der disponibeln Gelder von erhöhtem Einflusse werden
möchte. Gewiß hat eine Schiller = Stiftung, obgleich sie alle
Zweige der schöngeistigen Literatur bedenken soll, zunächst auch
den Hauptzweck, nach Kräften zur Hebung der Bühne nach
Schillers ethischen Begriffen mitzuwirken. Sie würde Angesichts
der augenblicklich bestehenden Theaterverhältnisse ein großes
neues Verdienst erwerben, wenn sie künftig und für so lange,
als die geheime Theatercensurfrage eine sachgemäße Erledigung
nicht fand, in erster Reihe die Autoren solcher Dramen bedenken
wollte, welche bühnenpraktische Werke liefern, aber dieselben unter
dem obwaltenden Censurdrucke entweder gar nicht oder nicht in aus=
reichender Ergiebigkeit auf den Brettern zu verwerthen in der Lage
sind. Dadurch könnte sie der dramatischen Literatur über ihre der=
malige Krisis glücklich hinüber helfen, könnte manches sonst
abirrende Talent auf der richtigen Bahn erhalten und wesentlich
beitragen zur Ermöglichung einer künftigen deutschen Bühnen=
reformation.

X.

Die deutsche Genossenschaft dramatischer Autoren und Componisten.

Die Erkenntniß, daß unter den obwaltenden Theaterver=
hältnissen der einzelne Bühnen=Schriftsteller gegen unbesiegliche
Schwierigkeiten ankämpft und in der Regel erliegt, mußte der
Mehrzahl der Dramatiker die Nothwendigkeit nahe legen, ge=
meinsam eine erfreuliche Wiedergeburt der Bühne anzustreben.
So entstand die im vorigen Jahre gegründete „deutsche Ge=
nossenschaft dramatischer Autoren und Compo=
nisten", der auch wir aus collegialen Motiven beitraten, ob=
wohl wir uns über ihre möglichen Erfolge vorläufig noch keinen
optimistischen Illusionen hinzugeben vermögen. Dieselben Hin=
dernisse, welche den Einzelnen niederdrückten, haben nicht aufgehört,
auch gegen die Genossenschaft fortzubestehen. Die autokratischen
Hofbühnen=Verwaltungen und die aus Speculation das von diesen
in Schwung gebrachte Repertoir nachäffenden Stadttheater werden
deßhalb, weil die früher vereinzelten Klagen künftig als Klagen
des gesammten Standes erscheinen, schwerlich von ihrer bisherigen
Engherzigkeit abstehen. Letztere gerade bildet aber das Haupt=

hinderniß. So lange dieses fortbesteht, wird selbst der moralische Einfluß, welchen die Genossenschaft den Bühnenvorständen etwa abzuringen vermag, weniger der Läuterung des Geschmacks, der ästhetischen Hebung des Theaters und den ethischen Dichtern zugute kommen, als vielmehr gerade jenen ohnehin schon be= günstigten Handlangern der Kunst, welche in einer von uns bereits sattsam gezeichneten Richtung das Repertoir mit zweck= widrigen und unzureichenden Novitäten ausfüllen. Kurz: es wird der Genossenschaft als solcher ergehen, wie einst Herrn von Küstner mit Einführung der Tantième, durch welche ebenfalls die Poesie wieder heimisch auf den Brettern gemacht werden sollte und in der That nur dem Gegentheil gedient war, weil Herr von Küstner ihr die Pforten auch wirklich zu erschließen verabsäumt hatte. Die Genossenschaft würde sich ganz entschieden täuschen, wenn sie ein demoralisirtes Verhältniß einzig und allein durch moralische Mittel zu überwinden hoffte, ohne daß ihr dabei zugleich ein positives Gesetz zur Seite stände, mit welchem sie nöthigen Falles den unberechtigten Widerstand brechen kann. Sie wird bald einen Schritt über ihr bisheriges Programm hinaus gehen müssen und sich gedrängt fühlen, das, was ihr auf dem Wege der freien Vereinbarung mit den Bühnenvorständen zu erwirken unmöglich war, mit Hilfe der öffentlichen Organe der Staatsgewalt anzustreben. Die von uns in Vorschlag gebrachte Ergänzung der Reichsgesetze, welche den Schutz des geistigen Eigenthums und die Ueberwachung der Theaterleitungen betreffen, ist und bleibt nach unserer Ueber= zeugung für die Genossenschaft nicht minder als für jedes einzelne Genossenschafts=Mitglied und für die noch außerhalb dem Verband stehenden Bühnendichter eine Principien= und Lebensfrage. Ohne eine solche Ergänzung hätte die Ge= nossenschaft nichts gewonnen, als eine eigene Agentur, die sie war reeller und billiger als die bisherigen Theater=Agenten

bedient, die aber ohne irgend welchen bestimmenden Einfluß
und sogar in der Hauptsache selbst rathlos ist.

Daß man am Constituirungstage diese Eventualität außer
Betracht ließ und nur die materielle Seite als gemeinschaftlichen
Vereinigungspunkt auswählte, war ein Act sowohl der Klug=
heit als der Nothwendigkeit. Die Genossenschaft hätte sich ohne
diese Selbstenthaltung gar nicht zu constituiren vermocht. Auch
jetzt noch, und zuverläßig auch später, ist nicht abzusehen, wie
sie aus sich selbst und ohne Hinzutritt eines neuen Factors ihr
rein moralisches Ansehen je in eine die Theater zwingende
Macht umwandeln könnte oder wie, selbst die Möglichkeit
einer solchen Umwandlung vorausgesetzt, dieselbe eine Theater=
reform zu erzeugen vermöchte. Das Genossenschafts=Register
zählt schon zur Stunde vielleicht weit über tausend Stücke, die
in Uebereinstimmung mit den §§ 8, 10 und 37 der Statuten
eingetragen sind, und wird voraussichtlich mit jedem Jahre noch
einen Zuwachs von etwa einem halben tausend Novitäten er=
halten. Ganz abgesehen von der totalen Unmöglichkeit, eine
solche Unmasse von Stücken auf die Bretter zu befördern, er=
kennen gerade die bühnenkundigen Genossenschaftsmitglieder am
klarsten, daß nur die kleinste Minderzahl der eingetragenen
Stücke zu einem reformatorischen Repertoir taugt, und daß folg=
lich der Eintrag ins Register der Genossenschaft für alle
Zukunft nichts anderes bedeuten darf, als was er bis jetzt
bedeutete, nämlich den Schutz des betreffenden Stückes gegen
eventuellen Mißbrauch mittelst unbefugter Aufführung oder un=
gesetzlicher Ausbeutung irgend welcher Art. Ebenso klar aber
erkennen sie auch, daß sie selbst, vermöge ihres Charakters als
Genossenschaftsmitglieder, nicht in der Lage sind, das Untaug=
liche vom Brauchbaren ausscheiden zu dürfen. Sollten sie ihr
moralisches Ansehen für den Versuch einsetzen, das ganze Register
den Bühnen zu octroyiren? Das hieße in colossalstem Maßstab

sich derselben Thorheit schuldig machen, über welche wir an einem hervorragenden Hoftheater eben eine wohlmeinend be= gonnene Schauspiel=Reform sich mehr und mehr in Sand ver= lieren sehen! Sollten sie, jede Rücksicht bei Seite setzend, ent= schieden für die Treffer des Registers einstehen? Das stieße die In= haber der Nieten vor den Kopf, wärfe die Brandfackel der Zwie= tracht mitten in die Genossenschaft und zeitigte den Keim der Auf= lösung. Sohin befindet sich die Genossenschaft in der eigen= thümlichen Situation, aus lauter angesehenen Männern und zum Theil sogar aus literarischen Größen zu bestehen und dennoch, als Ganzes betrachtet, in Wahrheit und genau besehen, den Bühnen gegenüber eigentlich nur eine moralische Null zu repräsentiren.

Daß es, wenn nicht die reformatorischen Zwecke und Ziele der Genossenschaft preisgegeben bleiben sollen, so nicht auf die Dauer fortgehen darf, hat wohl Jedermann bereits einsehen gelernt. Sowohl die Genossenschaft selbst, als auch deren zahl= reiche Gönner und Freunde, müssen den Ausweg aus dieser bedenklichen Sackgasse dringend herbeisehnen. Wir glauben die mögliche Abhilfe in unsern Reichsgesetz=Ergänzungsvorschlägen gezeigt zu haben. Die §§ 3, 4 und 6 unseres proponirten Nachtrages zum literarischen Schutzgesetze würden eine außerhalb der Genossenschaft stehende Instanz bilden, welche, ohne einzelne Genossenschaftsmitglieder gegenüber ihren Collegen mit irgend welcher Verantwortlichkeit zu belasten, im Genossenschafts= Register das Brauchbare vom Untauglichen ausschiede. Da= durch hätte die Genossenschaft den unberechenbaren Vortheil gewonnen, daß sie für das Untaugliche gar nichts zu thun vermöchte und mit dieser Erleichterung nicht nur für das Brauchbare entschieden einstehen, sondern unter dem Schutz der von uns noch weiter vorgeschlagenen Gesetz=Ergänzungen es auch sicher durchsetzen könnte. Ihr moralisches An=

sehen, ihr Einfluß, ihre ethischen Zwecke und Ziele wären
verbürgt.

Würden wir am Leipziger Constituirungstage nicht durch
andere Berufsgeschäfte in Stuttgart zurückgehalten worden sein,
so hätten wir zwar dem Genossenschafts=Statut ebenfalls bei=
gestimmt, zugleich aber schon damals den Antrag gestellt, unsere
hier vorliegenden Gesetz=Ergänzungsvorschläge in Form einer
motivirten Petition als Genossenschaftssache an den hohen Bundes=
rath und deutschen Reichstag zu befördern. Daß wir in Aus=
führung dieses Vorhabens verhindert waren, mag sein Gutes
haben. Manche unserer Herren Collegen schienen noch, wie
weiland das Frankfurter Parlament von 1848, der Wirkung
ihres vereinten moralischen Einflusses Alles zuzutrauen und jede
andere Vorsichtsmaßregel für überflüssig zu halten. Von diesem
Irrthum sind sie inzwischen, obgleich die Genossenschaft erst
kurze Zeit besteht, wohl bereits gründlich geheilt. Daher senden
wir jetzt unsere Vorschläge nachträglich in die Oeffentlichkeit
und überlassen dem eigenen Ermessen jedes einzelnen Drama=
tikers in und außerhalb der Genossenschaft, ob er mit uns nach
Kräften für deren Realisirung wirken wolle oder ob — um
uns der Worte des geistreichen Kritikers Herrn Dr. Julius
Große vom Jahre 1868 zu bedienen — „die vortreffliche Schrift
Isigats" auch in ihren nunmehr gezogenen Consequenzen „nur
eine vergebliche Fuhre Sand mehr" sei, „dem Strom der Corrup=
tion einen Damm zu setzen."[1]

---

[1] Nur nebenbei sei hier noch bemerkt, daß das Durchdringen unserer
Vorschläge auch der „Genossenschaft" selbst Conflicte erspart würde, die
sonst früher oder später in ihrem Innern ausbrechen und zu höchst un=
erquicklichen Debatten oder gar zu einer bedauerlichen Spaltung führen
müßten. Die Dramatiker und Componisten haben sich auf dem neutralen
Boden der materiellen Fragen zusammengefunden und dürfen, wenn nicht

die kaum geschlossene Verbindung sofort in zwei Hälften auseinander fallen soll, in ihrer Eigenschaft als Genossenschaftsmitglieder diesen Boden nicht verlassen. Dennoch drängt die innere Bühnenreform fast noch mehr, als die Honorarfrage, einer Entscheidung entgegen; ja, jene ist für die größere Hälfte der Genossenschaftsmitglieder geradezu die conditio sine qua non für eine entsprechende Regelung der materiellen Angelegenheiten. So wie die Genossenschaft sich gegenwärtig situirt sieht, sind thatsächlich alle diejenigen Dramatiker, welche für die Fortentwickelung der Bühne auf der von Lessing, Schiller und Göthe vorgezeichneten Basis ringen, nur die Staffage für die Vertreter der französischen Schablone: letztere beziehen die Tantièmen und Honorare, erstere glänzen größtentheils nur im „Genossenschaftsregister"! Aus unserer ziemlich umfangreichen Privat=Correspondenz ersehen wir, daß dieß unhaltbare Verhältniß schon auf der nächsten General=Versammlung einen Sturm herauf zu beschwören droht, durch welchen die innere Bühnen= reformfrage als Hauptthema in den Vordergrund gerückt werden soll. Vorzeichen dieses Sturms begegnen uns auch bereits in der „Neuen Zeit", z. B. in der dort von F. C. Schubert und C. Wichert ventilirten „Principienfrage", — einem Meinungsstreit, in welchem beide bezüglich ihrer Klagen über die verwahrlosten Theaterzustände eigentlich vollkommen gleicher Ansicht sind, aber mit ihren positiven Gegenvorschlägen sich be= kämpfen. Bei der Getheiltheit der Stimmen, auf welche die für die Ge= nossenschaft ohnehin unlösbare Bühnenreformfrage unter den Mitgliedern unzweifelhaft stoßen würde, möchte wohl für deren Mehrzahl die Betretung eines Auswegs willkommen sein, auf welchem die Lösung dieser Frage zu erwarten stände, ohne dieselbe als Erisapfel in die Genossenschaft hinein schleudern zu müssen. Wir wagen dieß um so mehr zu hoffen, als die von uns vorgeschlagene Entscheidungs=Instanz ohne Zweifel nicht so einseitig und despotisch verfahren könnte, wie die zur Zeit prädominirende Richtung, deren Taktik in mancher Hinsicht dem Vorgehen der ultramontanen Infalli= bilisten vergleichbar ist. Vielmehr würde diese Instanz, — das wäre wohl schon durch die Art ihrer Zusammensetzung und mehr noch durch die, einen weiten Spielraum umfassende Formulirung der ihr unterbreiteten drei Fragen (§ 4) verbürgt — jeder mit der Aesthetik nicht geradezu unverträglichen und daher auf täglich spielenden Theatern berechtigten Rich= tung die Möglichkeit der Situirung auf den Brettern erschließen. Die Un= gleichheit — um nicht direct zu sagen: die Unehrlichkeit — der Waffen= mit welchen gegenwärtig die eine Richtung der andern das Eingangsthor verrammelt, wäre glücklich beseitigt: die endgiltige Entscheidung darüber,

ob die Zukunft der deutschen Bühne der Schablone des „Esprit“ oder der
zeitgemäßen Fortbildung der klassischen Weimaraner Schule angehören soll,
hinge nicht mehr von der Cameraderie und den Theaterdirectoren, sondern
von den Erfolgen auf den Brettern, also von Deutschlands öffentlicher
Meinung ab. Damit wäre dann auch innerhalb der Genossenschaft allem
Anlaß zu gegenwärtigen oder künftigen Klagen über Vernachläßigung oder
Unterdrückung vorgebeugt und das stichhaltige Fundament für eine dauernde
Erhaltung der Eintracht gewonnen.

XI.

Schlusswort an die Kritiker unseres Buches.

Der Verfasser vorliegender Philippika schloß sich, wie er
schon in der Einleitung hervorhob, noch nie einer literarischen
Coterie oder journalistischen Clique an, obwohl er die persön=
lichen Nachtheile seiner Selbstständigkeit längst bitter empfand.
Wer heutzutage rasch populär werden will, der muß den Schwindel
verstehen, sich journalistische Sachwalter um jeden Preis
zu werben. Viele Tonangeber in der Tagespresse handeln nach
dem Grundsatz: „Wer nicht mit uns heult, ist gegen uns."
Ihnen steht die Wahrheit nicht höher, als manchem Bühnen=
vorstand die Kunst. Dennoch weichen wir auch heute von
unserer Maxime nicht ab, ohne Ansehen der Person stets gerade=
aus zu gehen und nach eigener Ueberzeugung zu handeln. Unsere
Werbung um publicistische Freunde besteht einfach in der hiemit
öffentlich ausgesprochenen Bitte an den redlichen Theil der
Tagespresse: er möge über die vorliegende Publication in den
Zeitungen wahrheitsgetreu und ehrlich berichten.
Wohl wissen wir, daß unsere Schrift etwas unsanft gegen
ein gewaltiges Nest von Wespen und Hornissen ankämpft. Wir
geben uns keiner Täuschung hin über das traurige Kapitel,
Theater=Recensententhum geheißen, und über den Anhang, den
einige der Herren, welche wir der Sache zu Liebe nicht schonen
durften, unter dieser bestechlichen Sippe besitzen. Man wird
vielleicht den ganzen Schwarm auf uns hetzen und unsere

Offenheit mit hundertfältigen Wespen= und Hornißstichen hono=
riren. Eine erwünschte Gelegenheit, als armes Opfer dieser
Emeute in tausend Stücke zerhackt werden zu können, bieten wir
selbst durch die gleichzeitig in demselben Verlag veranstaltete
Herausgabe unserer gesammelten „dramatischen Werke". Zwar
veranstalteten wir diese Gesammtausgabe zunächst in der redlichen
Absicht, dadurch dem unbefangenen Leser, der vielleicht noch
keine unserer Arbeiten auf der Bühne sah, ein selbstständiges
Urtheil auch über den so unumwunden Urtheilenden zu er=
möglichen; zwar sind wir der Meinung, es sei nicht nothwendig,
daß ein für die ethische Wahrheit einstehender Schriftsteller
zugleich ein großer Dichter sei, daß er aber den Gegenstand,
über den er absprechend urtheilt, verstehen müsse: zwar glauben
wir, der Theaterkritiker beweise seine Bühnenkenntniß am besten
dadurch, daß er selbst ein den technischen Anforderungen ent=
sprechendes Drama aufzubauen versucht; zwar halten wir dafür,
daß, wenn er durch seinen Versuch nicht mehr beweisen wollte
und wenn sein Beweis ihm nicht ganz mißlang, — daß er
dann das weitere Urtheil ruhig dem Publikum überlassen und
gegenüber den Tadlern sich ohne Selbstüberhebung auf Lessings
bekannten Ausspruch berufen dürfe. Dennoch wird man vielleicht
jenen Ausspruch gegen uns umkehren und sich einer Logik be=
dienen, mit welcher der Stuttgarter Hoftheater=Director Herr
Dr. Wehl uns schon einmal überraschte, indem er in mündlichem
Gespräche gegen uns äußerte: „Ich kann nicht abläugnen,
daß Max Emanuels Brautfahrt auf unserer Bühne gefiel und
das Publikum anzog; aber Sie können auch nicht beweisen,
daß es so fortgegangen wäre, wenn wir das Stück nicht verboten
hätten!" Der Verfasser erwartet von einem Theile der officiösen
Theater=Journalistik nichts besseres, als solche Sophistik. Dennoch
sagt er mit Tell:

„Ich hab' gethan, was ich nicht lassen konnte."

Nur ein ganz unerfahrener Schütze verschwendet all seine Pfeile schon im Vorpostengefecht. Unser Köcher enthält noch reichlichen Vorrath und wir werden ihn zu verwenden wissen, falls Rück= sichten auf die Interessen der dramatischen Kunst uns nöthigen sollten, in ernsterem Kampfe noch mehr aus den Geheimnissen der Coulissenwelt ans Tageslicht hervorzuziehen.

Zwar haben selbst subjectiv wohlmeinende Freunde uns gerathen, eine ungeschminkte Kritik über die Theaterzustände nicht zu veröffentlichen. Sie motivirten ihren Rath mit der Befürchtung, daß wir persönlich durch vorliegende Publication vielleicht noch diejenigen Bühnen verlieren könnten, welche bis= her unsern eigenen Dramen offen standen. Sofern unser Vertrauen auf die subjective Ehrenhaftigkeit der betreffenden Bühnenleiter uns nicht täuscht, halten wir eine solche Befürchtung für grundlos. Würde sie sich aber bewahrheiten, nun — dann träfe eben auch uns nach fast dreißigjährigem Ringen (unser erster dramatischer Versuch, das Trauerspiel „die Präten= denten", erschien schon im December 1843, als wir noch ein blutjunges Studentchen waren, im Repertoir des Münchener Hoftheaters) endlich dasselbe Loos, unter welchem noch so Mancher schmachtet, der ebenfalls schon Brauchbares geliefert und bisher noch gar keine Bühne erobern konnte. Ob nicht gerade hierin ein noch schlagenderer Beleg, als wir in unserem vorliegenden Buche zu liefern vermocht, für die radicale Demoralisation der Theaterverwaltungen läge, überlassen wir zu entscheiden dem unbefangenen Leser. Wenn die Willkür so weit ginge, daß sie sogar die ehrliche Sprache der Wahrheit mit Strafe belegen und deßhalb theils fest angenommene und theils schon im Repertoir stehende Werke wieder unterdrücken wollte, dann wäre sie endlich auf dem Punkt angelangt, wo — nach unserer Ansicht — eine noch größere Verschlechterung kaum mehr denkbar wäre!

Wie sollte eine ernstliche Wendung zum Bessern sich an=

bahnen können, wenn die wenigen bühnenkundigen Schrift=
steller, welche der Ungunst der Verhältnisse bisher noch einzelne
Vortheile abzuringen vermocht, in hartnäckigem Schweigen ver=
harrten? Wie sollte auch nur Licht in die Sache kommen,
so lange nicht gerade aus diesen Kreisen ein donnerndes Quousque
tandem abutere erschallt, zur Belehrung des nicht hinter die
Coulissen blickenden Publikums und als Nothschrei an die —
wie das bezüglich der Theater gänzlich fehlgreifende neue Ge=
werbegesetz beweist — in Bühnenfragen nicht wohlberichteten
gesetzgebenden Factoren des Reiches? Was auch die
Wirkung und das Schicksal unseres Buches sein möge, Eines
bleibt uns zum sichern Trost: Wir wissen, daß wir die edelsten
Geister der Nation und den Kern des Volkes als Gesinnungs=
genossen hinter uns haben; wir ringen zunächst nicht für uns
selbst, sondern für Dichter, welche der Heldengeist von 1870
unter der heranwachsenden Generation erwecken wird. Unser
eigenes Tagewerk halten wir für beendigt, sobald ihnen die
Bahn erschlossen und geebnet ist. Wenn die Früchte unseres
Ringens für jenes glücklichere Dichtergeschlecht einst reifen werden,
dann ist die Hand, welche dieses schrieb, wohl längst im Grabe
vermodert.